新课程背景下课程

总 主 编　许金生
副总主编　杨汉云

数学
新课程教学论

聂东明　主编

南京大学出版社

数学新课程教学论
编写人员

主　编　聂东明

副主编　骆洪才　周宇剑　杨　柳

总　序

　　随着经济社会的发展，教育与住房、居民收入、医疗保险一样，成为当下我国社会最为关注的问题之一。尤其是"钱学森之问"公布之后，上到中央领导，下至平民百姓，几乎在一夜之间陷入了沉思：中国教育怎么办？

　　改革开放已有三十余年，期间我国确实成功地解决了"穷国办大教育"的诸多难题，尤其在科学发展观提出以后，中国政府把推进教育公平当作基本的教育政策。近几年，党和国家对教育的重视与投入更是前所未有的。已颁布的《国家中长期教育改革与发展纲要》（以下简称《发展纲要》）是指导我国未来教育改革和发展的纲领性文件；全面实施了免费义务教育，不断增加农村义务教育公用经费，真正落实农村孩子享受义务教育的保障措施；努力化除各高校因扩招带来的债务危机，逐步增加高校学生的生均拨款额度，为各层次的学校实现"办人民满意的教育"提供了最重要的保障。

　　但是，中国目前只能说是教育大国，而不能说是教育强国。教育的现状还不容乐观，人民群众对当前教育不满意的地方很多，问题涉及各个层面，有的问题关系到国家的长期发展和老百姓的切身利益，亟待解决。譬如因教育不公而出现的"择校热"问题，就表明人民群众不断增长的高质量、多样化的教育需求没有得到很好的满足；以考试分数、升学率为主的评价指标仍然是许多地方教育部门对学校进行考核的主要指标，使得素质教育流于形式；各级各类学校行政化现象严重，使学校在很大程度上缺乏自主性，教育创新活力不足，影响了学校教学质量的提升；应试教育积重难返，忽视了学生的全面素质特别是道德素质的培养，导致学生只会考试，眼高手低，个性能力无法自由发展，创新精神和实践能力得不到应有的培养；部分教师受商品经济的影响，心浮气躁、急功近利，与人类灵魂工程师的形象越来越远。这些问题的存在，使教育问题变得更复杂、更难解。

　　诚然，教育问题是一个十分复杂的社会问题，需要全社会的共同努力才有解决的希望。事实证明，单靠国家的行政命令是很难从根本上解决问题的，它需要全民参与共同努力,尤其有赖于一线的全体教师。教师是落实《发展纲要》的主力军,加强师资队伍的培养与建设是改变教育现状、提高教育质量的关键所在。而被誉为教师摇篮的师范院校的教育教学改革就显得迫在眉睫。

尽管目前对于各级各类师范院校的教育教学改革见仁见智,但我们认为如何突出"师"字的问题仍然是师范院校教育教学改革的首要问题。新形势下的教师不仅要有先进的教学理念、广博的科学文化知识,还应有系统的学科专业知识和比较熟练的职业技能。为此,必须加强师范院校的课程改革力度,特别要确保教育类课程的学习分量。毋庸置疑,课程教学论(学科教学法)是教育类课程的重要组成部分。

在全面落实《发展纲要》的大环境下,衡阳师范学院作为一所具有百年师范传统的地方性师范院校,深刻认识到当前师范教育的某些不足,立足于传承与创新,以"课程教学论"等为突破口,加大课程设置的改革力度,努力实现高等师范教育与基础教育的对接,为培养具有专业化水准的教师队伍而不断探索耕耘。本丛书就是我们探索的阶段性成果。参与每册教材编写的成员都是相关专业的专家、课程教学论专职教师和中学骨干教师,我们期盼这种编写队伍有助于提升高等师范院校为地方基础教育服务的水平和能力,并认为这套丛书的出版有助于提高基础教育师资的培养质量,但最终的效果还要经过教育教学的实践检验,当然也期待着方家的批评指正。

总主编

2011 年 2 月

前　言

　　"中学数学教学论"是我国师范院校数学与应用数学专业的一门专业必修课程,是研究中学数学教学过程中教和学的联系、教和学的相互作用、教和学的统一的科学。谈到该课程的教材建设,就不得不提到三部教材。一是 1979 年由北京师范大学等全国 13 所高等师范院校合作编写的《中学数学教材教法》(《总论》和《分论》),这是当时高等师范院校的数学教育理论学科的教材,也是我国在数学教学论建设方面的重要标志;二是 1990 年由曹才翰教授编著的《中学数学教学概论》,它标志着我国数学教育理论学科已由数学教学法演变为数学教学论,由经验实用型转为理论应用型;三是 2003 年由张奠宙教授等编著的《数学教育学导论》,它是基础教育新课程教师教育系列教材之一,它用新观点阐述了中小学数学教育的理论,构建了新的数学教育体系,并与正在实施的国家数学课程标准相适应,是数学教育学研究的一个新发展。

　　除了以上三部教材之外,各师范院校还编著了多种版本的《中学数学教学论》和《中学数学教材教法》。这些教材的共同点是:体系完整,理论阐述篇幅大,但案例较少,实践指导的内容较少,对新一轮基础教育数学课程改革的内容涉及较少。在使用这些教材进行教学的过程中,由于课时的限制,教师对教材内容的处理遇到困难,而学生在学习该课程时,普遍缺乏兴趣,使课程教学质量受到较大影响。为了解决这些问题,更好地体现该课程的实践性,并使该课程的教学与新一轮基础教育中数学课程改革紧密衔接,有必要对教学内容和教材体系进行调整,并编写新的教材。南京大学出版社在组织出版了《新世纪地方高等院校专业系列教材》的基础上,主动关心地方高等师范院校学科教学论系列教材的建设,为我们编撰《数学新课程教学论》提供了有力的支持和良好的平台,继续为我国的基础教育课程改革作贡献。

　　在本教材的编写中,编者期望体现以下特点:

　　1. 突出实践性,充分发挥案例的作用。实践性是本课程的基本特点,以往部分教材的不足就在于实践性和可操作性不强,学生学习该课程后,对于教学实践能力的提高收效不大,从而影响了学习兴趣和学习质量。为了突出实践性,编者除了重点将中学数学的教学过程给学生作详细介绍外,还单独设置一章《中学数学教学实践与研究》,将各种实践环节集中加以介绍,还尽可能多地给出一些教学案例,为教师组织教学实践提供方便。

2. 立足新一轮基础教育数学课程改革,紧密结合中学数学教学实际。调查发现最近几年,高等师范院校数学专业毕业生普遍对新一轮基础教育数学课程改革了解不深。出现这种情况的原因是"中学数学教学论"课程中涉及新一轮基础教育数学课程改革的内容不多,相关教学理论没有跟上。承担培养中学数学教师工作的高等师范院校,理应起到引领基础教育数学课程改革的作用,现在反而落后于中学数学教学改革的实际,这种现象令人担忧。因此,在编写本教材的过程中,编者将新的数学课程标准的内容作为重点予以介绍,并加入了密切联系中学数学教学实际的案例,以此帮助学生较全面地了解新一轮基础教育数学课程改革和中学数学教学的实际。

3. 注重师范生教学观念的更新。培养一名优秀的中学数学教师的前提是使之具有先进的教学观念。为此,编者设置了《中学数学的现代教学观》一章,力求将当今数学教学的先进观念介绍给学生。

4. 强调对师范生数学学科教学知识的培训。目前高等师范院校数学学科教学论课程的教学有两种倾向,一是侧重于对教学法的培训而忽视数学学科知识,另一种情况恰好相反,侧重于数学学科知识而对忽视教学法的培训。这两种倾向都导致高等师范院校的毕业生,即使学业成绩优良,并且掌握了基本的教学技能,也无法成为一名优秀的数学教师,无法承担数学教学工作。出现这种现象的原因是教师在"教师数学学科教学论"的教学中没有注意帮助学生整合数学教学法知识和数学学科知识,学生的知识结构中出现"两张皮"的状况,没有有效建构数学学科教学知识(MPCK,Mathematics Pedagogical Content Knowledge)。为了帮助学生有效建构数学学科教学知识,在教学法理论的选择上,编者遵循"不求完善,但求够用"的原则,强调理论向教学实践的渗透,并且通过教学实践不断调整和完善教学理论。同时,编者通过选取典型的教学案例,促使学生有效实现数学教学知识和数学学科知识的整合。

上述设想是我们努力的方向,也是我们的初步尝试。基于学识和水平所限,能不能实现这些目标,有待于专家们的指教和实践的检验。

　　本教材的绪论、第一章、第三章由聂东明编写，第二章、第四章由唐祥德编写，第五章、第七章由周宇剑编写，第六章由聂春芳编写，第八章、第九章由骆洪才编写，附录由杨柳编写。全书由聂东明统稿。

　　在该教材的编写出版中，得到了《新课程背景下课程教学论丛书》总主编、衡阳师范学院党委书记许金生教授的多方指导，得到了衡阳师范学院领导、教务处领导和老师们、数学系领导和同事们以及湖南科技学院、湘南学院领导们的大力支持，南京大学出版社为本书的出版提供了最优质的服务、付出了大量心血，在此一并深致谢忱。

编　者

2010 年 9 月于衡阳

目　录

绪　　论

　　"中学数学教学论"是高等师范院校数学与应用数学专业的一门专业必修课程。该课程有自身的产生与发展过程,也有专门的研究对象与任务,其理论基础主要有认识论、课程论、心理学和逻辑学等。

一、中学数学教学论的产生与发展

1. 教学理论的形成与发展

　　在我国,伟大教育家孔子(前 551—前 479)从事过大量的教学活动,并且对于教学现象作过许多非常精辟的论述。他提出的关于学与思关系的言论、启发式的教学思想以及因材施教的教学实践,至今还有着重要的现实意义。战国末年的《学记》对于教学现象又作了全面的总结。书中提出的"教学相长"的思想以及所论述的教学原则,至今仍闪烁着智慧的光芒。此后历代教育家对于教学现象也都有过相当深刻的论述,其中朱熹(1130—1200)提出的六条"读书法",即循序渐进、熟读深思、虚心涵咏、切己体察、着紧用力、居敬持志,从学习者的角度作了比较深刻的总结。唐代的教育论著《师说》也总结了很多教学的理论,是中华民族的宝贵遗产,也是世界人类文明史上的宝贵财富。

　　在西方,古希腊的著名教育家苏格拉底(Sokrates,前 469—前 400)在教学理论上首次提出了归纳法教学和定义法教学,西方教育史上的启发式教学也是由此引申而来的,后人称苏格拉底的这种教学方法为"产婆术",可以与孔子所用的启发式思想相媲美。到了 17 世纪,捷克教育家夸美纽斯(J. A. Comenius,1592—1670)写出了举世闻名的《大教学论》,全面论述了当时他所接触的教育现象,提出了至今仍有借鉴意义的许多教学原则,如直观性、系统性、量力性、巩固性教学原则,达到了前所未有的水平,可以说为教学论这一学科的建立奠定了基础。其后,法国的卢梭(J. J. Rousseau,1712—1778)、瑞士的裴斯泰洛齐(J. H. Pestalozzi,1746—1827)、德国的赫尔巴特(J. F. Herbart,1776—1841)都努力从心理学方面为教学理论寻找依据,探讨合理的教学方法,为教学论的发展做出了突出贡献。

从社会和历史发展的角度看,西方现代教育教学理论的大发展应该从赫尔巴特将心理学引入教学论的范畴开始。赫尔巴特曾著有《普通教育学》《教育学讲授纲要》等教育理论著作。他提出的并由他的学生发展了的"五段教学法",曾经统治欧美教育界达半个世纪之久,甚至影响到东方的中国和日本。20世纪初,美国的杜威(J. Dewey,1859—1952)提出了"儿童中心主义"、"新教育运动",成为美国实用主义进步教学论学派的代表人物,与赫尔巴特的传统派形成了鲜明的对比。此后,传统派与革新派的斗争,一直延续到现代,这两个学派也都对我国各级学校的教育产生了极为深刻的影响。20世纪中叶以来,现代教学论发展迅速,在世界范围内形成不同派别。50年代至70年代,教育界产生了许多教学论,例如以现代认知发展教学观取代传统知识教学观的教学论,其代表人物是美国教育学家、心理学家布鲁纳,其代表作是《教学过程》。除此之外,几种主要的观点有前苏联著名教育学家、心理学家赞柯夫提出的反对"学科中心论"的发展教学论,前苏联教育科学院院士巴班斯基(1927—1987)的"教学过程最优化"的教学论,维果斯基的"最近发展区"理论,德国瓦根舍因的"范例方式教学论"等等。50年代末,产生了在世界上影响广泛的"人本主义"教学论,其代表人物有美国心理学家马斯洛、洛杰斯和阿尔伯特。现代最有影响的教学理论是前苏联著名教育学家苏霍姆林斯基的"和谐教学论",他的《给教师的一百条建议》在世界范围内影响很大。而前苏联著名教育学家沙塔洛夫提出的"纲要信号"图示教学法,是现代积极化教学思想的体现,有着广泛的国际影响。

由上可见,人类对于教学理论的研究已有相当长的历史了,而且前人在这方面也做出了卓越的贡献。如今,人们虽然把教学论作为教育学的一个组成部分,可是教学论思想的产生与发展并逐渐形成体系,却是早于教育学的。教育学成为一个学科体系是教学论形成体系之后的事情。

2. 中学数学教学论的产生与发展

现代的学校数学教育始于西方。在我国,"中学数学教学论"这门课程从开设到今天,只有100余年的历史。该课程起源于我国近代师范教育的产生。1897年,清朝天津海关道、大理寺少卿盛宣怀创办南洋公学,内设师范院,首开"教授法"课,讲授"各科教授之次序法则"。1904年1月,清政府颁布《奏定学堂章程》,产生并开始推行中国较为系统完备的近代新学制"癸卯学制"。同时,清政府在初级和优级师范学堂分别开设"教授法"和"各科教授法",这可以被视为"课程教学论"这一课程在我国的首次开设。之后,一些师范院校便相继开设了"各科教授法"。1918 年秋,任职于南京高等师范学校的陶行知先生提出改"教授法"为"教学法"的主张,这一主张被政府接受,这一思想也逐渐深入人心,得到社会的认可,"数学教学法"一名一直沿用到 20 世纪 50 年代末。无论是"数学教授法"还是"数学教学法",实际上只是讲授数学通用的一般教学法。20 世纪 30 年代至 40 年代,我国曾陆续出版了几本有关数学教学法的书,如 1949 年商务印书馆出版的由刘开达编著的《中学数学教学法》。这些书多半是作者通过研究国内前人或国外关于教学法的论著,并根据自己的教学实践进行修补而总结的经验,并不包括成熟的教学理论。尽管如此,经过这一时期的发展,"数学教学法"或"数学教材教法"已逐步从教育学脱胎独立。

新中国成立后,我国高等师范院校数学系开设了"中学数学教学法"和"初等数学复习与研究",60 年代这类课程更名为"中学数学教材教法",这一名称一直沿用至 80 年代。1982 年,我国学术界有人提出"数学教材教法"应向"数学教育学"发展。1985 年,《全国高等师范院校中学数学教育研究协作组学术会议纪要》中明确提出"要建立有中国特色的'数学教育学'"。1987 年,国务院学位委员会发文将教育科学的二级学科"各科教材教法研究"更名为"学科教学论"。于是,"中学数学教材教法"课程也相应更名为"中学数学教学论"。从我国提出建立有中国特色的数学教育学至今,该学科建设有了很大的发展,但到目前为止,数学教育学的体系并没有完全定型,内容也尚未成熟。因此,只在"数学课程与教学论"专业的硕士研究生教育中开设"数学教育学"课程,本科教育中,一般只开设"中学数学教学论",并将其作为数学教育专业的必修课。

20 世纪 50 年代我国使用的"中学数学教学法"课程的教材主要是翻译前苏联的 В·М·伯拉基斯的《数学教学法》,该书主要介绍了中学数学教学大纲的内容和体系,以及中学数学中的主要课题的教学方法,这些内容虽然仍停留在经验上,但与以往只学一般的教学方法相比,已经发展成为专门的中学数学教学方法。1979 年,由北京师范大学等全国 13 所高等师范院校合作编写的《中学数学教材教法》(《总论》和《分论》)作为高等师范院校的数学教育理论学科的教材,是我国在数学教学论建设方面的重要标志。

20 世纪 80 年代,我国的数学教学论不仅与国际数学教育共同发展,而且在数学教学活动及数学教育理论研究方面都形成了一定的特色。在数学教学法的基础上,我国开始出现数学教学的新理论。国务院学位委员会公布的《授予博士、硕士学位和培养研究生的学科、专业目录》中,在"教育学"这个门类下设二级学科"课程与教学论",使学科教育研究的学术地位得到确认。1985 年,前苏联著名数学教育学家 A. A. 斯托利亚尔的《数学教育学》的中译本由人民教育出版社出版发行。我国在 80 年代也编写了《数学教育研究导引》,在书中介绍一些数学教育研究的范本。到 90 年代初,在全国各地都开展了具有相当规模和影响的"学科教育学"学术研讨会,取得了不少的研究成果。目前这一研究,正在向纵深发展,不断有新的研究成果面世。

90 年代以来,国内外对数学教育的研究发展迅速,我国的对数学教学论的研究在已经构筑的框架上不断深入和拓广。1990 年,由曹才翰教授编著的《中学数学教学概论》问世,标志着我国数学教育理论学科已由数学教学法演变为数学教学论,由经验实用型转为理论应用型。1991 年出版的《数学教育学》将中国数学教育置于世界数学教育的研究之中,结合中国实际对数学教育领域内的许多问题提出了新的看法,对数学教育工作者涉及的若干专题加以分析和评论,这是数学教育学研究的一个突破。1992 年,《数学教育学报》创刊,该刊由天津师范大学主办,对数学教育理论研究与实践探索发挥了重要作用。十几年来,我国涌现了一批优秀的科研成果,出版了一系列数学教育学著作,内容包括数学教学理论、数学学习理论、数学思维、数学方法论、数学课程与数学教育评价、数学习题理论等多个方面,其内容已远远超过上述教材所包含的知识领域。同时我国还加紧了对数学教学论专业人才的培养,国内各大师范院校已增设课程与教学论(数学)硕士学位授权点和教育硕士(学科教学:数学)专业学位,培养出了一批年青的数学教学论工作者和研究人员。90 年代开始,我国的数学教学论研究形成了一个高潮,数学教学活动实践和数学教育学理论的结合产生了丰硕的成果。

当前,我国正进行新一轮基础教育课程改革,使数学教育从应试教育向素质教育转变,以培养 21 世纪需要的具有全面素质的人才,以满足社会发展、国际竞争和经济全球化、信息化的新形势的需要。随着素质教育改革的不断深入,教学对中学数学教师的专业素养、教学理论、能力水平等诸方面都提出了更高的要求。2003年 4 月,高等教育出版社出版了由张奠宙、李士锜、李俊编著的《数学教育学导论》。该书是基础教育新课程教师教育系列教材之一,书中作者用新的观点阐述了中小学数学的教育理论,构建了新的数学教育体系,并与国家数学课程标准相适应,是数学教育学研究的一个新发展。

中学数学教学论是数学教育领域中一门正处于发展中的新学科。它的产生既是数学教育理论发展的必然，也是数学教育实践的呼唤。近年来，人们对数学教学的成效十分关注，教学改革被作为提高数学教育质量的重要手段而被提升到了一个新的高度，广大的数学教学工作者越来越迫切地需要了解和掌握有关能够帮助他们切合实际地解决教学问题的理论。与此同时，普通教学论和作为数学教育的一般理论的数学教育学在现代教育科学之林中得到了极大的发展。中学数学教学论的丰富内涵更为数学教育工作者所瞩目，其理论体系的日益完善和实验成果的不断丰富使之有可能对所有数学教学活动的发挥起着不容忽视的指导作用。正是在这种理论与实践的双重力量的推动之下，中学数学教学论已发展成为数学教育学的重要分支学科之一。

二、中学数学教学论的研究对象与任务

从上述发展简史可知，"中学数学教学论"是"中学数学教材教法"的自然发展。在 20 世纪 50 年代以前，该课程研究的对象是数学的讲授方法，其任务主要是对既定的数学教学内容、教学法进行加工，使教师讲授的数学知识易于学生接受。20世纪 50 年代以后，随着教育学、心理学的发展和社会对人才需求观念的改变，数学教学的任务已经由单纯给学生传授数学知识向综合提升学生的知识、素质、能力转变。数学教学任务的演变，使"中学数学教学论"或"中学数学教材教法"的研究对象和任务也随之发生变化。此时，"中学数学教学论"总的研究对象是"数学教学"，主要任务是解决"教什么"、"如何教"、"为什么教"以及"教给谁"等问题。

近 20 年来，随着"数学教育学"的诞生和发展，作为其分支学科的"中学数学教学论"的研究对象和任务也在不断发展和变化。研究对象"数学教学"的变化的实质是对"数学教学"理解上的变化，涉及的是数学教学观的问题。在理解"数学教学"这一问题上有传统和现代两种观念。传统数学教学观认为，数学教学是对数学理论的教学，是传授数学知识的过程。而现代数学教学观认为，数学教学是对数学活动的教学。数学活动的教学是指在数学教学中应该让学生经历积极的数学活动。我国新制定的数学课程标准突出强调了这一点，并将其作为基本理念提出。我国在《义务教育数学课程标准》中提到："数学教学活动必须建立在学生的认知发展水平和已有的知识经验基础之上。教师应激发学生的学习积极性，向学生提供充分从事数学活动的机会，帮助他们在自主探索和合作交流的过程中真正理解和

掌握基本的数学知识和技能、数学思想和方法,获得广泛的数学活动经验。学生是数学学习的主人,教师是数学学习的组织者、引导者和合作者。"《高中数学课程标准》中也提到:"学生的数学学习活动不应只限于接受、记忆、模仿和练习,高中数学课程还应倡导自主探索、动手实践、合作交流、阅读自学等学习数学的方式。这些方式有助于发挥学生学习的主动性,使学生的学习过程成为在教师引导下的再创造过程。"随着大家对"数学教学"认识和理解的深入,中学数学教学论的研究对象和任务的内涵也在不断丰富和变化。

基于上述认识,按照"教学论是关于教学活动的理论,是揭示教学的一般规律,是研究教和学的一般原理的理论"这种理解,可以认为中学数学教学论是研究数学教学过程中教和学的联系、相互作用的科学,它是数学教育学的一个重要组成部分。具体地说,中学数学教学论以一般教学论和教育学的基本理论为基础,从数学教育的实际出发,分析数学教学过程的特点,总结长期以来数学教学的历史经验,揭示数学教学过程的规律,研究数学教学过程中的要素(教学方法、教学组织形式、教学的物质条件等)及其相互间的关系,帮助教师端正教学思想,形成教学技能,并对数学教学的效果开展科学的评价。中学数学教学论的研究对象是数学教学,并且是指数学活动的教学,它是教师的数学教学活动与学生的数学学习活动两个方面的统一。数学学习活动是学生在教师的指导下掌握系统的数学知识、技能和技巧的过程;数学教学活动是按照教育教学规律,向学生进行数学基础知识和基本技能的教学,以培养学生的数学能力,发展学生的认识能力,增进学生的数学素质,并指导、评价学生数学学习的过程。

根据对中学数学教学论研究对象的界定,可以发现中学数学教学论的主要任务应该包括两大方面。一是数学教学的基础理论,包括数学教学所涉及的数学课程论、数学教育心理学、教育学、逻辑学以及数学教育评价等相关基础理论,主要解决数学教学是"为什么而教"、"教给什么样的对象"、"教什么样的内容"等三个问题,同时也对如何教的理论给出指导意见。二是具体数学活动的教学实践,包括数学教学实践所涉及的具体内容,如过程与原则、方法与手段、研究与评价以及数学教师的日常工作与职业成长等。中学数学教学论的具体任务为中学数学的现代教学观、教学目的、教学内容、教学过程与原则、教学方法与手段、教学活动实践与研究、教学评价以及中学数学教师的职业发展。

除上述内容外,中学数学教学论还应该结合实际和科学技术的发展状况对数学教学中的各种新问题开展范围广泛的研究。

三、中学数学教学论的理论基础简介

中学数学教学论这门学科与许多科学相互联系、相互作用,并受到这些科学的制约和影响。因此,中学数学教学论要建立其自身的一系列科学的理论基础,这是逐步完善中学数学教学论的重要保证。

1. 认识论基础

辩证唯物主义认识论是认识世界、改造世界的方法论,是研究一切科学的方法论,因此也是我们认识教学过程的方法论。数学教学活动从其本质来看,是和人类的一般认识活动相一致的,是人类总体认识活动的一个部分。因此,要建立科学的数学教学理论就必须以辩证唯物主义认识论为指导,并从数学教学活动本身的特点出发去探索数学教学过程的基本规律。中学数学教学过程是指学生在教师的指导下,对数学知识、思想、方法、技能等从不知到知、从知之较少到知之较多,并逐步认识客观世界和改造主观世界的过程,马克思主义认识论理所当然地成为这门学科的科学方法论基础。如果离开了辩证唯物主义认识论,就不可能正确理解数学教学过程的实质、特点和规律,就必然会陷入唯心主义和机械主义的泥坑。

2. 课程论基础

中学数学教学要解决"为什么而教"和"教什么"的问题,即中学数学的教学目的和教学内容的问题。这些问题既是数学教学论的基础理论问题,也属于数学课程论的研究范畴。因此,中学数学教学论课程离不开数学课程论的理论指导。

3. 心理学、生理学基础

中学数学教学论的研究要以心理学为基础,这是因为有效的数学教学活动需要根据中学生心理品质和思维发展的规律,尤其是中学生的个性特点来建立科学的教学体系,使教学活动能够适应中学生的心理需要并促进其心理能力的健康发展。从现代教学理论的发展来看,新的研究和实践越来越借助于心理学的支持。在欧洲 19 世纪上半叶"教育心理化运动"的推动下,赫尔巴特首次将教学论建立在心理学的基础之上。之后,许多教育家和心理学家致力于教学心理学的实验和研究,从而使心理学成为教学论最重要的科学基础。

从心理学和生理学来看,教学过程实质上是使学生的身心得到全面发展的过程。因此研究和组织教学过程就必须认识和掌握学生身心发展的机制、特点和规律。只有当教学过程符合学生身体发育、大脑神经活动和心理发展的规律时,才能充分发挥教学的教育功能,才能更好地促进学生的整体发展。例如,教学过程除了包括学生的认知过程,还包括激发学生认识的过程,所以在教学中必须考虑学生的认知因素和非认知因素。又如,如何根据大脑两半球的分工原理对学生的形象思维、直觉思维和创造性思维进行开发,这是当前教学论中很值得重视的课题。因此,中学数学教学论必须以生理学、脑科学、心理学特别是教育心理学和发展心理学为基础,这也是中学数学教学论科学化的重要条件之一。

4. 逻辑学基础

数学科学之所以严谨,就是因为它是严格按照逻辑的要求整理出来的,可以说,逻辑是数学的基础和工具。研究数学教学自然必须掌握逻辑的基础知识。这不仅因为数学的基础是逻辑,还因为数学教学的基本目的之一就是要培养学生的逻辑思维能力。因此,逻辑学无疑应成为中学数学教学论的理论支撑。由于中学数学主要是在形式逻辑的范围内活动的,而形式逻辑研究思维形式及其规律,所以从事中学数学教学研究时,应重点围绕思维形式的相关内容,掌握有关形式逻辑的基础知识。考虑到这些内容在前期课程中没有专门介绍,同时考虑到教材内容的系统性,本书将在附录予以介绍。

随着中学数学教学论研究的不断发展,研究这一领域的科学基础将日益被拓宽。除上述已被提到的有关理论外,系统科学理论、美学、思维科学、决策理论等等对中学数学教学论的制约和影响也越来越深,这些理论也应该受到中学数学教学论研究的重视。

【思考题】

1. 你对中学数学教学论的研究对象和任务有何看法?请陈述你的观点。

2. 你认为中学数学教学论的理论基础还应包括其他理论吗?如应包括,请简要分析之。

第一章　中学数学教学的改革与发展

【导语】　中学数学教学一直处于改革与发展之中。国际中学数学教学的改革与发展经历了近代化运动和现代化运动两个阶段，改革呈现出一系列的特点。我国中学数学教学改革走过了一条曲折的道路，大致可以分为八个阶段。改革取得了许多成效，积累了丰富的经验，改革也遇到了许多的挫折，有着许多深刻的教训。当前，新一轮基础教育数学课程改革正在深入开展，开展的过程中遇到了许多新的问题，面临新的挑战。

第一节　国际中学数学教学的改革与发展

1. 概况

1.1　国际中学数学教学改革的近代化运动

中学数学教学改革的近代化运动爆发于 19 世纪末 20 世纪初，是由德国数学家、数学教育家克莱因（F. Klein，1849—1925），英国数学家、数学教育家贝利（J. Perry，1850—1920)和美国的莫尔（E. H. Moore，1862—1931）所发起和领导的，人们也称之为克莱因—贝利运动。1908 年，第四届国际数学会议在罗马召开，会上成立了改革数学教育国际委员会，克莱因任主席。会议中，委员会就中学数学教育应当改革的问题拟定了基本方向。

这场改革的出发点是变革中学数学教学的目的和任务。克莱因将他关于数学教学改革的观点发表在他的名著《中学数学教学讲义》(1907 年)和《高观点下的初等数学》(1908 年)中。克莱因主张用近代数学的观点改造中学数学课程的教学内容，他认为教师应当运用教育学、心理学的观点来指导数学教学；教材内容应以函数概念为核心，重视图像教学，进一步丰富空间几何教材，把解析几何纳入中学数学内容。在《高观点下的初等数学》一书中克莱因主张加强函数和微积分的教学，借此改革充实代数，主张用几何变换的观点改造传统的中学数学内容，同时他认为数学教学应强调和提倡将数学理论应用于实际。克莱因的数学教学思想和观点产生了深远的影响，受到普遍的重视。

1901年贝利在题为"数学的教育"的报告中提出了他的观点。他主张数学要从欧几里得的束缚中走出来，重视实验几何、几何应用，重视测量和计算的口号，并建议尽早开设微积分。贝利针对当时英国数学教学忽视实际应用的弊病，强调了数学的实用性价值，提出数学教学要强调应用。他主张改革几何教育，加强实用计算，并提出把微积分早日渗透到中学数学中。他认为教师应肯定数学教育中思想教育的重要意义，坚持让学生去思考、去发现、去解决问题。他强调学习数学时应联系实际。贝利的数学教育思想引起了广泛的注意，部分思想得到实施。

尽管克莱因、贝利的主张各有差异，但基本精神是一致的，就是使教材教法近代化、心理化，强调数学教材的实践性、应用性，要求实现数学各科的有机统一、理论与实践的统一。贝利与克莱因的数学教育思想引发了20世纪初的数学教育改革运动。数学教学改革的近代化运动对后来的数学教育现代化运动起到了先导作用。另一方面，由于课程内容的改革是与学科结构、教学思想、教学理论和方法以及教师水平等方面联系在一起的，因此孤立地彻底改革课程内容是不可能的。再者，由于一些客观情况，如第一、二次世界大战中断了一些有价值的改革试验，再加上当时实用主义哲学和教育思想的冲击等，使这一场很有价值的中学数学教学的近代化改革运动最终未能取得令人满意的结果。

1.2　国际中学数学教育现代化运动

第二次世界大战结束以后，世界各工业先进国家先后转入和平恢复时期，许多军事工业转向或兼营民用生产，加上经济重建的需要，促进了设备更新和技术更新，于是带来科学、文化、教育的发展和变化。在此之前，数学科学本身已经有了很大的发展。20世纪初，数学科学在完成"基础精密化"之后，又在公理化思想的基础上出现新的认识。到了20世纪50年代，由于原子能、电子计算机和空间技术的出现，世界进入第三次技术革命。科学技术的迅猛发展对数学教育提出了现代化要求。在这一时期，科学技术先进的国家对当时所出现的中学数学教学质量太差、效率太低的现象普遍感到不满，加之这一时期科学技术不断发展，数学出现了许多独立发展的新分支，数学的应用日趋广泛，并且渗透到各个科学领域，而传统的教学内容、教学理论和教学方法却远远不能适应时代发展的需要，有心改革的心理学家、教育学家竞相提出对策，建立了各自的数学教育理论。

数学教育现代化运动首先在美国发起。随着第一次世界大战后，欧洲大批科学家的流入美国，美国高等教育已赶上并超过了欧洲，但大学数学与中学数学脱节的现象非常严重，中学数学落后于大学数学。因此，美国面临着为培养科技人员必须改革中学数学教育的处境。

1957年11月，前苏联的第一颗人造地球卫星的上天引起了世界的震惊。它促使人们以新的眼光去认识科学技术发展的需要与教育改革的关系，尤其是数学教育改革的问题。美国首先认识到自己的数学教育和前苏联的数学教育之间的差距，总结出了"空间和国防计划方面能否成功，甚至能否进行，极大地依赖于数学及其应用是否占优势"的重要结论。美国教育界和科学界的这种看法促使美国政府也极度关心数学教育状况。于是在美国出现了数学教育现代化的浪潮，随后又很快地波及到几乎整个世界，这个运动被称为"新数运动"。

对这个运动起指导作用的是1959年9月美国的全国科学院召开的一次会议，会上研究了课程改革问题，会议主席布鲁纳在他的总结报告《教育过程》中，提出了四个新的思想：第一，任何科学的学习都务必使学生理解该学科的基本结构（简称结构思想）；第二，任何学科的知识都可以用某种方法教给任何年龄的学生（早期教育思想）；第三，让学生像科学家那样亲自去发现所学习的结论，即所谓发现法；第四，激发学生学习积极性的首要条件不是考试，而是对数学的真正兴趣。

"新数运动"的主要特征是：在中学引进现代数学的概念，使整个数学课程结构化。其主要表现有以下几点：

（1）增加了现代数学内容。比如，中学数学的教学内容里增加了集合、逻辑、群、域、矩阵、向量、概率、统计、计算机科学等内容，而小学数学教学内容里，也引进了数的理论、简单的概率、统计、代数、函数等。

（2）强调结构、组成统一的数学课程，不再分算术、代数、几何等科目，而是用集合、关系、映射等思想观点，把数学课程统一成为一个整体。

（3）采用演绎法、强调公理方法。"新数运动"强调培养学生的抽象思维，使学生既有批判能力，又富有创造性的头脑和严密的逻辑推理能力。

（4）废弃欧几里得几何，把平面几何与立体几何合并，用变换的观点或线性代数的方法来处理。

（5）削减传统的计算，认为"大量的传统计算无助于加深学生对方法的理解"。

"新数运动"取得了有益的成果，这主要体现在以下几方面。首先，"新数运动"

中涌现出了一批对数学和数学教育有远见、有洞察力、有影响的数学教育工作者。这些教育工作者在一些国家中建立了中学、高等学校数学教师以及教育理论家之间的合作机构共同来研究课程的发展。其次，在这期间大多数国家的中学数学课程形成了一个统一的整体，使课程强调结构和原理，克服了传统数学教学只强调机械计算的毛病。再次，在国际上举办各种方案设计、会议、辩论、商讨，使数学教育工作者间的联络更活跃。四年一次的国际数学教育大会供数学家、数学教育工作者互相交流思想、交换看法。最后，数学教育大变革使教师更加集中注意教育的成果，使教师经常考虑教什么、如何教、如何学三者之间的关系。他们还会继续辩论哪些内容是必需的，以对课程作更加正规、更具批判性的审查研究。

"新数运动"从 20 世纪 60 年代初到 20 世纪 70 年代初为改革的实施阶段。改革的浪潮此起彼伏，改革的步子更大，改革的范围从发达国家扩展到发展中国家。为了适应政治、经济、科学等方面的需要，世界各国对改革中小学数学教学进行了大量的讨论、研究和试验，并且召开了许多次国际会议，交流和讨论改革中带有倾向性的问题，而各种方案并行，使改革的发展极不平衡。这一世界规模的中小学数学改革运动在各国采取了不同的方法，经历了曲折的发展过程。

虽然在世界范围内来说教育改革并不是齐步走的形势，各个国家在不同层次上都有改革的举措，这些举措对整个数学教育研究起着很大的促进作用，使整个中学数学课程在原有基础上，与现代数学进行衔接。但由于运动发展得过于迅速、试验进行得不充分，教师培训工作跟不上，使改革运动带有很大的盲目性，没有收到预期效果，受到了挫折。到 60 年代末、70 年代初，改革中的一些问题渐渐暴露出来，主要存在的问题有以下几方面。

（1）改革着眼于现代数学的观点，而不考虑学生未来工作、生活的需要，也没有认真考虑社会对数学教育的总体要求。

（2）抽象概念过早引入，使学生难以接受和理解，影响了学生的学习情绪。

（3）只强调公理化、形式化和演绎推理，忽视了由直觉思维到形式思维所必需的转化过程。

（4）忽视了应用，使学生的计算能力和恒等变形的能力有所下降，使部分学生因不适应"新数"的学习，而成为"落后生"。

（5）学生的计算能力较差，负担过重，影响了教学质量。

70 年代到 80 年代初期是总结经验教训，重新评价改革方向的阶段。经过 10 多年的实践，人们发现学习"新数"的学生计算能力和几何直观能力都很差，毕业后无论就业或升学都有困难,甚至不懂把学得的知识去解决日常生活中经常遇到的问题。学生家长也很烦恼,因为他们不但无法辅导自己的孩子,而且根本不知道自己的孩子是在学些什么。反对意见越来越多,到 70 年代初期,"新数运动"遭到强烈的批评,"回到基础"又成为美国数学教育界的主要口号。随后其他国家也有相同的要求。在一片"回到基础"的呼声中,70 年代后期各国都采取了相应的调整措施。

2. 国际数学教育改革与发展的特点和趋势

纵观世界各国数学教育的改革与发展状况,在总结经验、吸取教训的基础上,人们对"数学教育现代化"有了更加全面的理解,数学教育的现代化,不仅是教学内容的现代化,也是数学思想、数学方法、教学手段的现代化,更是人的现代化。国际数学教育改革与发展呈现以下特点和趋势。

2.1　数学教学观念和课程目标方面

(1)重视问题解决。数学教学注重解决实际问题与日常生活中的问题,包括提出问题、设计任务、收集信息、选用数学方法、加强数学与其他学科领域的联系等,注重在应用数学解决问题的过程中,使学生学习数学、理解数学。

(2)强调数学应用。在教学中增加具有广泛应用性的数学内容,使学生从现实中发展数学。

(3)强调数学交流。数学作为一种科学语言,为人们提供了一种有力、简洁、准确的交流信息的工具。明确数学交流是数学教育的重要内容之一,要求培养学生能够进行各种数学语言的转化,会使用数学语言准确、简洁地表达自己的观点和思想。

(4)强调数学对发展人的一般能力的价值,淡化纯数学意义上的能力结构,重在可持续发展。

(5)注重数学思想方法。大多数国家倾向于通过解决实际问题,使学生形成对人的素质提高有作用的、基本的思想方法,如实验、猜测、模型化、合理推理、系统分析等。

(6)强调数学的感受和体验。教学中让学生体验做数学的成功乐趣,培养学生的自信心。

(7)加强计算机的应用。将计算机作为一项人人需要掌握的技术手段。

2.2　数学教学内容及处理

(1)强调数学素材的现实性。这里的现实既指学生在自己的生活中能够见到的、听到的、感受到的,也指他们在数学或其他学科学习过程中能够思考或操作的,属于思维层面的现实。改革要求数学学习素材应尽量来源于自然、社会与科学中的现象和问题,而且应具有一定的数学价值。

(2)加强综合化和整体性,使学生尽早体会数学的全貌。

(3)注重创新意识和数学能力培养。改革要求教材中的数学活动材料要反映数学知识的发生、发展过程,注重教材对学生的探索、猜想等活动的引导和对学生数学能力的培养。

(4)强调几何直观。改革加强了对三维空间的认识,降低了传统欧氏几何的地位,注重用现代数学思想处理几何问题。

(5)注重新技术对数学课程的影响。改革从新技术带给数学的深刻变化,重新审视教学应选取的数学内容,较早引入计算器、计算机的知识,发挥现代信息技术手段在探索数学、解决问题中的作用。

(6)注重课程结构"普适性"与"个性化"的结合,使教学既适应"数学为大众"的潮流,又强调"个别化学习"。

(7)强调内容设计的弹性化。改革关注不同学生的数学学习需求,考虑到学生发展的差异和各地区发展的不平衡性,在内容的设计上体现一定的弹性,既有一些拓宽知识的选学内容,又不片面追求解题的难度、技巧和速度。

(8)课程内容安排的多元化。设计课程时一般采用螺旋式上升的方式,或采取适用于因材施教的"多轨制"方式,而不是"一步到位"。对重要的数学概念与思想方法的学习逐级递进,以符合学生的数学认知规律。

(9)注重呈现形式的丰富多彩。教科书根据不同年龄段学生的兴趣爱好和认知特征,采取适合于学生的多种表现形式。

人类已进入21世纪,全球化和信息化是新时代的特征。社会的数字化程度日益提高,这更要求人们具有更高的数学素养。知识经济时代即将到来,数学也将更广泛、更普遍地渗透到社会生活的方方面面,数学表现得越来越与人类的生存质量、社会的发展水平息息相关。因此,人们不能不对数学有新的认识,不能不对数学教育有新的思考。对中学数学教学改革来说,设计弹性更大的数学课程,使学生能根据自己的程度、兴趣和未来职业进行合理选择,将是中学数学课程改革现代化发展的一个重要趋势。社会的进步、数学的发展、国际数学教育的发展态势以及与数学教育相关的研究成果的不断成熟和丰富,都在孕育着一个崭新的数学教育时代。

第二节　我国中学数学教学的改革与发展

1. 概况

兴起于甲午战争之后的我国近代的数学教育和整个近代教育一样,基本上是照搬日本模式,大量采用日本教材。五四运动之后,"科学"与"民主"的口号深入人心,数学教育的作用也为更多的人所认识,我国自编的中学数学教材纷纷出现。从抗日战争爆发至 1949 年全国解放,我国大量引进以英、美为主的西方数学教材。新中国成立后,为了适应我国社会主义建设的需要,在改革教育的同时,我国的中学数学教育也进行过多次改革和实验,取得了很大的成绩,积累了丰富经验,但在这过程中也遭受了不少挫折,走过了一条曲折的道路。我国数学教育的发展大体经过下面八个阶段。

第一阶段(1949—1952):选用、改编国内原来施行的教材,教学模式继续沿袭西方的阶段。

中华人民共和国诞生以后,百废待兴,条件匮乏,中学一般沿用了解放区和国统区原有的一套教学模式和课本。同时,为了确立数学教学为社会主义建设服务的方向,中学数学教师开始改编、选用国内原来施行的教材,着手制订教学计划。

第二阶段(1952—1957):在全面学习前苏联的基础上,创建社会主义中学数学教育体制阶段。

为了确立数学教学为社会主义建设服务的方向,1952 年以后,我国的数学教学开始全面向前苏联学习。这对于清除半封建、半殖民地教育的影响、改革不合理的教育制度起了重要作用,它从根本上改变了旧中国数学教育杂乱无章的状态,建立了由中央集中领导、大纲和教材统一的数学教育体制,逐步形成注重严谨性的数学教育传统,为新中国成立后我国中学数学教育发展打下了基础。但是,由于过分强调向前苏联学习,生搬硬套,脱离了我国当时的实际情况,使我国原有的中学数学课程水平有所降低。如盲目在我国 12 年制学校中照搬前苏联 10 年制的教材,取消解析几何,降低了我国中小学的数学知识水平。

第三阶段(1958—1961):群众性的教育革命高潮兴起阶段。

在此期间,教育部决定调整和增加中小学数学教学内容。1958 年 5 月,中共八大二次会议制定了"鼓足干劲,力争上游,多快好省地建设社会主义"的总路线。1959 年 11 月,教育部召开"中小学数学教学座谈会"。会后,拟定了《关于修订中小学数学教学大纲和编写中小学数学教材的请示报告》。1960 年 10 月,人民教育出版社提出《十年制学校数学教材的编辑方案(草稿)》,其基本思想是用 10 年学完原来用 12 年学完的中小学课程,即用 5 年学完算术与 5 年学完初、高中数学的所有其他内容。《草稿》中提出"加强计算能力的培养",按《草稿》要求,人民教育出版社编出一套《十年制学校中学数学课本》(1960—1962)供各地试行的十年制学校选择试用。从这套教材试用的结果看,由于过分强调"多、快、好、省"和"高、精、尖"的急躁冒进,特别是由于实用主义泛滥,对传统教材作了不恰当的评价与否定、对教材不适当地删减(尤其是几何内容),削弱了基础知识的系统性和科学性。同时,把原来(包括现在)大学一、二年级的一些课程下放到中学,增加了相当多的近现代数学内容,导致学生负担过重、学得不好、消化不良、教师水平跟不上,一度造成教学混乱,教学质量下降。总之,这次的数学教育改革方案脱离了我国实际,改革试验未能获得成功。

第四阶段(1961—1965):吸取经验教训,在对课程和教材进行调整和提高的基础上,确立了数学教育体系。

1961 年,由于贯彻执行"调整、巩固、充实、提高"的八字方针,教育界对 1958年以来的那次数学教育改革进行了反思。人们希望保留积极成分,扬弃消极因素,逐步建立具有中国特色的现代数学教育体系。1961 年 10 月教育部颁发了《全日制中学暂行工作条例》,重订了十年制《全日制中小学数学教学大纲(草案)》。

1963 年 5 月教育部又新编了十二年制《全日制中学数学教学大纲(草案)》,这是我国编制的第五个中学数学教学大纲,也是一个比较成功的大纲。大纲在中小学恢复"六三三"制,在教学目的中,首次全面明确提出了"三大能力",即要"培养学生正确而迅速的计算能力、逻辑推理能力和空间想象能力"。它不仅从正、反两个方面反映了 50 年代末期数学教育的广泛研究成果,而且从根本上讲,也是新中国经历了三个时期的模仿(先学日本,后学美国,最后学习前苏联)之后的独立研究成果。它比较全面、广泛、深入地综合各家之长,依据我国改革实践,初步形成自己的特点和风格。因此,它不仅影响了我国 60 年代前半期的数学教育,而且它的指导思想、教学目的、教育原则以及关于数学教学法方面的建议一直影响到现在。

第五阶段(1966—1976):我国数学教学的大倒退阶段。

1966 年到 1976 年,我国的政治、经济、文化受到了严重的摧残,教育是重灾区。中学数学教学秩序遭到了严重破坏,基础被削弱,水平降低了,造成了我国数学教学的大倒退，使得教育教学改革不能继续进行。

第六阶段(1977—1985)：我国中学数学教育恢复、调整、发展时期。

1976 年以后，我国开始了社会主义四个现代化建设的新时期，为了适应新时期社会主义建设的需要，数学教学必须赶上时代的要求。1978 年 2 月，教育部制订了《全日制十年制学校中学数学教学大纲(试行草案)》，人民教育出版社组织编写出全国通用的十年制中小学数学(不分科)教材一套及教学参考书。此次大纲把 1963 年大纲中的"计算能力"改为"运算能力"，"逻辑推理能力"改为"逻辑思维能力"，并第一次提出了"逐步培养学生分析问题和解决问题的能力"。同时，大纲对中学数学教学内容的改革首次提出了"精简、增加、渗透"的原则，对中学数学教学内容进行改革，精简了传统的中学教学内容，增加了微积分、概率统计、向量、矩阵和逻辑代数初步知识，把集合、映射等近代数学思想渗透到有关教材中去。这三个原则成为后来处理教学内容的"经典原则"。

1983 年 8 月教育部提出了《关于进一步提高普通中学数学教育质量的意见》，为适应各地学生、师资、学校条件等不同的情况，强调教材不宜绝对统一，应对学生实行两种要求——"基本要求"和"较高要求"，并按大纲编写了要求不同的两种教材——"甲种本"和"乙种本"。1985 年，为减轻初中生学习负担，将初中代数中二次函数部分的内容移到高中学习。在 1978 年到 1985 年的几年时间内，全国大部分中学围绕如何培养学生的能力，对数学教学方法进行了各种改革试验，取得了很多有益的经验。同时，部分科研单位、高等师范院校和重点中学编写了十余种中学数学实验教材，积极、稳妥地进行教材改革试验，取得了良好的试验效果。

第七阶段(1985—1990)：我国实行九年制义务教育，中学数学教育改革大发展时期。

1985 年 5 月，党中央主持召开了第一次全国教育工作会议，并颁发了《中共中央关于教育体制改革的决定》，1986 年 4 月全国人大审议通过并颁发了《中华人民共和国义务教育法》，两个文件指出了我国教育工作中存在的问题，也进一步指明了教育改革的方向。原国家教育委员会要求有步骤地在本世纪内实行九年制义务教育。

1986 年 11 月国家教委又根据"适当降低难度、减轻学生负担，教学要求尽量明确具体"的三项原则制订了作为此后一段时期具有过渡性的《全日制中学数学教学大纲》，着手从教学思想、教学体制、教学内容、教学方法等四个方面进行改革，并确定在课程教材方面实行"一纲多本"的方针。

1988 年 1 月我国制订了《九年制义务教育全日制小学初中课程计划（草案）》，并制订了《九年制义务教育全日制初级中学数学教学大纲（初审稿）》，它标志着我国的中学数学教育将实现由升学教育到提高公民素质的根本转变。大纲强调，数学教学中要按义务教育大纲的精神处理教学内容，使初、高中衔接起来，大纲将内容分为选修和必修，并且现定高中阶段的必修内容是文史类高考和高中毕业会考的命题范围，必修内容加上选修内容中"反三角函数和简单三角方程"、"参数方程"、"极坐标"是理、工、农、医类高考的命题范围，选修内容的其他部分如概率，高考和会考均不作要求。1990 年停止供应"甲种本"，只供应与"乙种本"相应的做了与初中义务大纲衔接处理的"必修本"课本。就高中数学课程而言，经过十余年的发展，我国已经取得了很好的成绩，例如在重视基础知识教学、重视基本技能训练和能力培养方面达到较高水平，因而使我国高中生数学基本功扎实，学生整体水平较高。但是，高中数学课程也存在一些问题，主要有：教学内容陈旧，知识面过窄，课程结构单一，不适合我国社会、科学技术和学生个人发展的需要。

第八阶段（1991 年至今）：全面贯彻素质教育，中学数学教育进入新的改革时期。

为实现中学数学从"应试教育"向"素质教育"转轨。1992 年 6 月，原国家教委正式颁布《九年义务教育全日制小学、初级中学课程计划》和各科教学大纲。《九年制义务教育全日制初级中学数学教学大纲（试用）》于 1993 年秋季在全国实施，此大纲对初中数学的教学目的作了全面的要求和准确的表述，对基础教育的培养目标提出了新的要求。与以往的所有大纲相比，此次大纲在教育目的上的提法更符合初中生的年龄和心理特征，且在我国数学教育史上第一次明确提出要培养学生良好的个性品质。

1999 年 1 月，国务院批转教育部起草的《面向 21 世纪教育振兴行动计划》共 50 条 12 块的内容，描绘了面向 21 世纪中国教育振兴的宏伟蓝图，《计划》确立实施"跨世纪园丁工程"、"跨世纪素质教育工程"、"高层次创造性人才工程"、"现代远距离教育工程"、"高校高新技术产业化工程"，积极发展职业教育和成人教育等再一次得到特别强调。1999 年 6 月，中共中央、国务院召开改革开放以来第三次全国教育工作会议，大会做出了《关于深化教育改革，全面推进素质教育的决定》，动员全党和全国人民以提高民族素质和创新能力为重点，深化教育体制和结构改革，全面推进素质教育，振兴教育事业，实施科教兴国战略。这次会议决定加快教育事业发展的步伐，加大教育改革的力度。其要点是：① 全面推进素质教育，培养适应 21

世纪现代化建设需要的社会主义新人；② 深化教育改革，为实施素质教育创造条件；③ 优化结构，建设全面推进素质教育的高质量的教师队伍；④ 加强领导，全党全社会共同努力，开创素质教育的新局面。

在新的形势下，我国于 1996 年 5 月由国家教育部基础教育司颁布了与《九年制义务教育全日制初级中学数学教学大纲（试用）》（1992 年）相衔接的《全日制普通高级中学数学教学大纲（供实验用）》。大纲遵循教育"面向现代化、面向世界、面向未来"的战略思想，满足 21 世纪的社会需要、数学科学进步与学生发展的要求，与《九年义务教育初中数学教学大纲》相衔接，进一步实施高一层的数学基础教育，明确指出高中数学教育的任务。这是新高中数学教学大纲研究小组在分析我国高中数学课程现状及研究国内外数学课程改革的经验教训的基础上制定的，其最重要的特点是精简、更新、灵活、实用，体现了全面素质教育的思想，在教学内容上也有较大改动，吸收了国内外教材改革的成果，继承了传统教材的优点，删除了一些繁、难、深的数学内容，在总教学时数有所减少的情况下，教学内容有所更新，增加了简易逻辑、平面向量、概率统计初步知识和微积分初步知识四块内容，是具有改革意识、符合国情的数学课程。从 1997 年起，该教学大纲通过山西、江西、天津两省一市将近三年的试验，取得了较好的效果，2000 年推向全国。2001 年秋季，教育部颁布《全日制义务教育数学课程标准（实验稿）》，新一轮国家基础教育课程改革试验工作在全国部分省、市、区展开。到 2005 年秋，改革试验工作在全国全面实施。与此同时，2003 年 4 月，教育部颁布《普通高中数学课程标准（实验）》，2004 年起，在广东等四省（市、区）开始试验，2007 年秋，试验覆盖全国。至此，新课程开始走进千万师生的真实生活。目前，改革正在不断深入之中。

2. 二十多年改革的总结与评价

从国际数学教育现代化运动的兴起到现在已有半个多世纪了，半个多世纪以来，对于如何进行改革一直争论不休。21 世纪是科学技术迅猛发展的时代，是知识经济全面崛起的时代，世界各国特别是发达国家都在抓紧制定面向新世纪的发展战略，争先抢占科技、产业和经济的制高点。特别引人注目的是不少国家都在反思教育，抓紧教育改革，把数学教育改革放在核心地位，这给人们以新的启示。我国的数学教育必须与国际数学接轨，形成新的数学教育思想和实践体系，并根据社会对数学的不同需要，提供水平适当的数学教育。

自 20 世纪 80 年代以来，我国正在建设适合中国国情的、更加科学、更加现代化的数学教育体系，"面向现代化，面向世界，面向未来"是正在进行的数学教育改

□ 20 □

革的一个指导思想。一些新的数学教育思想如"大众数学"、"问题解决"、"非形式化原则"、"应用意识"、"EQ(情商)教育"等相继出现,并且不同程度地为人们所接受,数学素质教育逐渐深入人心。

新中国成立以来,我国的数学教育通过不断的改革,有了长足的进步,经过长期的历史积淀,形成了具有自身特色的数学教育传统。勤于习题演练,重视系统训练,注重知识的梳理和结构掌握,并进行较多样的"变式训练",通过"练题"来及时巩固和强化知识,"精讲多练"成为我国普遍的教学模式。我国数学教育的长处是学生有扎实的双基,短处是缺乏创造意识。教育的主旨应是培养学生分析问题、解决问题的能力。

改革开放以来,特别是《中华人民共和国义务教育法》颁布以后,义务教育阶段"一纲一本"的局面开始被打破,教材在统一基本要求的前提下开始注意多样化,各地兴起了不少围绕义务教育阶段教学内容、教学方法的改革实验,形成了众多理论和实践的成果,而随着对外学术交流的推进和我国学生在国际测试和竞赛中的不俗表现,我国的数学教育经验开始为国际数学教育界所关注。

20多年来,我国社会安定、政治稳定、经济高速发展,教育改革也在深入进行,特别是近十年来,我国的数学家、数学教育家以及广大的数学教育工作者对我国的数学教育改革给以空前未有的关注,中学数学教学的改革特别显得活跃,这主要表现在以下四个方面。

2.1 教师的教学观、学生观已发生了重大变化

数学教师的教学观念的发展经历了传统数学教学观念向现代数学教学观念的转变,如从注重数学知识的量和"题海战术"转向注重数学观、数学知识价值和思想方法教学;从注重知识(如定理、公式、法则)的记忆转向注重思维的启发;从注重学习的结果转向注重学习的过程;从注重学会转向注重会学;从注重选拔转向注重发展;从注重教法转向注重学法;从注重学生被动接受转向注重学生主动发现和数学探究;从教师教的方法转向师生合作的方法;从信息单向传递转向信息的多向交流;从封闭型的教学转向开放型的教学;从"管"的教育转向"导"的教育;从数学"双基"传授转向数学素质的全面提高;从强调以本(课本)为本转向强调以人(学生)为本,等等。这些新的教学观念正在影响、指导着今天的数学教师的教学实践。

2.2 围绕中学数学的课程建设和教学内容开展了各种的改革实验

自20世纪80年代以来,我国进行教材改革的试验种类很多,编写的试验教材各具特色。这些教材除了部编十年制教材和六年制重点中学教材外,还有受原国

家教委委托,由北京师范大学牵头,根据美国加州大学伯克利分校数学系教授项武义关于中学实验数学教材的设想,组织、编写了《中学数学实验教材》;中国科学院心理研究所卢仲衡研究员主持的"中学数学自学辅导实验";北京师范大学钟善基教授主持的"五·四·三"初中数学教材以及上海、广东、四川等省市编写的有关试验教材。

进入 90 年代之后,世界各个国家的课程体系都是围绕数学教育的新思想、新观点而设计的,从"大众数学"、"问题解决"及"数学教育现代化"的角度出发,各国进行了大幅度的改革。根据 1999 年 1 月国务院批转教育部起草的《面向 21 世纪教育振兴行动计划》和 1999 年 6 月中共中央、国务院做出的《关于深化教育改革全面推进素质教育的决定》,教育部明确提出:"整体推进素质教育,全面提高国民素质和民族创新能力。改革课程体系和评价制度,在 2000 年初步形成现代化基础教育课程框架和课程标准,改革教育内容和教学方法,启动新课程的试验,争取经过10 年左右的试验,在全国推行 21 世纪基础教育课程教育体系。"教育部基础教育司组织力量对义务教育阶段小学和初中的教学大纲和高中教学大纲进行了修订,并在全国逐步推开。2001 年秋,新一轮国家基础教育课程改革推行,基础教育中小学数学课程标准相继出台,数学教学改革实验正在全国如火如荼进行。

2.3 改革教学模式和教学方法的实验

对数学教学模式的研究蓬勃开展,推动素质教育在数学课堂中的落实。中国教育学会数学教学研究专业委员会成功地于 1996、1998 年在安徽黄山、湖北宜昌举办了全国初中教师优秀课评比活动,对推动初中数学课堂教学改革产生了十分积极的作用,特别是说课这种教研方式要求教师不仅要说出"教什么、学什么",还要说出"为什么教、为什么学",对教师的理论素养提出了更高的要求,是一种易于推广的群众性的教研模式,但这方面的理论研究似乎还不够。对于一堂好课的标准并不一致。课堂教学评价"八股化"的倾向、"千人一面"的教学模式、"大信息量,高密度"的注入式教学、多媒体辅助数学教学的形式主义等等仍未得到有效控制。

教学方法的改革实验研究是 20 多年来我国教改中最为活跃、最有成果的一个领域。为使数学教学克服传统教学方法的弊端,培养学生适应新时期、新形势的要求,在教学中普遍注重了发挥学生的主体作用和教师的主导作用,重视知识的发生过程,注重开发智力和培养能力。因此,为实现教学目的而进行了各种关于教学方法的改革试验,总结出了各种形式的、行之有效的教学方法。如"读读、议议、讲讲、练练"八字教学法、"学导式"教学法、"问题"教学法、"单元整体"教学法、"六课型单元"教学法、"自学、议论、引导"教学法、研究教学法、"尝试、指导、变式、回授"教学法等等。数学教学改革不断深入,继青浦经验之后,各地陆续出现了一些新的试验。如北京为优秀生编写的数学教材、北师大教科所主持的小学数学试验教材都相当成功;四川、贵州、云南的高效益(GX)实验,面广量大,成效卓著;柳州教育学院的"问题引导"数学教学实验,也颇有特色。

特殊教育方法在数学教学改革实验中占有重要地位。特别在转化"数学后进生"问题方面十分突出。此外,各地的"分层教学法"、"目标教学法"在数学教学中也取得了明显成效。另外,国内已有教改实验证明,"EQ(情商)教育"为解决数学后进生提供了一条好的途径。通过在数学教学中开展"EQ教育",可以帮助学生正确地认识自我,正确地对待成功与失败,树立起做人的自信,增强学生间的合作与交流,促进EQ(情商)水平与IQ(智商)水平的均衡发展。

2.4 围绕中学数学教学理论,开展了数学教育理论的研究、总结

首先,应该明确,数学教学改革要取得成功和进展,必须以符合我国国情的数学教育理论研究成果为指导。反之,教学改革的深入开展,又必然会不断形成、积累和总结出新的成功经验,从而推进数学教育理论研究的不断深化和完善,最终形成具有我国特色的数学教育学科。

其次,20世纪80年代以来,国际竞争日益激烈,为了进一步改革数学教学,适应我国社会主义现代化建设的需要,赶上世界先进水平,我国数学教育工作者在"教育要面向现代化、面向世界、面向未来"的方针指引下,一方面加强了国际上的学术交流活动,引进了国外多种流派的现代数学教育理论,另一方面在国内开展了大量的数学教学改革的问题研究,并取得了一定成果。这些研究概括起来大致有以下几个方面。

(1)研究现代数学教育理论和我国的数学教学经验,建立具有中国特色的数学教育学。

(2)研究在数学教学中,发展学生的智力和培养学生的能力的理论与实践。

(3)探讨中学数学课程的内容与体系改革的实验与研究。

(4)研究和比较各种现代数学教学的理论和方法。

(5)研究各种现代数学学习理论和数学教育心理学。

(6)研究大面积提高中学数学教学质量的理论、方法、途径及有效措施。

(7)研究计算器的使用、计算机辅助教学等问题。

(8)研究数学教育评价和考试命题的科学化的问题。

（9）研究中学数学现代化的问题。

（10）研究数学教学的最优化问题。

（11）研究问题解决与创造性学习的问题。

（12）研究数学史、数学思想史的作用问题。

（13）研究数学教育实验问题。

（14）研究数学文化与民族数学的问题。

为此，教育工作者着重在以下四个层面上开展了研究工作。

（1）数学科学。包括传统的初等数学研究、现代统一的结构观点研究、高观点的指导和解题方法的研究。

（2）教育科学。侧重数学与教育科学的有机结合，包括数学教学论、数学学习论（数学教育心理学）、数学课程论、数学教育测量学、数学教学实验的理论与实践。

（3）思维科学。包括数学教育中的思维和逻辑以及电子计算机与数学教育等内容。

（4）数学思想与方法论。包括数学思想发展史、数学方法论、数学解题方法论、数学学习方法论等内容。

进入 20 世纪 90 年代之后，中央逐步加大了教育的战略地位。我国正在建设适合中国国情的，更加科学、更加现代化的数学教育体系。由于中国具有考试文化的传统，升学考试对数学教育的发展起着决定性的作用，"片面追求升学率"的消极影响，致使数学教育改革的步伐十分缓慢，甚至严重受阻。人们既应看到中国数学教育中重视基础训练、善于培养数学竞赛尖子学生等好的一面，也要看到学生负担过重、热衷升学的"英才"教育及忽视数学应用和数学创造能力的培养等不足的一面。长期以来，国内成功的数学教育经验真正上升为理论的不多，而对国外的数学教育科研成就真正加以运用、吸收，与我国实际相结合的就更少，特别是对一些当前深感忧虑和困惑的问题没有给出科学的回答，如怎样使数学教育的功能由"应试教育"转变为"素质教育"；怎样增加课程的灵活性使之更适应不同民族、不同智力层次学生的需要；怎样克服"题海战术"而加强对学生的数学思想方法的培养；怎样克服数学教育中过分追求演绎而加强学生的创造能力的培养；数学教育的价值观怎样在形式陶冶和应用价值之间保持适当的平衡；如何增进学生的数学文化素质；如何体现数学教学的个性化；如何培养学生的创新精神和实践能力等等。总之，如何在新的形势下进一步完善和发展我国数学教育体系还需要从理论和实践上继续努力。

第三节　几个有代表性的国家和地区的改革简况

20 世纪 80 年代以后的国际数学教学,处于一个深入探索、加紧试验的阶段,世界发达国家纷纷开始对 20 世纪以来各自的数学教育发展历程作全面的考察,出台了一系列数学教育发展纲要和数学课程改革蓝图。

1. 美国

美国 1983 年发表的《国家处于危险之中:教育改革势在必行》报告,引发了新一轮中小学课程改革运动。美国的《2000 年教育战略》在课程方面提出:"美国学生在 4、8、12 年级毕业时,应有能力在英语、数学、自然科学、历史和地理学科内容方面应付挑战。"美国政府特别强调"不让一个孩子掉队",把教育和国家的前途联系在一起。

美国在 1980 年以全美数学教师联合会理事会(NCTM)的名义公布了《行动的议程——对 80 年代数学教育的建议》,提出了"问题解决、计算机运用"等八条建议;1989 年美国数学科学教育委员会等提出了一份《人人有份》(*Everybody Couts*)的报告,报告中提出数学课程改革的七个观念的转变,同年 NCTM 公布了《中小学数学课程和评价标准》。自 1996 年,NCTM 的标准委员会组织讨论,至 2000 年春季正式出版了《学校数学原理与标准》,这是对美国数学教育十年改革的实践总结,也是美国近期数学课程改革的基本方向。该标准最大的特点是强调科学技术在数学课程中的重要地位,并强调数学教育应当促进所有学生学习数学的能力,数学教育应当向所有的学生提供平等的学习数学的机会。在美国的现代数学教材中,最著名的是 UCSMP 教材,它是美国芝加哥大学数学方案(University of Chicago School Mathematics Project)的缩写。该方案始于 1983 年,历时 8 年,于 1991 年正式发行,发行量占全国总销售量的 15%～20%,其特色在于以"数学的应用与模型化"为主线,将有关计算器及计算机知识贯穿整个教材,充分体现信息社会对数学课程的要求,揭示数学思想,促进学生的深刻理解。UCSMP 教材内容新颖、有趣,一改以前数学教材神秘、冷峻和枯燥的面孔,而使人觉得亲切、实用和精美。

2. 英国

英国在 1982 年公布了研究数学课程设计的 *Cockcroft Report*,这份报告成为数学教学改革的纲领性文件。该报告的核心是数学教育的根本目的是为了满足学生成人后生活、就业和进一步学习的需要,强调数学教学与学生日常生活经验的联系,强调让学生成功地发展学习数学的自信心,强调更好地发展个别化教学方法以适应不同能力学生学习的需要。以 *Cockcroft Report* 为背景,1988 年,英国成立了国家课程委员会,1989 年实行统一的国家课程。国家数学课程由学习大纲和教学目标两部分组成,明确规定每个水平的学习要求,体现了统一要求又具有弹性的结构特点。英国强调数学教材的生动性、应用性、综合性和实践性,因而英国学生的操作能力(包括计算机、计算器的运用能力)和应用知识的能力比较强。英国有广为传播的学校数学设计小组(SMP)教材,随着英国国家课程的建立,在英国数学课程标准的指导下,90 年代的 SMP 具有注重学习过程、注重应用、注重现代技术、注重内容的通俗性和趣味性、注重学生的经验、体现一定的弹性等诸多特色。此外,由伦敦大学教育学院组织编写的《世纪数学教材》于 1991 年出版,这是英国国家课程颁布后出版的一套数学教材,较好地反映了国家课程的要求。

英国于 1999 年颁布了新一轮国家课程标准,强调四项发展目标:精神方面的发展,道德方面的发展,社会方面的发展,文化方面的发展和六项基本技能:交往、数的处理、信息技术、共同操作、改进学习、解决问题。同时该标准还强调四个方面的价值观:自我、人际关系、社会和环境。

3. 荷兰

在欧美发达国家中,荷兰的数学教育和课程教材是较有特色的,荷兰也进行了富有成效的课程与教学改革,荷兰的数学课程教材最大的特点是现实主义数学教育的理论和实践,这与弗赖登塔尔的现实数学教育思想有密切关系。1998 年荷兰政府教育与科学文化部颁布了新的国家课程标准——"获得性目标"(attainment targets),调整了课程内容。在中学阶段,荷兰的数学教学更强调数学的实际应用,降低了代数式的形式化运算的要求,几何教学从现实物体与平面图形之间的关系出发,重在培养学生的空间观念,增加信息处理和统计等内容。跨学科目标与一般性目标紧密相连,是整个课程目标的核心。《情景数学》是荷兰与美国以国际合作的方式共同开发的非常有特色的数学教材。

4. 日本

日本的国家基础教育课程每 10 年更新一次。80 年代中后期日本成立了临时教育审议会,出台了引起朝野震动的三份教育改革咨询报告,开始了战后第三次以通过课程改革实现基础教育国际化、个性化与现代化的教育改革运动。日本数学教材具有东亚文化传统,考试文化等在数学教育中具有重要作用。日本分别于 1989 年和 1992 年颁布了《学习指导纲要》,1998 年 12 月日本文部省发布了新的

《中小学学习指导纲要》,虽然这份纲要于 2002 年才开始实施,实际上却揭开了日本新一轮数学课程改革的序幕。这次改革的特点是:提倡具有愉快感、充实感的数学学习活动;进一步精简学习内容、强调选择性学习和综合学习;根据个性教育目标,体现多样性、个性化和新颖性的设计等,力求精选教学内容留给学生更多自由发展的空间。

5. 韩国

韩国于 1997 年开始的课程改革强调实验、学习、讨论、自由活动、社会服务等以亲身体验为中心的学习活动,以培养学生解决问题的能力。同时,韩国引入"区别性课程",在 1 年级到 10 年级的教学中设置分层课程,在 11 年级和 12 年级的教学中大量引入选修课程。现代意义上的韩国基础数学课程教材改革已进行过六次,第七次是从 2000 年起实施的,这一次改革的主题是差别化的数学教育课程,以提高每个学生的能力和学习兴趣。此次改革特别关注学生学习能力(包括处理信息及判断所获信息真假的能力、数学交流的能力、数学与其他学科的关联能力以及解决问题的能力)的培养增强学生的学习自信心。差别性课程注重知识之间的联系与综合性,重视基础性与实用性的结合,重视解决问题的过程。

6. 新加坡

1999 年,新加坡教育部开始推行"教育电子簿"试验计划。其目的在于拓展信息技术在学校教学方面的应用,使新加坡中小学生不用背着书包去上学,而是手提小巧的"电子书包",轻轻松松地步入学校的课堂。2001 年的课程改革提出使学生掌握必要的技能,成为勇于革新、善于获取信息、富有创造精神的人,以适应 21 世纪的需要。新加坡的数学教科书内容以英文编写,以例题逐步说明解题方法,且例题多,讲解详细,不单单训练学生使用公式的技巧,而且也培养学生思考为何要使用这个公式。新加坡的数学教科书是获新加坡教育部批准的,课程编撰的前提是相信学生的能力。新加坡的数学教科书强调逻辑,注重培养学生引用逻辑方法解答各种问题(包括以前从未接触过的问题),因此,学生通常对解决问题较具信心。

7. 中国台湾地区

2000 年中国台湾地区新颁布的《九年一贯制基础教育课程标准》,把人、自然、社会作为有机整体,用整合的观点规划课程。课程标准提出将培养学生科技与资讯、主动探索和研究、独立思考和解决问题以及表达、沟通和分享等能力作为目标。中国台湾地区即将推行的基础教育新课程所追求的基本目标可概括为 3 大关系:人与自己——强调个体身心的发展;人与社会环境——强调社会与文化的结合;人与自然环境——强调自然与环境。中国台湾地区的数学课程强调数学教学应依学生个别差异来设计教学活动,鼓励学生主动参与,培养完整的学习成就感,并启发其学习与研究数学的兴趣。目前的中国台湾地区数学教材改革的显著特点有:实行九年一贯制的数学课程体系;强调开放性与理性的人格特征培养,激励多样性的独立思考方式;加强数学与学生生活的联系;教材设计上重视过程,重视体验,重视规律、性质的探索;强调联系实际,将应用题的教学与运算教学统合进行。

8. 中国香港地区

1999 年制定、2001 年 9 月推行的中学数学课程的《数学新课程标准》(中一至中五)强调数学教材重视结果,但更重视过程,重视高层次思维能力及共通能力(主要包括协作、沟通、创造力、批判性思考、运用信息科技、运算、解决问题、自我管理及研习等能力),重视正确的价值观和良好的学习数学态度,无须过分操练。中国香港地区于 2001 年 9 月推行的中学数学课程删减了部分内容,以留出课程空间作以下活动:信息科技在数学教学活动中的运用,实施专题研习,作探究活动。与亚洲及西方各主要国家及地区的数学课程教材比较,中国香港地区的数学课程与教材有如下特点:数学课程尽量在教授学生解决问题的过程与基本技巧和内容两者之间取得平衡;较侧重学生在知识及常规运算上的表现。中国香港地区的典型数学教材有《新纪元数学》与《新一代数学》。

【思考题】

1. 请你分析"新数运动"失败的原因。

2. 你将我国与美国的中小学数学教学改革作一比较,你能获得哪些启示?

3. 你认为我国中学数学教学改革的深入应注意哪些问题?

第二章　中学数学的现代教学观

【导语】　教学观念指导教学实践,因此,教学观念的转变是实施中学数学教学改革的重要前提。实践证明,不抓好教学观念的转变和更新,教学领域里的教学内容、教学方法、教学手段和教学组织形式等方面的改革将很难推进,也很难取得实际效果。因此,正确认识现代教学观的特点,树立正确的教学观念是中学数学教师的当务之急。本章主要讨论现代数学教学观的变化与发展、数学素质教育观念下"大众数学"的教育观念、数学应用观念以及中学数学课程标准倡导的教学理念等内容。

第一节　20 世纪数学教学观的变迁

随着时代的发展和科学技术的进步,学科教学观念也在变化。从学科教学观念的变化发展中,人们得到不少启示。

1. 20 世纪的教学观

国内外教学论专家对此问题的论述,大致可以归纳为下列几种观点。

1.1　教学的生物化解释

自 20 世纪以来,在教学过程理论的认识上产生了众多的学派。其中对教学过程本质论述较有代表性的有 20 世纪初以美国心理学家桑代克为代表的行为主义学派,提出"刺激—反应"说。桑代克认为,全部教学过程无非是一种训练——培养对某种刺激引起反应的过程,一定的刺激产生一定的反应,而联结刺激和反应之间的是知识。这种将教学过程生物学化的解释,抹杀了教学的社会性。

1.2　教学的本质是以儿童为中心的活动过程

上世纪 20 年代美国著名教育家、哲学家杜威提出"教学过程活动说",把教育的本质概括为"教育即生长"。杜威认为,教学过程的本质就是以儿童为中心的活动过程,由此出发,教学过程要按照学生自己的兴趣、需要去活动、去做。主张"做中学",在活动中学习,主张把学校办成小型社会。杜威的实用主义教育思想实际上否定了间接知识的学习,排斥了学生学习系统科学知识、继承人类文化遗产的必要性。杜威的这一理论对我国教育界产生了极大影响,我国"文革"期间的"开门办学"和极端"联系生活"实质上就是杜威实用主义教育思想的体现。由于这些做法不易操作和控制形成教学上放任自流的状况,所以实行不久就被教师所抛弃。

1.3 教学是一种特殊的认识过程

20世纪30年代的前苏联教育理论家凯洛夫在其主编的《教育学》中指出,教学过程是一种特殊的认识过程,并力图运用马克思列宁主义的认识论来阐明教学过程的本质。他提出通过教学,学生可以领会正确反映外界事物与现象以及存在于它们之间的联系的知识体系。从这个角度来说,教学过程与科学认识过程之间具有一致性,与此同时,他还着重指出:教学不是、也不可能是与科学认识过程完全一致的过程,在教学过程中学生领受的是已知的、为人类所获得的真理。学生经常由有经验的教师来领导,有巩固知识的工作,还包括有计划地实现着发展每个儿童的智力、道德和体力的工作。

凯洛夫并没有摆脱历来教育家所偏重"教"的过程,忽视"学"的过程的桎梏;忽视智能发展,恪守传授和认识知识为中心的教学原则、教学方法以及教学组织形式的教学体系。

1.4 教学是师生相互作用的过程

前苏联教育理论家巴班斯基在其主编的《教育学》中给教学过程下了简明的定义:"教学过程是教师和学生之间有目的的、不断变化的相互作用,在相互作用中解决受教育者的教养、共产主义教育和一般发展的任务。"

前苏联教学论专家列尔涅尔指出:"教和学是教学过程的两个要素,……教和学的统一是教学过程的客观特征,是在教和学的相互作用的联系中实现的。教与学的相互作用的联系是符合客观规律,不依我们的意志为转移的。"

1.5 教学是认识活动和实践活动的统一过程

我国教学论专家李秉德在《教学论》中指出:"马克思主义认识论包括两个基本方面,即认识和实践方面。教学过程,同样也应包括认识和实践这两个方面。据此,我们可以说教学过程是学生在教师的指导下,对人类已有知识经验的认识活动和改造主观世界、形成和谐发展个性的实践活动的统一过程。"该书也从学生以学习间接经验为主,有教师指导,有教育性三个特点来说明教学认识活动的特殊性。

1.6　教学是促进人的成长的过程，主要是发展智力，培养能力的过程

20 世纪 50 年代以来，瑞士的皮亚杰提出认知发生论，美国的心理学家布鲁纳提出以"认知结构"的不断改造的过程与"认知发现"的过程来解释教学过程。他认为："教学过程是促进人的成长的过程，主要是发展智力，培养能力的过程，是通过引导学生对问题或知识体系循序渐进的学习来提高学生正在学习中的理解、转换和迁移能力。"这是侧重于学生获得发展的叙述。美国另一心理学家加涅的观点与布鲁纳的观点略同。他认为："从最普遍的意义上说，教学主要不是传递有待于贮存下来的信息，相反，它却是激发、利用学习者早已具有的能力，并确保学习者具备有利于完成目前学习任务以及今后更多学习任务所需的能力。"

1.7　教学是一个控制的过程

自从"三论"（信息论、控制论和系统论）的产生，教学论专家开始从信息加工、传递以及系统状态更换等观点来对教学过程作出解释。例如，联邦德国弗兰克（H. Frank）和库贝（F. V. Cube）等教育家从控制论和信息论上于本世纪 60 年代提出教学过程是一个使学习者始终处在一定控制之下去达到特定教学目标的过程。也就是说，他们认为教学过程是一个控制的过程。同时，这一学派借助于行为心理学理论把教学目标看做使学习者通过教学来达到行为的改变。因此，教学过程在这一学派看来也就是学习者行为的控制过程，或者说行为的管理过程。这一学派认为，因为学习者始终处在有意识的或无意识的内部和外部影响之下，所以教学中的控制必须根据实际情况不断作出修正。这意味着教学这种控制过程是一种需要经常做出修正的控制过程。当然类似这种认识目前也还处于探索阶段，有待于实践检验。

1.8　教学是科学与艺术的统一

一方面，教学必须建立在一定的科学基础之上，因为教学的根本任务是促进人的身心全面而充分的发展，而人的身心发展有它自身的规律，所以要完成教学的根本任务就必须对这种发展规律有充分的认识。另一方面，教学又是一种艺术。教育者和受教育者都是人，这就决定了教学要涉及人的情感、精神、价值观等。教学过程包括了教师与学生之间、学生与学生之间在认知、情感、价值观等方面的冲突，教学工作是一种创造性活动。教师应该在教学过程中勇于实践，不断加深对教学规律的认识，努力形成自己的教学艺术。

总之，教学过程具有特殊性。在教学理论上研究和认识教学过程时，应以辩证唯物主义的认识论作为其理论基础，否则就无法认识它的本质与特点。但是，教学

过程又不能等同于一般的认识过程,因为教学过程中存在着诸多的矛盾,有"教"与"学"的矛盾、已知与未知的矛盾、认识过程的一般性与教学过程的特殊性的矛盾等,这些矛盾又相互依存于教学过程之中。

2. 20世纪的数学教学观

2.1 数学教学的两"中心"说

数学教学的两"中心"说是指在数学教学中"以教师为中心"和"以学生为中心"两种基本的教学观点。

（1）以教师、教材为中心

这种观点认为教学应以学生的记忆、练习为重点。正如前苏联教育家斯卡特金认为,教学是一种传授社会经验的手段,通过教学传授的是社会活动中各种关系的模式、图示、总的原则和标准。这是一种侧重于传授内容的总体叙述。由于强调以教师为中心,传授书本知识,对学生的要求是记牢教师所讲的内容、会按范例练习,因而学生在模仿、记忆、复现知识的状态中被动地学习数学。

（2）以学生为中心

这种观点的典型模式是定课题→拟方案→行计划→做评价。这里的课题由学生讨论确定,方案自行拟定,学生自己执行,师生共同评价,以学生为主。由于强调学生自己独立获取数学知识,忽视教师的主导作用,追求学生意愿的充分反映,过分强调学生直接经验的获得,而忽视数学知识的系统学习与间接知识经验的获取。

"教师中心论"和"学生中心论"各有其片面性,而不全面的认识对数学教学产生不良后果的教训是深刻的。当强调教师教的方面,注重发挥教师的主导作用时,教师对教学过程的控制加强,容易忽视学生学习的积极性,使数学教学过程中气氛沉闷,学生易产生压抑感。当强调学生学的方面时,教师被"冷落",对教学过程的控制减弱甚至失控,教学气氛可能表面热烈,但学生缺乏必要的指导,潜能仍不可能得到真正发挥。

2.2 数学教学的"双边"活动观

数学教学曾被简述为"教师教、学生学的活动"。但这种说法过于简单,不利于对数学教学的全面理解。实际上,教师的教总要在学生那里得到体现与落实,毕竟是学生在吸收、消化、理解、掌握、运用知识。离开了学生积极主动地学习,数学教学就无法正常开展,数学教师讲得再好也仅仅是教师所具备的知识,并非学生所具有。从这个意义上讲,数学教学中教师的活动与学生的活动相互对立又相互依存,彼此有明显区别。

在数学教学全过程中,教师指导学生学习掌握知识,因而提出教师起主导作用,学生是主体,这符合教学过程二者的关系。正确认识和处理教师与学生的关系,把握教师自身所处的位置,充分而又恰当地发挥教师的主导作用,充分发挥和调动学生学习的积极性、主动性是数学教育重要观念的体现,对数学教学的影响极大。

在这种认识下,数学教学双边活动的典型模式有以下几点。

(1) 创设情境,提供课题。

(2) 启发引导,分析研究。

(3) 猜测归纳,解释说明。

(4) 验证结论,总结反思。

这里情境创设是由教师精心设计的,并向学生提出课题(包括学生由创设的情境主动提出课题)。在老师的启发引导下,由学生来分析问题、研究问题,进行归纳、概括。学生提出自己的看法和猜想,在老师点拨下对问题作出解释、说明、验证真伪,再经过师生总结,进行反馈。

2.3 斯托利亚尔的"数学教学就是数学活动的教学"的观点

荷兰著名数学教育家斯托利亚尔认为,数学教学过程就是由教师到学生和由学生到教师这两个方向的信息传输的过程,并认为数学教学的每一步都应研究学生的思维发展,如果不估计学生思维活动的水平、思维的发展、概念的形成和掌握教材的质量,就不可能进行有效的教学。所以他提出数学教学的任务是形成和发展那些具有数学思维特点的智力结构,并且促进教学中的发现。他提出教法要做到两个"适合",就是教法要适合内容,也就是说教法要适合于教学中反映出的中学数学的逻辑和方法;教法要适合学生的思维活动水平,也就是说教法要估计到学生的心理因素,最大限度地利用学生已有的思维活动能力并在教学过程中进一步加速发展这些思维活动能力,而不是只简单地理解为对教材内容的可接受性。斯托利亚尔提出,数学教学的方法应由教育学中的一般教学方法和反映数学本身的特殊教学方法所组成。他认为前者保证在教学中实现教学原则,后者保证形成和发展学生的数学活动、所学理论及其应用中的数学思想。

显然,斯托利亚尔的"数学教学就是数学活动的教学"这一观念一方面强调对教学内容的逻辑的教法加工,另一方面强调对学生学习方法、思维水平的研究。这是符合"每一种教学方法都应符合一定的学习方法"的观点的。

国内对于数学教学过程本质的研究和讨论也存在着不同的认识观点,归纳起来,大致有以下一些看法。

（1）数学教学过程是教师引导学生逐步认识数学世界的过程,教学过程是一种认识过程。

（2）数学教学过程不仅是认识过程,也是促进学生身心发展的过程。

（3）数学教学过程是以认识促进学生发展的过程。

（4）数学教学过程是数学思维活动的过程。

（5）数学教学过程是一种多层次、多质性的复杂的过程。它具有心理过程、生理过程。

以上这些关于数学教学过程的理论观点,都存在某一方面的依据,并有一定的合理性。对教学过程的较为普遍的、带有倾向性的认识是数学教学过程的本质,是教师指导下的学生个体的认识过程与发展过程,教师在教学过程中不仅要向学生传授数学知识技能,在同一过程中也要促进学生智力和思维能力的发展,培养学生的思想品德和世界观。

第二节　数学教学观的现代发展

从近年来数学教育的发展看,由"应试教育"向"素质教育"转变、由"精英教育"向"大众教育"转变的观念是未来数学教育改革的发展趋势,并且已被愈来愈多的人所接受。这一大的转变形成了数学教育改革的一个基本指导思想,即以全面提高学生的素质为核心,改变以升学为中心,以考试为模式的数学教学体系,要让所有学生学到适应现代生产发展和现代社会生活,人人必须学到而且能够学到的最基本的数学内容,使学生成为全面和谐发展的、适应社会主义现代化建设事业需要的公民。

1. 数学素质教育及其研究现状

中国的基础教育正从"应试教育"向"素质教育"转轨,数学学科教育也不例外。在素质教育思想下,如何提高学生的数学素质是数学教育的主要任务。

数学素质教育的口号,首先是在 1992 年 12 月的宁波全国高等师范数学会上提出的。这次会议研讨的成果之一就是数学素质教育小组的成立,并以数学教育研究小组名义发表的《数学素质教育设计(草案)》的制订,在这份文件中,提出了许多新问题及新观点,其中有以下几点。

（1）可贵的国际测试高分下隐伏的危机。

（2）儒家考试文化下的中国数学教育。

（3）高考指挥棒可能走向"八股化"。

（4）从英才数学教育到大众数学教育。

（5）让孩子们喜欢数学。

（6）"数学素质"需要设计。

（7）数学应用意识的缺失。

（8）突破口：数学问题解决。

（9）观念变化：允许非形式化。

（10）把学习的主动权交给学生。

（11）薄弱环节：数学学习心理学。

（12）数学教育中的德育新思路。

（13）紧迫课题：计算器进入课堂。

（14）适度性原则：不要走极端。

（15）中国数学教育正在走向世界。

这些观点在以后的教育实践中得到证实，促使数学教育理论与实践更加紧密地结合在一起，引导了我国数学教育观念的研究与发展。

1993年10月，全国高等师范数学会第二次会议在扬州举行，当时国内对数学素质教育进行的探讨已经成为数学教育及其改革的一个热点问题。1995年5月，华东高等师范师资培训中心和青岛教委教研室联合承办了第三次研讨会，会议主题就是"数学素质的含义及其评价"。在这次青岛会议上，教育工作者对数学素质教育的内涵进行了全方位的研究，认为一个人的数学素质是在先天的基础之上，主要通过后天的学习所获得的数学观念、知识、能力的总称，是一种稳定的心理状态。

国外对数学素质的解释主要有以下两种提法。

美国数学课程标准认为数学教育的目标应该具有以下五点数学素质：懂得数学价值；对自己的数学能力有信心；有解决数学问题的能力；学会数学交流；掌握数学思想方法。

英国的《Cockcraft 报告》、美国的 *Everybody Counts*、美国的数学教师协会（NCTM）的课程标准、德国和日本的数学教学大纲中均有许多新的提法。概括起来，数学素质应涉及知识观念层面、创造能力层面、思维品质层面和科学语言层面。

根据素质教育的要求，国家教委颁布的《九年制义务教育全日制初级数学教学大纲（试用）》及与之相衔接的《全日制普通高级中学数学教学大纲（供实验用）》分别在初中阶段和高中阶段明确指出,使学生受到必要的数学教育,提高学生的数学素养,对于提高全民族素质,为培养社会主义现代化建设人才打好基础是十分必要的,但两份大纲并没有明确规定应培养学生什么样的数学素质。从已有的对数学素质的研究可以看出,人们对数学素质的谈论,或者从数学教学大纲的精神出发,或者从人的一般素质出发,并无深入的探索,目前尚未形成统一的认识。具体说来大致有以下几种。

(1)就大众数学的教育目标来说,数学素质可分为数学知识、公民意识、社会需要、语言交流等四个方面,这是着重从人们生活的实际需要出发而提出的。

(2)"三大能力"或"四大能力"说。这是我国数学教育的传统提法:所谓数学素质就是数学思维能力,亦即基本运算能力、逻辑思维能力、空间想象能力,其核心是逻辑思维能力。有人建议增加一条建立数学模型能力。

(3)《数学素质教育设计(草案)》中的"一个界定"。对此,人们可以从数学的知识观念、创造能力、思维品质、科学语言等四个层次进行分析,继续研究。

关于中学数学教育要求学生应具备的数学素质究竟包含哪些方面,迄今为止,在理论上还没有统一的观点,在实践上也只是在摸索实验当中。国内有学者曾提出以下几个方面:数学科学素质、数学文化素质、数学技术素质、数学应用素质、数学思维素质。

综合以上认识,可以认为数学素质教育就是指在数学教育教学中,充分尊重学生的主体性,注重挖掘其潜能,培养学生具有基本的数学素质,且为其今后发展打下一个坚实的基础,形成一个良好的数学头脑。

2. "大众数学"的教育观

"大众数学"是国际发展的潮流,也是我国改革的指导思想,"数学是属于所有人的,因此我们必须将数学教给所有的人"。

1986年,联合国教科文组织发表了《为大众的数学》(*Mathematics for all*)的报告,从此"大众数学"的口号迅速传播并形成了全球性的运动,对90年代世界数学教育的发展产生了深刻的影响。在我国,义务教育要求每一位公民都应该接受适应日常生活和社会实践所必需的最基本的数学教育。"大众数学"观念是数学素质教育最主要、最基本的观念。北京师范大学教科所刘兼领衔的"21世纪中国数学教育展望——大众数学的理论与实践"课题组提出了大众数学意义下数学教育体系所追求的教育目标,就是让每个人都能够掌握有用的数学,其基本含义包括以下三个方面。

2.1 人人学习有用的数学

数学教育必须照顾到所有人的需求,并使得每个人都从数学教育中尽可能多地得到益处。学生在义务教育阶段要学习的东西很多,因此必须设计出具有双重价值乃至多重价值的数学课程。

所谓有用的数学有"显性"和"隐性"之分。显性的数学包括重要的数学事实、基本的数学概念和必要的处理数学以解决问题的技能。隐性的数学则集中反映为具有数学元认知作用的各种数学思想意识(包括数的意识、图形直观与空间观念、概率统计思想、函数与方程思想、优化思想、模型化方法、推理意识、计算机意识以及应用意识等)、具有智能价值的数学思维能力(如主要用于分析问题的模型化能力、主要用于解决问题的应用能力,以及一般智力意义上的推理能力等),以及具有人格建构作用的各种数学品质。

2.2 人人掌握数学

让学生从现实生活中发展数学,删除那些与社会需要相脱节、与数学发展相背离、与实现有效的智力活动相冲突的,导致产生大批数学差生的内容。在突出思想方法、紧密联系生活的原则下增加估算、统计、抽样、数据分析、线性规划、运筹以及空间与图形等知识,使学生在全面认识数学的同时,增强学好数学的自信心。

2.3 不同的人在数学上有不同的发展

在数学学习中,不同的人可以达到不同的水平,但要存在一个人人都能达到的水平。大众数学要求数学课程面向每一个人,最大限度地满足每一个学生的数学需要。

"大众数学"是一个纲领性的口号,直接影响到中学数学的教学目的和教学内容。作为大众数学意义下的数学教育体系,所追求的教育目的就是让每个人都能掌握有用的数学。"大众数学"是与"升学数学"相对立的,它将更多地考虑到人们生活、就业的需要。在我国全面推行和实施素质教育的今天,大众数学是需要迫切研究的课题,尽管"大众数学"的教育观念已经在我国的数学教育中初步确立,但要继续提高"数学为大众"的思想认识,就需要从课程设计、教学内容、教学方法等方面来一番深刻的变革。无疑,以"大众数学"为指导,更新教育思想和教学观念,改革现行的数学教育体制,特别是创造出适合于每一个学生学习和发展的数学课程,将是我国数学教育改革的必由之路。

3. 强化数学应用的意识

数学应用意识主要是指一种思维倾向,一种用数学的眼光观察、分析周围生活中的问题的思维倾向。比如说,数学应用意识强的人在吃饭的时候,可能会联想到营养的搭配问题;在上课时,可能会想到坐在何位置才能将黑板看得最清楚;在开、关窗户时,可能想到窗户的面积与采光量的问题;在放风筝时,可能想到绳子的长度与缠绕圈数的关系;在观看礼花形状、听到礼花鸣响时,可能想到与光速、声速有关的问题……这些现象就是应用意识的具体体现。应用意识强的人,具有一种善于用数学来分析、思考周围发生的一切,或善于把身边的事情抽象出来,转化形成数学问题并进而解决的一种偏好。

数学的应用是数学教育的根本目的之一。随着新技术革命的深入发展,数学应用也越来越被世界各国所重视。如 1982 年英国的 *Cockcroft Report* 强调数学必须联系实际,要求把数学与学生以后的生活和就业的各种需要联系起来。美国 1989 年 5 月发布的《中小学数学课程与评估标准》明确反对从书本到书本的学习,强调解决实际问题,把数学应用作为数学素养的准则和数学教育改革的重要目标之一。

3.1 片面强调"双基"及"三大能力"的利与弊

传统的数学教育在处理教学内容时通常把数学原理、公式、定理的教学作为编制教学内容的一根主线贯穿始终,这作为学生对数学原理、内容的掌握以及学生的逻辑思维、抽象思维能力的发展无疑是具有积极作用的。对加强"双基",培养"三大能力"的强调,使得我国的数学教育具有基础扎实、训练严格的传统优势,但知识面狭窄,内容过于形式刻板,重理论轻应用的倾向也不得不说是我们的数学教育现实中的问题。我国中学生强于基础、弱于创造;强于答卷,弱于动手;强于数学,弱于科学的现状已为教育界有识之士所关注。这种现象与我们的教育现状有着密切的关系。长期以来,我们的数学教育强调的是对数学概念的理解,对数学公式的推导和证明。练习题以纯形式的数学模式展现在学生面前,数学以其高度抽象、高度严谨的枯燥形式出现,与实际应用相距甚远。尽管教材中有一些应用问题,但这些问题大都缺乏现实感,而且这些应用题的条件大多都是数学假设,而不是实际问题的简化,得出的结论也很少需要学生思考是否合乎实际,是否需要进一步调整和修改已有的模型。加之教师在处理过程中,由于受应试教育的影响,只是浓缩化地将它们转化为纯数学问题,然后在纯数学知识这个封闭系统中进行推演,这种理论脱离实际的教育在一定程度上限制了学生创造性思维的发展。可以说,过分片面强调"双基"与"三大能力"的结果使人们的数学教育在"智力价值"和"实用价值"的取向上严重失衡。

3.2 应用数学的能力是现代素质教育强调的基本能力之一

随着现代社会的发展,股票、分期付款、效益预测、评估、优化、决策等大量应用问题需要用数学来解决。数学不再仅仅是思维的体操,它已更广泛地渗透到我们的生活之中,应用数学的能力是现代素质教育强调的基本能力之一。随着计算机的广泛使用,未来社会生活中有用的数学将发生一定变化。也就是说,对计算的要求降低了,而对数据的收集、归纳以及分析、解释或做出判断的要求提高了;对问题解决过程中逻辑演算的要求降低了,而对实际问题模型化以及运用模型解释生活现象、解决实际问题的要求提高了。如今通过构造数学模型解决实际问题的方法已广泛应用于自然科学、工程技术以及人口控制、生态平衡、科学管理等社会科学的一切领域中。数学应用作为联系数学与外部世界的中介和桥梁,对于体现数学的应用价值,发挥数学的社会化功能显得特别重要。

近年来,关于我国中学生应用能力、应用意识的培养已逐渐为教育界人士所重视。1993年应用题首次出现在高考试题中,随后应用问题作为高考的热点问题越来越被人们所关注。近年来,数学高考试卷中的应用题一般稳定在"一大二小"格局上(1999年是"一大三小"),题量及分值逐步增加,阅读量加大,具有一定难度。由此可见,数学高考的指挥棒已逐步朝着强调学生的应用意识,考查学生的实践能力方向前进。更重要的是,2001年1月教育部颁布的《全日制普通高级中学课程计划(实验修订稿)》第一次在我国基础教育课程中增设了"综合实践活动"板块。该板块为必修课,包括研究性课题、劳动技术教育、社区服务和社会实践四部分内容。《数学课程标准》也强调了加强数学应用实践能力培养的重要性,并具体作了规定。因此增进和培养学生解决实际问题的能力及学生的应用意识是社会发展的需要,也是形式发展的必然趋势。这对目前的中学数学教育和学生的数学学习无疑是一个巨大的挑战。中学数学教育在学生学习的基础阶段,如何通过课堂教学来逐步培养学生的应用能力和应用意识,应该是教育工作者们认真反思的一个问题。

3.3 数学应用意识需要培养

数学应用意识不仅仅要求学生有这种思维倾向,还要求学生具备解决实际问题的能力,也就是说,要想形成数学应用意识,必须以一定的数学知识、数学能力为基础,离开数学知识的训练、数学应用能力的培养来谈数学应用意识,其意义是不大的。实验表明,课堂知识的学习和实际应用之间不存在必然的联系,学习成绩好的学生应用能力不一定就强。有关"学校数学问题"和"现实数学问题"之间关系的测试表明它们之间的相关系数仅为 0.22。可见,如果平常没有进行有关数学应用意识的训练,要想达到应用数学实际的能力需要相当的数学修养,大部分中学生和相当多的大学生要达到这种水平是不可能的。可以说,在课堂教学中,加强应用问题的教学、培养学生的应用能力及应用意识势在必行。事实上,数学概念多是由实际问题抽象而来,这就为我们的数学课堂教学中概念、公理、定理、公式的引入及课题的提出、推导等提供了一定的实际背景,这不仅有利于学生理解知识的来源和作用,对于调动学生的积极性,激发学生的兴趣也是很有必要的。数学应用意识的培养主要是在常规教学过程中加以渗透,通过对课堂内容进行生活化处理,让学生逐步体会到数学应用的重要性,从而形成一种观念并逐步转化成为意识。

强化数学应用意识还必须要改革现行的考试体制、考试方法和试题内容,促进应试教育向素质教育的转化,同时还要对数学课程、教材进行重新规划和改进,这就必然导致教学方法的改变,因此应该引入体现数学应用意识的教学方法,建立以数学应用为目标的教学方法体系是我国数学教育改革的必然趋势。

第三节 《数学课程标准》倡导的数学教学理念

进入 21 世纪之后,《全日制义务教育数学课程标准》和《普通高中数学课程标准》以下分别简称《义务教育标准》和《高中标准》相继颁布,这是广大数学教育理论工作者及数学教师的共同创造,其中蕴涵了许多新的数学教育观念,有力地推动了中国数学教育观念的变革。

1.《全日制义务教育数学课程标准》倡导的理念

1.1 基本理念

(1)义务教育阶段的数学课程应突出体现基础性、普及性和发展性,使数学教育面向全体学生,实现人人学有价值的数学;人人都能获得必需的数学;不同的人在数学上得到不同的发展。

(2)数学是人们生活、劳动和学习必不可少的工具,能够帮助人们处理数据、进行计算、推理和证明,数学模型可以有效地描述自然现象和社会现象;数学为其他科学提供了语言、思想和方法,是一切重大技术发展的基础;数学在提高人的推理能力、抽象能力、想象力和创造力等方面有着独特的作用;数学是人类的一种文化,它的内容、思想、方法和语言是现代文明的重要组成部分。

(3)学生的数学学习内容应当是现实的、有意义的、富有挑战性的,这些内容要有利于学生主动地进行观察、实验、猜测、验证、推理与交流等数学活动。数学内容的呈现应采用不同的表达方式,以满足多样化的学习需求。

有效的数学学习活动不能单纯地依赖模仿与记忆,动手实践、自主探索与合作交流是学生学习数学的重要方式。由于学生所处的文化环境、家庭背景和自身思维方式的不同,学生的数学学习活动应当是生动活泼的、主动的和富有个性的过程。

(4)数学教学活动必须建立在学生的认知发展水平和已有的知识经验基础之上。教师应激发学生学习的积极性,向学生提供充分从事数学活动的机会,帮助他们在自主探索和合作交流的过程中真正理解和掌握基本的数学知识与技能、数学思想和方法,获得广泛的数学活动经验。学生是数学学习的主人,教师是数学学习的组织者、引导者与合作者。

(5)评价的主要目的是为了全面了解学生的数学学习历程,激励学生的学习和改进教师的教学。

应建立评价目标多元、评价方法多样的评价体系,对数学学习的评价要关注学生学习的结果,更要关注他们学习的过程;要关注学生数学学习的水平,更要关注他们在数学活动中所表现出来的情感与态度,帮助学生认识自我,建立信心。

(6)现代信息技术的发展对数学教育的价值、目标、内容以及学与教的方式产生了重大的影响。数学课程的设计与实施应重视运用现代信息技术,特别要充分考虑计算器、计算机对数学学习内容和方式的影响,大力开发并向学生提供更为丰富的学习资源,把现代信息技术作为学生学习数学和解决问题的强有力工具,致力于改变学生的学习方式,使学生乐意并有更多的精力投入到现实的、探索性的数学活动中去。

1.2 基本理念解读

(1)数学课程的基础性、普及性和发展性

《义务教育标准》一开始提出的三句话:"人人学有价值的数学;人人都能获得必要的数学;不同的人在数学上得到不同的发展"是制订《义务教育标准》的出发点。

① 数学内容可以有价值,也可以"价值不大",甚至"没有价值",这就意味着人们需要对以前的数学课程内容重新加以审视,遴选"有价值"的数学,淡化"价值不

大"的数学,剔除"无价值"的内容。如淡化了算术应用题中一些矫揉造作的部分和平面几何中过于复杂的证明等。一些无价值的数学,如乘数与被乘数的次序,繁分数等,则被删除了。

② 数学教育应该是大众数学教育,是人人都能获得的,而不是未来少数精英人物的"特权",《义务教育标准》的重心要考虑所有未来公民的需求。因此,数学课程内容的总量不得不有所减少,并要贴近人们日常生活,适应社会的需要。纯粹将其作为"训练思维的体操"为目的的提法是不妥的。

③ 数学课程要体现以"人"为本的思想,即以"学生的发展为本"为出发点,但允许存在差异,这符合"因材施教"的古训。

(2)用"数学文化"、"数学创新"、"工具性"的观念制订数学课程

将数学纳入文化的范畴是一种创新。这样,数学课程的内容具有更大的包容性,不再是干巴巴的逻辑链条和解题程式。数学是语言、工具,也是思想方法和技术基础,还是创新发展、进行德育的有效载体。

从《义务教育标准》的总体目标上来看,它设计了四个方面:知识与技能、数学思考、解决问题、情感与态度。由此可见,《义务教育标准》不再是一系列"知识点"的罗列,不是天上掉下来的"教条",而是将数学看成人类创造的"活生生"的思维活动。数学的内涵丰富了,学生易于亲近了,学习的积极性提高了,数学教学的效能也自然提高了。

(3)重新认识数学的教与学

① 数学教学要建立在学生已有的知识和经验的基础上,教师的主要任务是激发学生的学习积极性,向学生提供充分从事数学活动的机会,帮助学生成为学习的主人。教师的角色主要是教学活动的组织者、引导者与合作者。

组织者:组织学生发现、寻找、搜集和利用学习资源,组织学生营造和保持教室中和学习过程中积极的氛围。

引导者:设计恰当的学习活动,引导学生激活进一步探究所需的先前经验,引导学生实现课程资源价值的超水平发挥。

合作者:建立人道的、和谐的、民主的、平等的师生关系,让学生在平等、尊重、信任、理解和宽容的氛围中受到激励和鼓舞,得到指导和建议。

② 数学学习是经历数学活动的过程。学习不再是一种被动吸收知识、通过反复练习强化储存知识的过程,而是学生用已有的知识处理新的任务,并建构自己的意义的过程。动手实践、自主探索、合作交流是主要的学习方式。学生的数学学习

活动是生动活泼的、主动的、富有个性的。这就要求将学习的主动权交给学生,使得数学教学活动建立在学生认知发展水平和已有的知识经验之上。

由此看来,一方面,《义务教育标准》中的数学教学过程是教师引导学生进行数学活动的过程,强调了数学教学是一种教师和学生的共同活动,这对广大教师树立正确的数学教学观具有重要意义;另一方面,学生要在数学教师的指导下,积极主动地掌握数学知识、技能,发展能力,形成积极、主动的学习态度,同时使身心获得健康发展。《义务教育标准》为学生的数学学习指明了方向。

(4)评价的目的是为了激励学生的学习和改进教师的教学

评价帮助学生认识自我、建立自信,因此,需要建立评价目标多元、方法多样和注重过程的评价体系。"改进教师教学"有两层含义:一是教师通过对学生的评价,分析与反思自己的教学行为,从多种渠道获得信息,找到改进措施,提高教学水平;二是建立促进教师发展的评价体系和方法。

(5)把现代信息技术作为学生学习数学和解决问题的强有力的工具

现代信息技术的应用应致力于改变学生的学习方式,使学生乐意并有更多的精力投入现实的、探索性的数学活动中去。

2.《高中标准》倡导的理念

2.1 基本理念

(1)构建共同基础,提供发展平台

高中教育属于基础教育。高中数学课程应具有基础性,它包括两方面的含义:第一,在义务教育阶段之后,为学生适应现代生活和未来发展提供更高水平的数学基础,使他们获得更高的数学素养;第二,为学生进一步学习提供必要的数学准备。高中数学课程由必修系列课程和选修系列课程组成,必修系列课程是为了满足所有学生的共同数学需求;选修系列课程是为了满足学生的不同数学需求,它仍然是学生发展所需要的基础性数学课程。

(2)提供多样课程,适应个性选择

高中数学课程应具有多样性与选择性,使不同的学生在数学上得到不同的发展。高中数学课程应为学生提供选择和发展的空间,为学生提供多层次、多种类的选择,以促进学生的个性发展和对未来人生规划的思考。学生可以在教师的指导下进行自主选择学习内容,必要时还可以进行适当的转换、调整。同时,高中数学课程也应给学校和教师留有一定的选择空间,他们可以根据学生的基本需求和自身的条件,制订课程发展计划,不断地丰富和完善可供学生选择的课程。

（3）倡导积极主动、勇于探索的学习方式

学生的数学学习活动不应只限于接受、记忆、模仿和练习，高中数学课程还应倡导自主探索、动手实践、合作交流、阅读自学等学习数学的方式。这些方式有助于发挥学生学习的主动性，使学生的学习过程成为在教师引导下的"再创造"过程。同时，高中数学课程设立数学探究、数学建模等学习活动，为学生形成积极主动的、多样化的学习方式进一步创造有利的条件，以激发学生的数学学习兴趣，鼓励学生在学习过程中，养成独立思考、积极探索的习惯。高中数学课程应力求通过各种不同形式的自主学习、探究活动，让学生体验数学发现和创造的历程，发展他们的创新意识。

（4）注重提高学生的数学思维能力

高中数学课程应注重提高学生的数学思维能力，这是数学教育的基本目标之一。人们在学习数学和运用数学解决问题时，不断地经历直观感知、观察发现、归纳类比、空间想象、抽象概括、符号表示、运算求解、数据处理、演绎证明、反思与建构等思维过程。这些过程是数学思维能力的具体体现，有助于学生对客观事物中蕴涵的数学模式进行思考和做出判断。数学思维能力在形成理性思维的过程中发挥着独特的作用。

（5）发展学生的数学应用意识

20世纪下半叶以来，数学应用的巨大发展是数学发展的显著特征之一。在知识经济时代，数学正从幕后走向台前，数学和计算机技术的结合使得数学能够在许多方面直接为社会创造价值，这也为数学发展开拓了广阔的前景。我国的数学教育在很长一段时间内对于数学与实际、数学与其他学科的联系未能给予充分的重视，因此，高中数学在数学应用和联系实际方面需要大力加强。近几年来，我国大学、中学数学建模的实践表明，开展数学应用的教学活动符合社会需要，有利于激发学生学习数学的兴趣，有利于增强学生的应用意识，有利于扩展学生的视野。

高中数学课程应提供基本内容的实际背景，反映数学的应用价值，开展数学建模等学习活动，设立体现数学某些重要应用的专题课程。高中数学课程应力求使学生体验数学在解决实际问题中的作用、数学与日常生活及其他学科的联系，促进学生逐步形成和发展数学应用意识，提高实践能力。

（6）与时俱进地认识"双基"

我国的数学教学具有重视基础知识教学、基本技能训练和能力培养的传统，新世纪的高中数学课程应发扬这种传统。与此同时，随着时代的发展，特别是数学的广泛应用、计算机技术和现代信息技术的发展,数学课程设置和实施应重新审视基础知识、基本技能和能力的内涵,形成符合时代要求的新"双基"。例如,为了适应信息时代发展的需要,高中数学课程应增加算法的内容,把最基本的数据处理、统计知识等作为新的数学基础知识和基本技能;同时,应删减繁琐的计算、人为技巧化的难题和过分强调细枝末节的内容,克服"双基异化"的倾向。

(7) 强调本质,注意适度形式化

形式化是数学的基本特征之一。在数学教学中,学习形式化的表达是一项基本要求,但是不能只限于形式化的表达,要强调对数学本质的认识,否则会将生动活泼的数学思维活动淹没在形式化的海洋里。数学的现代发展也表明,全盘形式化是不可能的,因此,高中数学课程应该返璞归真,努力揭示数学概念、法则、结论的发展过程和本质。数学课程要讲逻辑推理,更要讲道理,通过典型例子的分析和学生自主探索活动,使学生理解数学概念、结论逐步形成的过程,体会蕴涵在其中的思想方法,追寻数学发展的历史足迹,把数学的学术形态转化为学生易于接受的教育形态。

(8) 体现数学的文化价值

数学是人类文化的重要组成部分。数学课程应适当反映数学的历史、应用和发展趋势,数学对推动社会发展的作用,数学的社会需求,社会发展对数学发展的推动作用,数学科学的思想体系,数学的美学价值,数学家的创新精神。数学课程应帮助学生了解数学在人类文明发展中的作用,逐步形成正确的数学观。为此,高中数学课程提倡体现数学的文化价值,并在适当的内容中提出对"数学文化"的学习要求,设立"数学史选讲"等专题。

(9) 注重信息技术与数学课程的整合

现代信息技术的广泛应用正在对数学课程内容、数学教学、数学学习等方面产生深刻的影响。高中数学课程应提倡实现信息技术与课程内容的有机整合(如把算法融入到数学课程的各个相关部分),整合的基本原则是有利于学生认识数学的本质。高中数学课程应提倡利用信息技术来呈现以往教学中难以呈现的课程内容,在保证笔算训练的前提下,尽可能使用科学型计算器、各种数学教育技术平台,加强数学教学与信息技术的结合,鼓励学生运用计算机、计算器等进行探索和发现。

(10) 建立合理、科学的评价体系

现代社会对人的发展的要求引起评价体系的深刻变化,高中数学课程应建立合理、科学的评价体系,这包括评价理念、评价内容、评价形式和评价体制等方面。评价既要关注学生数学学习的结果,也要关注他们学习数学的过程;既要关注学生数学学习的水平,也要关注他们在数学活动中表现出来的情感态度的变化。在数学教育中,评价应建立多元化的目标,关注学生个性与潜能的发展。例如,过程性评价应关注对学生理解数学概念、数学思想等过程的评价,关注对学生从数学角度提出、分析、解决问题等过程的评价,以及在过程中表现出来的与人合作的态度、表达与交流的意识和探索的精神。对于数学探究、数学建模等学习活动,要建立相应的过程评价内容和方法。

2.2 基本理念解读

《高中标准》的 10 条基本理念中,有一些与义务教育的数学课程标准相同,也有一些具有高中特点的理念。总的说来有以下几个方面。

(1)高中数学课程的定位为基础性和选择性。

高中教育不是专业教育,而是进一步的基础性的数学教育,所以还是应着眼于未来公民的基本数学素质。无论是高中数学课程中的必修课还是选修课,仍是一种不同选择的"基础性平台"。

同时,高中数学课程具有选择性。研制组广泛听取了各方面的意见,充分考虑了学生的现实,对课程内容进行了深入的分析、研究,确定了每一部分内容的目标和要求,并为不同的学生提供了不同的课程内容。

例如,选修 1 与选修 2 是为不同发展倾向的学生设计的。在选修 1 和选修 2 系列的课程中,有一部分内容及要求是相同的,例如,常用逻辑用语、统计案例、数系扩充与复数等;有一部分内容基本相同,但要求不同,如导数及其应用、圆锥曲线与方程、推理与证明;还有一些内容是不同的,如选修 1 系列中安排了框图等内容,选修 2 系列安排了空间中的向量与立体几何、计数原理、离散型随机变量及其分布等内容。

《高中标准》设置了数学选修 3、选修 4 系列课程。选修 3 系列课程包括:数学史选讲,信息安全与密码,球面上的几何,对称与群,欧拉公式与闭曲面分类,三等分角与数域扩充。选修 4 系列课程包括:几何证明选讲,矩阵与变换,数列与差分,坐标系与参数方程,不等式选讲,初等数论初步,优选法与试验设计初步,统筹法与图论初步,风险与决策,开关电路与布尔代数。选修 4 系列适合对数学有兴趣,并希望获得较高数学素养的学生。

(2)倡导积极主动、勇于探索的学习方式,以提高学生的数学思维能力,加强学生的数学应用意识。

我国过去一直把数学能力简单地归纳为基本运算能力,空间想象能力和逻辑思维能力。这对"打基础"而言有一定的合理性,但从数学思维的全过程来看,却并不完备。《高中标准》指出:人们在学习数学和运用数学解决问题时,不断地经历直观感知、观察发现、归纳类比、空间想象、抽象概括、符号表示、运算求解、数据处理、演绎证明、反思与构建等思维过程。对比传统的数学课程,在注重演绎证明的同时,《高中标准》还关注观察发现、归纳类比、抽象概括的过程,继续强调空间想象能力,同时还强调直观感知的过程。除了注重运算求解,《高中标准》还特别提出了用符号表示的能力,增加了对数据处理的能力和反思与建构能力的要求。这样对数学思维能力的认识也许也更加全面。

为此,《高中标准》要求学生在教师的指导下,去收集资料、调查研究、探究学习,努力发挥学生的主动性,使学生的学习过程成为在教师引导下的"再创造"过程;或在上课之前由教师提供一些配合教材的阅读材料和思考题,在课堂上采用教师讲解和小组讨论、全班交流相结合,课后采用写读书报告、撰写论文等学习方式;也可以采用在教师引导下自主探究与合作交流相结合的学习方式等等。

我国在很长一段时间内,数学教育界过分强调"数学是思维的体操",把数学应用斥之为"实用主义"、"短视行为"。1995 年以后,高考出现了应用题,数学应用教学的呼声渐高。但是,培养学生的数学应用意识并不是一件简单的事情,它绝不是知识学习的附属产品。《高中标准》将"数学建模"、"数学探究"、"数学文化"的学习活动作为教学的板块正式列入课程,促使学生掌握系统的数学应用知识和必要的数学应用的实际训练,将数学的应用教学提到了新的高度。

(3) 体现数学的人文价值。

《高中标准》注重学生情感、态度、价值观的培养,这一点在传统数学教育中没有得到充分的重视。《高中标准》把情感态度的培养作为一个基本理念融入到课程目标、内容与要求、实施建议中。《高中标准》把数学文化作为一个独立的要求放入课程内容中,要求把数学的文化价值渗透到课程内容中,使学生在学习数学的同时,感受数学历史的发展,数学对于人类发展的作用,数学在社会发展中的地位以及数学的发展趋势。

例如,17 世纪前后是数学发展中的一个重大变革时期,出现了许多对社会的发展、数学的发展起重大作用的事件,如笛卡尔坐标的建立、微积分的创立等,涌现出一大批为人类文明进步发挥重大作用的科学家,如开普勒、伽利略、笛卡尔、牛顿、莱布尼兹等。对此,《高中标准》安排了一个实习作业,让学生设定主题,收集这一时期的有关资料,写成小论文,并进行交流,体验社会发展对数学发展的作用,以及数学发展对社会进步的促进。

（4）突出数学本质,避免过分形式化。

形式化是数学的基本特征之一。在数学教学中,学习形式化的表达是一项基本要求。但是,数学教学不能过度地形式化,否则会将生动活泼的数学思维活动淹没在形式化的海洋里。数学的现代发展也表明,全盘形式化是不可能的。

在数学教学中应该"返璞归真",努力揭示数学的本质。数学课程"要讲推理,更要讲道理",通过分析典型例题,使学生理解数学概念、结论、方法、思想,追寻数学发展的历史足迹,把形式化数学的学术形态适当地转化为学生易于接受的教育形态。

（5）注重信息技术与数学课程的整合。

提倡使用信息技术(如计算器、计算机)来改变学生的学习方式和教师的教学模式。在信息技术特别是计算机技术中,数学发挥着独特的作用。信息技术的基础之一是程序设计,而算法理论又是程序设计的基础。

在中国传统的数学发展中,算法占据了重要的地位。《高中标准》把算法思想作为构建高中数学课程的基本线索之一,这样很大程度地改变了传统课程内容的设计。

例如,在传统的数学课程中,方程的重点是放在如何求解方程。引入算法后,解方程变得程式化,让学生了解计算器和计算机也可以代替人的劳动。因此,方程的重点变成如何从实际问题中抽象出方程模型,体会数学与现实世界的联系。同时,可以利用算法来设计近似求解方程的步骤,改变只重视精确解析的状况,大大拓展了学生能够解决的实际问题和数学问题。

（6）建立合理、科学的评价机制。

学生可以根据个人不同的条件以及不同的兴趣、志向,在高中阶段选择不同的数学课程组合进行学习。学校和教师应当根据学生的不同选择进行评价。

① 学生选择了自己的课程组合以后,学校和教师应为学生建立相应的学习档案,并随着学生所完成的课程模块或专题,将反映学生水平的学习成果记入档案。

② 当学生调整自己的课程组合时,学校和教师应及时地帮助学生做好已完成课程的评价,以及系列转换工作。

③ 学校和教师的这些评价,将成为学生进入社会求职或高等院校招生时评价

学生的依据。高等院校的招生考试应当根据高校的不同要求,按照高中数学课程标准所设置的不同课程组合进行命题、考试和录取。

【思考题】

1. 数学观和数学教育观在世纪之交正发生怎样的深刻变化?

2. "大众数学"的教育观念是什么?

3. 为什么要强化学生数学应用的意识?

4. 如何理解《数学课程标准》理念下的数学教学活动?

5. 如何理解《数学课程标准》理念下的数学教师角色变化?

6. 你认为《数学课程标准》理念下的数学教师的主要任务有哪些?

7. 作为未来的数学教师,我们应该如何应对数学课程改革中的挑战?

第三章　中学数学的教学目的

【导语】　中学数学的教学目的是中学数学教学活动的起点和归宿,也是中学数学教学工作的依据和指南。它既决定着中学数学课程的内容,又决定着中学数学的教学模式和方法,同时也决定着中学数学教学质量的评价依据。因此,全面、正确、深入地理解中学数学的教学目的,不仅对于数学教师深入理解教材,恰当选择教学方法,有效提高教学质量,全面完成教学任务至关重要,而且对于中学数学教学改革的深入开展也是十分必要的。本章主要讨论中学数学教学目的的内容,确立中学数学教学目的的依据等问题。

第一节　中学数学教学目的概述

中学数学教学目的是中学数学教学活动的起点和归宿,也是中学数学教学工作的依据和指南。一般来说,教学目的规定了教学应当完成的知识传授、能力培养等方面的目标和思想、个性品质等方面的教育任务,它既是指导教学的依据,也是教学评估的依据。因此,研究中学数学教学必须正确理解和全面把握教学目的。

中学数学教学是整个中学教育系统的重要组成部分。中学数学教学目的是指通过中学数学教育和教学,学生在数学的基础知识、基本技能、数学能力、个性发展、思想情操等方面所应达到的目标。它既要反映新时代对人才培养与公民素质提出的要求,又要符合中学生的知识、能力、基础和年龄特征。

中学数学教学目的明确了学习数学应达到的要求是每个公民所必须达到的。不论是日常生活、参加生产劳动,还是升学和进一步学习,人人都应达到的总体要求。1993 年试行的《九年制义务教育全日制初级中学数学教学大纲(试用)》中指出:"初中数学的教学目的是使学生学好当代社会中每一个公民适应日常生活、参加生产劳动和进一步学习所必需的代数、几何的基础知识与基本技能,进一步培养运算能力、发展逻辑思维能力和空间观念,并能够运用所学知识解决简单的实际问题。培养学生良好的个性品质和初步的辩证唯物主义观点。"1996 年 5 月国家教委基础教育司颁布了与《九年制义务教育全日制初级中学数学教学大纲(试用)》相衔接的《全日制普通高级中学数学教学大纲(供实验用)》,规定高中数学的教育目的是:"使学生学好从事社会主义现代化建设和进一步学习所必需的代数、几何的基础知识和概率统计、微积分的初步知识,并形成基本技能;进一步培养学生的思维能力、运算能力、空间想象能力,以逐步形成运用数学知识来分析和解决实际问题的能力;进一步培养良好的个性品质和辩证唯物主义观点。"

可见,中学数学教学目的包含了三个方面的要求:使学生切实学好数学基础知识,形成数学的基本技能;发展学生的数学能力;培养学生良好的个性品质和辩证唯物主义的观点。这些内容也可以概括为教学目的的三种结构,即"双基"结构、能力结构和思想品质结构。

1. 使学生掌握数学的基础知识和基本技能

1.1 数学基础知识

中学教育是基础教育,因此教师在教学中应加强基础知识的教学。中学数学基础知识并不是数学科学的逻辑基础,而是指数学科学的初步知识,也就是进一步学习各门近现代数学理论,学习物理、化学等相邻学科以及参加生产劳动所必须具备的最基本的数学知识。具体来说,中学数学的基础知识包括常量数学、部分变量数学中基本的概念、公式、定理、法则以及基本的数学思想和方法。因此,数与数的运算、文字与式的运算及恒等变形、方程与不等式的解法、函数及其图像、几何图形的基本性质、几何计算和作图、平面解析几何、复数、数列、极限、排列组合、二项式定理、立体几何、概率统计和微积分的初步知识和基本方法都属于基础知识。

基础知识在数学教学发展的历程中并不是绝对的、一成不变的,而是变化、发展的。同时,数学基础知识具有层次之分。根据抽象程度的高低,可以把数学基础知识划分为基本概念、基本原理和思想方法三类。例如,各种数学公式、定理、法则等都属于基本原理的层次;而具有微观性质的解题方法如代入、消元、换元、降次、转化、替换、配方、待定系数、分析、综合,反证法、同一法等逻辑方法,整体思想、分类思想、函数思想、数形结合等水平最高的数学思想也属于基础知识的范畴。

数学基础知识教学是数学教学的首要任务。任何削弱基础知识系统性的做法都会导致严重的后果。数学基础知识教学的任务不仅要使学生明确数学的基本概念,掌握教材中的各种公式、定理、法则及应用,更重要的是使学生掌握好隐含在教材内容中的数学思想和方法,这样不仅可以促进学生对数学概念和原理的掌握,而且有助于培养学生运用数学知识分析和解决实际问题的能力。当前,在中学数学教学中忽视数学思想方法的问题还比较突出。

1.2 数学基本技能

技能,一般指顺利完成某种任务的动作方式或心智活动方式,是个体运用已有的知识经验,通过练习而形成的智力动作或肢体动作的复杂系统,通常表现为一系列固定下来的自动化活动方式,无论是头脑中的思维操作还是外部的行为动作,都属于技能的范畴,前者是内部心智技能,后者是外部操作技能。

所谓数学基本技能,是在熟练运用数学基础知识的过程中形成的技能。中学数学要培养的基本技能主要表现为能算、会画、会推理。例如,按照一定的程序与步骤进行运算就是会算的技能;按照一定的步骤和程序熟练地完成作图是绘图技能;按照一定的步骤和程序去推理是推理技能;按照一定的步骤和程序处理数据是处理数据的技能等等。一般来说,中学数学中的基本技能,主要是运算技能、处理数据(包括使用计算器)的技能、推理技能和绘图技能等外部操作技能。

技能需要通过操作训练的方式才能掌握。数学的练习与习题发挥的作用之一正是培养和训练技能。技能训练如何掌握一定的"度"是需要认真仔细的研究,要讲究练习科学化,绝不是教师随心所欲、随意布置的。目前学生作业量过大,重复和不必要的、无教育价值的练习在其中占了很大比例,加重了学生的负担,但并未真正起到训练技能的作用。教师应该认识到技能在形成到一定程度后,即使增加练习训练量也不会使技能有较大提高。

2. 发展学生的能力

数学教学要达到培养能力的目的,这里的能力常被分为一般能力与数学能力两个方面。一般能力包括观察力、记忆力、注意力、想象力、提出问题的能力、创造力等等。数学能力主要指运算能力、逻辑思维能力与空间想象能力,最终要落实到运用知识解决实际问题的能力上。这里指的实际问题包括日常生活中的问题、生产中的问题以及其他学科中的数学问题。这些问题如何抽象成数学问题需要经过认真分析、抽象和转化,这个过程既培养了应用数学的意识,又培养了应用数学解决问题的本领。

中学数学教学主要是培养学生的思维能力、运算能力、空间想象能力、解决实际问题的能力。

2.1 思维能力

思维能力是人们所有能力的核心,在思维能力中,逻辑思维能力与非逻辑思维能力都是最基本的成分。

逻辑思维能力是思维能力的核心,它是按照逻辑思维的规律,运用逻辑思维的方法进行思考、推理和论证的能力。中学数学教学应当培养的逻辑思维能力主要包括三个方面。

① 运用分析、比较、综合、抽象、概括的方法形成概念的能力。

② 运用演绎方法进行推理论证的能力。

③ 运用分类方法建构知识体系的能力。

具备一定的逻辑思维能力不仅有助于深刻地理解新知识,而且有助于人们正确地表述思想和解决问题,这对于新的学习无疑具有促进作用。

非逻辑思维能力主要指归纳、类比及直觉思维的能力。归纳是由个别到一般的思维形式,类比是由个别到个别的思维形式,虽然推理的结果均具有或然性,其结论正确与否还有待于验证,但与逻辑思维相比,这两种思维形式都具有很大的创新性,属于创造性思维的范畴。直觉思维不受逻辑规则的约束,是直接洞察事物本质和内在联系的一种思维形式,同样属于创造性思维的范畴,而且由于简约了思维过程,应用十分方便。

在中学数学教学中,培养学生的思维能力主要有三个方面的内容:第一,要使学生熟悉正确的思维过程,即从特殊到一般的抽象化过程和从一般到特殊的具体化过程,既要使学生善于从认识具体的、个别的、特殊的事物的特征,逐步扩展到认识同类一般事物的内在的、本质的特征,又要使学生能以这种一般认识为指导,继续研究同类的新事物,认识其特殊的本质,从而丰富和发展这种共同的、本质的认识。第二,要重视数学思想和数学方法的教学,使学生掌握各种逻辑思维方法与非逻辑思维方法。第三,利用直觉思维和合情推理,培养学生提出假设与猜想的能力。

2.2 运算能力

运算是一个广义的概念。所谓运算能力,是根据运算法则,按照一定的步骤去推理运算并求得结果的能力,是善于分析题目的条件,寻求合理简捷的方法与途径达到运算结果的能力。从结构上看,运算能力包含四个要素,即准确程度、快慢程度、合理程度和简捷程度,这四个要素反映出运算能力的大小。

中学数学中的运算不仅包括数值的计算,还包括各种代数运算、初等超越运算、分析运算以及式的变形等等。具体来说,这些运算主要有五种。

① 六种代数运算。

② 指数运算、三角运算等初等超越运算。

③ 求导数、微分、积分等分析运算。

④ 统计与概率运算。

⑤ 集合运算等。

2.3 空间想象能力

中学数学研究的空间就是人们生活的现实空间,也就是一维、二维和三维的空间,就数学科学的体系来说,属于欧氏空间。数学中的空间想象能力,是指人们对客观事物的空间形式进行观察、分析、抽象思考和构造创新的能力。想象是创造性思维能力的基础,要造就一代富于创造性和开拓性的人才,就要在中学数学教学中努力培养学生的空间想象能力。

通常认为,数学教学应当培养学生的数学能力,即运用数学知识分析和解决实际问题的能力。从数学能力的结构来看,除了三大基本能力之外,还包括观察能力、注意能力、记忆能力以及发现和提出问题的能力等一般能力。

知识、技能与能力虽然都是巩固了的概括化的系统,但概括的对象与概括水平是不同的。一般认为,知识是对经验的概括,技能是对动作和动作方式的概括,能力则是对调节认识活动的心理过程的概括,是较高水平的概括。知识、技能与能力虽然存在着上述质的不同,但它们又是互相联系、互相转化的。一方面,知识与能力是形成技能的前提,制约着技能掌握的速度、深浅与巩固程度;另一方面,技能的形成与发展又影响着知识的掌握与能力的提高。因此,它们的关系是辩证的统一。

3. 培养学生良好的情感态度和价值观

3.1 培养学生辩证唯物主义的观点

数学有利于人们去领会辩证的规律、辩证的观点,培养辩证的思维,学会辩证地分析问题、认识问题。数学的内容和方法中充满了辩证法,如有限与无限、直与曲的对立、矛盾的转化、形与数的结合和统一、特殊与一般、多与一、常量与变量、变中的不变量、运动、变化、发展的观点、相互联系的观点、否定之否定的观点等。恩格斯在《自然辩证法》中指出数学是"辩证的辅助工具和表现方式"。在数学教学中,揭示各种数学概念、数学原理中包含的辩证因素,无疑可以对学生进行生动的辩证唯物主义教育,从而有利于培养学生的辩证唯物主义观点。

培养学生的辩证唯物主义观点主要有两个方面的要求。

(1) 培养数学来源于实践又作用于实践的唯物主义观点。

一方面,教学要展现数学概念的发生过程和数学命题的形成过程,讲清各种数学概念和原理的应用,使学生通晓数学知识的来龙去脉,这样既可以防止数学知识成为无源之水,又可以防止把数学理解为一种纯文字游戏。另一方面,数学教学不应当停留在经验与实际应用的水平上,而应当使学生理解数学的抽象性。实际上,正因为具有高度抽象的特征,数学才有着广泛的应用。正确地理解数学科学的抽象性,有利于从量的关系与空间形式方面正确地认识和能动地改造客观世界。当然,在教学中也必须重视数学的实际应用,否则就不能达到形成学生辩证唯物主义观点的目的。

(2) 培养事物普遍联系、对立统一和运动变化的辩证观点。

培养学生的辩证观点,不应当也不必要把辩证法作为外来因素引入数学,而是要通过数学教学体现和揭示出各种辩证的观点,特别是通过分析数学内容中一系列的辩证关系,使学生逐步学会辩证的方法。

3.2 培养学生良好的个性品质

中学数学教学应培养学生成为有理想、有道德、有文化、有纪律的"四有"新人,培养学生不断追求实事求是、独立思考、勇于创新的科学精神。

个性品质包括学习动机、目的、兴趣、意志、注意力、创造精神等。教师应注意培养与激发学生正确的动机。任何有意义的活动都是有动机的,动机是一种驱策力量,是将愿望转变为行动的动力,是激励人去达到目的的主观原因。学习动机有高尚与低级、正确与错误之分。

(1) 学习数学的兴趣

兴趣是产生动机的内部因素之一,由于数学抽象而又形式化,容易给人以枯燥乏味之感,因而培养学生学习数学的兴趣尤为重要。学习行动的结果得到满足感就容易产生兴趣。学生一次次地体验成功的喜悦就会对数学产生兴趣,甚至转化为进一步学习的动力,这就是兴趣转化为动机或直接加强动机。

(2) 科学态度

数学严谨的逻辑性要求言必有据,一丝不苟,对培养学生实事求是、坚持真理、修正错误有很大的帮助。

(3) 学习习惯

通过数学学习养成良好的学习习惯,包括正确、合理的学习程序。

这些个性品质都属于非智力因素的范畴,是学生不可缺少的素质,也是学生学习数学的动力的巨大源泉,对于促进学习和发展智力有着不可低估的作用。从这个意义上说,数学教学中培养学生良好的个性品质是十分重要的。

第二节　确立中学数学教学目的的依据

中学数学教学目主要根据国家的教育方针、基础教育的任务、数学学科的特点以及中学生的年龄特征和认知水平等来确立。

1. 国家的教育方针

确立教育目的,首先必须依据国家的教育方针。教育方针是国家在一定历史时期,根据社会、政治、经济发展的需要和基本的国情,通过一定的立法程序,为教育事业确立的总的工作方向和奋斗目标,是教育政策的总概括。教育方针规定了一定历史时期教育发展的指导思想,明确了教育的培养目标以及实现培养目标的基本途径。

新中国成立以来,在不同的历史时期,我国提出了不同的教育方针,反映了不同历史时期国家发展对教育提出的不同要求。

1957 年,毛泽东同志在《关于正确处理人民内部矛盾的问题》一文中提出:"我们的教育方针,应该使受教育者在德育、智育、体育几个方面得到发展,成为有社会主义觉悟的、有文化的劳动者。"

1958 年,中共中央、国务院在《关于教育工作的指示》中提出:"党的教育工作方针,是教育必须为无产阶级政治服务,教育与生产劳动相结合。"

1961 年,在《教育部直属高等学校暂行工作条例(试行)》中,上述两种提法被结合在一起,提出:"教育为无产阶级政治服务,教育必须与生产劳动相结合。使受教育者在德育、智育、体育几个方面都得到发展,成为有社会主义觉悟的、有文化的劳动者。"

以上这些提法体现了无产阶级掌握政权后,教育与政治的关系,强调教育是上层建筑,必须为无产阶级政治服务;但同时它忽视了教育具有促进生产力发展的属性,没有明确教育必须为社会主义建设、文化发展服务。这显然是受当时历史条件的限制,也与对教育本质的认识和把握不够有关。

随着形势与任务的变化,新时期党的路线、方针、政策要求教育方针体现出时代精神。

1985年，中共中央在《关于教育体制改革的决定》中提出"教育必须为社会主义建设服务，社会主义建设必须依靠教育"的方针，使得教育的指导思想逐渐与社会主义现代化建设的精神协调起来。

党的十三届七中全会通过的《中共中央关于制定国民经济和社会发展十年规划和"八五"计划的建议》中，对教育方针作了更概括、更全面、更富有时代精神和国情特点的表述，即"教育必须为社会主义建设服务，必须与生产劳动相结合。培养德、智、体全面发展的社会主义事业的建设者和接班人"。1993年颁布的《中国教育改革和发展纲要》重申了这一方针。

1995年3月18日，第八届全国人民代表大会第三次会议通过的《中华人民共和国教育法》以法律的形式对我国的教育方针作了规定，提出："教育必须为社会主义现代化建设服务，必须与生产劳动相结合，培养德、智、体全面发展的社会主义事业的建设者和接班人。"这就是我国社会主义初级阶段各级各类教育都必须贯彻执行的教育方针，它也为我国中学数学教学目的的确立指明了方向。

2. 基础教育的任务

按照我国的规定，基础教育包括九年制义务教育和后续的高中教育。因此普通中学的教育属于基础教育，是帮助受教育者打下文化知识基础和做好生活准备的教育，是全面提高学生素质的教育。中学教育的基础性决定了它的任务，中学教育的主要任务已不仅是传统的"为高一级学校输送合格的新生，为社会培养优良的后备力量"的双重任务，而是面向全社会，为提高全民族的素质，为培养有理想、有道德、有文化、有纪律的社会主义公民，培养各级各类的社会主义建设人才奠定初步基础。1995年的《中华人民共和国义务教育法》颁布以后，按照党的教育方针，初中阶段对学生进行义务教育，这是初中教育性质的一大转变，即由传统的升学教育转变为素质教育。通过教育使学生"掌握必要的文化科学技术知识和基本技能，具有一定的自学能力、动手操作能力，以及运用所学知识分析和解决实际问题的能力，初步具有实事求是的科学态度，掌握一些简单的科学方法"。

普通高中是义务教育阶段之后高层次的基础教育，是在义务教育的基础上进一步提高学生思想品德素质、文化知识素质、劳动技能素质及身心素质，使学生"掌握较宽厚的文化、科学、技术的基础知识和基本技能，具有自觉的学习态度和独立学习的能力，掌握一些基本的科学方法，形成观察、发现、分析和解决问题的基本能力"。

2001年7月,国家颁布的《基础教育课程改革纲要(试行)》进一步明确规定:"基础教育课程改革要以邓小平同志关于'教育要面向现代化、面向世界、面向未来'和江泽民同志'三个代表'重要思想为指导,全面贯彻党的教育方针,全面推进素质教育。新课程的培养目标应体现时代要求,要使学生具有爱国主义、集体主义精神,热爱社会主义,继承和发扬中华民族的优秀传统和革命传统;具有社会主义民主法制意识,遵守国家法律和社会公德;逐步形成正确的世界观、人生观、价值观;具有社会责任感,努力为人民服务;具有初步的创新精神、实践能力、科学和人文素养以及环境意识;具有适应终身学习的基础知识、基本技能和方法;具有健壮的体魄和良好的心理素质,养成健康的审美情趣和生活方式,成为有理想、有道德、有文化、有纪律的一代新人。"

数学作为基础教育阶段的重要学科之一,在完成培养人的整体教育任务中,起到十分重要的作用。因此,确立中学数学的教学目的,应该以基础教育的任务为依据。

3. 数学学科的特点

要确立中学数学的教学目的,数学学科本身的特点是必须考虑的一个重要依据。数学是关于空间形式和数量关系的科学。有关数学特点的描述和概括有很多。在我国,比较传统的观点认为,数学的基本特点是抽象性、严谨性和广泛应用性,也就是所谓的"三性"。

3.1 数学的抽象性

数学的抽象性是指数学撇开研究对象的具体内容,仅仅保留空间形式和数量关系,这些形式和关系是一种形式化的思想材料。数学是以逻辑为链条的形式化符号系统,数学的形式化方法决定了数学能对纯粹的量进行独立的、理想化的、系统的、深入的研究,并且独立地创造出思想成果,推动数学自身的发展。数学的抽象是逐步发展的,它达到的抽象程度大大超过了自然科学中的一般抽象,从直接概述现实对象属性的抽象,到拓扑空间、代数结构等高水平的抽象,每一次抽象都是理性思维的结晶,体现了人类思维的最高层次。

3.2 数学的严谨性

数学的严谨性是指数学结论的叙述必须精练、准确,推理必须严格、缜密,所有经推理得出的结论要能被组织成一个严谨的逻辑体系。建立数学理论是依靠严密的逻辑推理来保证的,每一个数学分支都是以逻辑为链条的演绎系统。再者,数学思维中对事物主要基本属性的准确把握,本质上源于公理化方法,公理化方法的严谨性是数学的基本特征。

3.3 数学的广泛应用性

数学的广泛应用性表现在一切科学技术原则上都可以用数学来解决有关的问题,数学成了一切科学的工具。从日常生活到社会科学的各个分支学科,无一能离开数学,几乎不存在与数学无关的学科。

数学应用的广泛性还表现在数学思想方法的独特性,如可靠性、抽象性、辩证性、超前性、优美性等日益为社会所广泛理解和接受,成为解决其他学科理论和实际问题的一般方法,数学语言已成为自然科学的通用语言。

值得指出的是,随着数学的发展和数学教育研究的不断深入,国内已有专家对数学"三性"的传统观点提出了质疑。张奠宙先生在《数学教育学导论》中认为,尽管数学特征的"三性"描述有其正确合理的成分,曾使人们对数学学科的认识有所加深,但它毕竟不能完全刻画数学的所有特点。对于数学的特点,张先生有以下几个观点。

(1) 数学对象的特点:思想材料的形式化抽象。

(2) 数学思维的特点:策略创造与逻辑演绎的结合。

(3) 数学知识的特点:通用精确简约的科学语言。

(4) 数学应用的特点:数学模型的技术。

4. 中学生的年龄特征和认知水平

中学教育的对象是青少年,中学生的年龄特征是指青少年各年龄阶段所表现出的身心发展的不同特点。中学生正处在长身体、长知识,世界观与价值观逐步形成时期,也是智力发展的重要时期。他们具有可塑性大、上进心强、求知欲高、精力充沛、反应快而敏捷等特点,但另一方面,他们的理解能力还有一定的局限性,认识能力与知识水平均没有达到成熟阶段,这些都是青少年的年龄特征。中学阶段的学习又是以小学阶段的学习为基础,同时也要为进入高一级学校学习打下良好的基础。因此,确立中学数学教学目的,必须从这些特点及所处的特殊阶段出发,应充分注意在数学基础知识、能力培养及学习方法与习惯等方面做到与小学和大学的前后衔接。

中学生的思维发展表现出明显的特征:初一主要是从具体形象思维向逻辑思维的过渡期;初二到高一则是逻辑思维培养的阶段,但这时期还是以学生的实践经验为基础,倾向于经验型逻辑思维;高二到高三,学生的逻辑思维能力的培养,这个阶段则是以已有的理论知识为基础,属于理论型逻辑思维阶段;在整个高中阶段,学生的辩证逻辑思维成分虽在逐渐增加,但还没有处于主要地位。

根据以上特点,在确立中学数学教学目的时,一方面应充分考虑到中学生可塑性大的特点,他们的智力水平和实践经验在教学活动中会迅速发展和不断丰富,具有很大的潜力,这就要求数学教师应不失时机地将一些较抽象的、较深奥的现代数学的基础知识、基本思想方法和原理,运用恰当的方法教给学生,以提高他们的智力水平和数学思维能力;另一方面,教师还应考虑到中学生智力发展水平的局限性,对知识的广度、深度和能力的要求必须适应中学生的认知发展水平和理解能力,这是中学数学教学目的不断革新,不断发展的重要方向之一。

【思考题】

1. 描述现行中学数学教学目的的具体内容。
2. 确立中学数学教学目的的依据主要有哪些?

第四章　中学数学的教学内容

【导语】　中学数学的教学内容是数学科学与中学教学相结合的产物,是在长期中学教学实践中形成和发展起来的。中学数学教学内容选自数学科学,反映着数学科学的特点,它的演变直接受着数学科学发展的影响,还要符合中学生的学习心理和认识水平,并能为他们所接受。中学数学要经过现代教学法的加工,不仅便于教与学,而且能促进学生的心智及数学能力的发展,同时又能引起学生学习数学的兴趣,满足学生的求知欲,有利于培养学生的创新精神。本章主要讨论中学数学教学内容的选择标准、具体内容、编排原则和体系结构等问题。

第一节　中学数学教学内容的选择标准

中学数学教学内容取自数学科学,同时受到中学教育的许多条件的制约,这就提出了课程内容的选择问题。一般来说,中学数学教学内容是根据中学教育的性质、任务、培养目标,以及数学学科设置的基本要求和中学数学教学目的而确定的,具体选择时要注意以下几个标准。

（1）基础性标准

中学数学教学内容要能成为适应日常生活、进一步学习和掌握现代化生产、科学技术的基础,即具有基础性。

（2）工具性标准

中学数学教学内容要为其他学科所必需,即具有工具性。

（3）教育性标准

中学数学教学内容要既能发展学生的智力和能力,又能培养学生的辩证唯物主义观点,即具有教育性。

（4）社会的需要性标准

中学数学的教学内容要能为参加社会主义现代化建设和适应现代社会生活所

普遍需要,即具有社会的需要性。

（5）可接受性标准

中学数学的教学内容都要适合中学生的认识水平,能为他们所接受,即具有可接受性。

（6）统一性与灵活性相结合标准

中学数学教学内容应该有统一的基本要求,这是所有中学生都要学习掌握的,即统一性。如果没有这个基本要求,提高全民族的素质和培养合格人才的目标就会落空。所以,在选择内容时,要坚持统一性。但是,我国是一个多民族的国家,幅员辽阔,人口众多,各地区的生产、经济发展很不平衡,中学教育的基础情况差距很大,因此,中学数学教学内容的选择要有灵活性。如果只强调统一性而忽视灵活性,把全国所有的学生的学习内容都局限在一个水平上,必然会出现部分学生"吃不饱",而另一部分学生"吃不了"的现象,从而影响人才的培养。所以在选择中学数学教学内容时,要注意把统一性与灵活性较好地结合起来。

根据"统一性与灵活性相结合"的原则,现行数学课程标准及中学数学教材中规定了必学的内容,也规定了选学内容,供不同地区、不同学校选用。

需要指出,仅根据以上六条主要标准选择中学数学的教学内容是不够的,还要处理好以下几个方面的问题。

（1）需要与可能的矛盾

社会生活、生产和学生的后继学习需要许多数学知识和方法,但教学时数和学生的认知水平又不允许把需要的数学知识都列入中学数学的教学内容,只能通过实践和教学经验,不断总结才能确定如何取舍、选择。一般来说,选取的课程内容既不能过少或过高,也不能过多或过难,要符合学生的认识水平和认知能力,要在确保绝大多数(或全体)学生都能接受、理解的前提下,着眼于学生最大限度的发展,选择的内容不仅要有一定的广度和深度,而且要符合面向现代化和面向未来的要求。

（2）精简和增加的关系

现代课程论的一个基本观点就是既要使学生掌握各学科的基础知识与基本技能,又要在课程内容中反映科学技术的新发展,这也是选择课程内容的标准之一。为此教师就要不断提炼传统课程的内容,使学生学到最具价值的知识,同时又要增加近代现代科学的新成果。如何辩证地处理好精简和增加的关系,对课程内容的选择至关重要。

（3）课程内容的衔接问题

中学数学课程内容的选择必须从整体上来把握。一方面，作为学校教育的一个阶段，中学教育应当与小学和大学相衔接；另一方面，中学数学课程内部（各年级间）以及相邻学科（物理、化学等）在内容上必须相互衔接。就前者来说，中学数学课程内容应当既是小学内容的发展，又是高等学校数学课程内容的基础；就后者来说，由于数学具有内在的逻辑性与系统性，因而前后内容必须相互联系，同时要适应物理、化学等相关学科对数学工具的需要，在各门课程的总体内容上要达到协调和统一。如何课程内容在知识、思想、方法以及内在的逻辑规律方面更好地衔接起来，需要不断地研究加以解决。

根据以上选择标准，我国近 20 年来的中学数学课程内容是经过长期教学实践而逐步总结筛选出来的，其中的主要部分是 19 世纪之前形成的代数、几何、三角、解析几何等学科的基本内容，即传统的中学数学内容，此外还包括一些现代生产和科学技术广泛应用的知识，如概率统计和微积分初步知识以及向量、简易逻辑、算法等方面的知识。

第二节　《全日制义务教育数学课程标准》的内容

1. 内容标准

本节分别阐述义务教育阶段各个学段中"数与代数"、"空间与图形"、"统计与概率"、"实践与综合应用"四个领域的内容标准及与传统内容的变化。

1.1　数与代数

"数与代数"的内容主要包括数与式、方程与不等式、函数，它们都是研究数量关系和变化规律的数学模型，可以帮助人们从数量关系的角度更准确、更清晰地认识、描述和把握现实世界。

与传统内容相比，"数与代数"部分加强的方面有：

（1）强调通过实际情境使学生体验、感受、理解数与代数的意义。

（2）增强应用意识，渗透数学建模思想。

（3）加强学生的自主活动，重视对数与代数规律和模式的探求。

（4）重视计算器和计算机的使用，并提出了加强对近似计算和估算的要求。

减弱的方面有：

（1）降低了运算的复杂性、技巧性和熟练程度的要求。

（2）减少公式，降低了对记忆的要求。

（3）降低了对于一些概念过分"形式化"的要求。

1.2　空间与图形

"空间与图形"的内容主要涉及现实世界中的物体、几何体和平面图形的形状、大小、位置关系及其变换，它是人们更好地认识和描述生活空间并进行交流的重要工具。

"空间与图形"加强的方面有：

（1）强调内容的现实背景，联系学生的生活经验和活动经验。

（2）增加了图形变换、位置的确定、视图与投影等内容。

（3）加强了几何建模以及探究过程，强调几何直觉、培养空间观念。

（4）突出"空间与图形"的文化价值。

（5）重视量与测量，并把它融合在有关的内容中，加强测量的实践性。

（6）加强合情推理，调整"证明"的要求，强化理性精神。

削弱的方面有：

（1）第一、二学段，削弱了单纯的平面图形周长、面积、体积等计算。

（2）第三学段，削弱了以演绎推理为主要形式的定理证明，减少定理的数量——用 4 条"基本事实"证明 40 条左右的结论。

（3）删去了大量繁琐的几何证明题，淡化了几何证明的技巧，降低了论证形式化的要求和证明的难度。

1.3　统计与概率

"统计与概率"主要研究现实生活中的数据和客观世界中的随机现象，它通过对数据收集、整理、描述、分析以及对事件发生可能性的刻画，来帮助人们做出合理的推断和预测。

"统计与概率"强调与注意的方面有：

（1）强调统计与概率过程性目标的达成。

（2）强调对统计表特征和统计量实际意义的理解。

（3）注意与现代信息技术的结合。

（4）注意统计与概率和其他内容的联系。

（5）注意避免单纯的统计量的计算和对有关术语进行严格表述。

1.4　实践与综合应用

"实践与综合应用"是新数学课程中一个全新的内容。理解和把握这个领域,对于数学课程的发展和数学教学的改革是非常重要的。《全日制义务教育数学课程标准》中的"实践与综合应用"领域,是它的一个特色。这个领域反映了数学课程与教学改革的要求,也提供了学生进行一种实践性、探索性和研究性学习的课程渠道。

"实践与综合应用"将帮助学生综合运用已有的知识和经验,经过自主探索和合作交流,解决与生活经验密切联系的、具有一定挑战性和综合性的问题,以发展他们解决问题的能力,加深对"数与代数"、"空间与图形"、"统计与概率"内容的理解,体会各部分内容之间的联系。

"实践与综合应用"在不同学段以不同形态呈现。第一学段以"实践活动"为主题,强调实践,强调数学与生活经验的联系;第二学段以"综合应用"为主题,继续在强调实践与经验的基础上,增加了"综合应用"的要求;第三学段采取以"课题学习"为标志的研究性学习方式。这样呈现的目的是结合不同学段学生的生活经验和知识背景,通过这几个主题,引导学生以自主探索、合作交流的方式,理解数学,认识数学,发展解决问题的策略,体会数学与现实生活的联系。

将"实践与综合应用"作为数学知识技能领域的一个重要内容,并不是在其他数学知识领域之外增加新的知识,而是强调数学知识的整体性、现实性和应用性,注意数学的现实背景以及与其他学科之间的联系;通过综合实践活动,促使学生进行自主探索、合作交流,并学会综合运用所学的知识解决问题的能力。设置"实践与综合应用"内容,对于培养学生的创新意识与实践能力具有较强的促进作用,同时使新的数学课程具有了一定弹性和开放性。

2. 第三学段(7—9年级)的具体内容

2.1 数与代数

在本学段中,学生将学习实数、整式和分式、方程和方程组、不等式和不等式组、函数等知识,探索数、形及实际问题中蕴涵的关系和规律,初步掌握一些有效地表示、处理和交流数量关系以及变化规律的工具,发展符号感,体会数学与现实生活的紧密联系,增强应用意识,提高运用代数知识与方法解决问题的能力。

在教学中,应注重让学生在实际背景中理解基本的数量关系和变化规律,注重使学生经历在实际问题中建立数学模型、估计、求解、验证解的正确性与合理性的过程,应加强方程、不等式、函数等内容的联系,介绍有关代数内容的几何背景,应避免繁琐的运算。

（1）内容结构

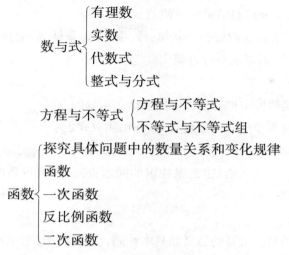

数与式
- 有理数
- 实数
- 代数式
- 整式与分式

方程与不等式
- 方程与不等式
- 不等式与不等式组

函数
- 探究具体问题中的数量关系和变化规律
- 函数
- 一次函数
- 反比例函数
- 二次函数

（2）具体目标表述

① 数与式

Ⅰ. 有理数

（a）理解有理数的意义，能用数轴上的点表示有理数，会比较有理数的大小。

（b）借助数轴理解相反数和绝对值的意义，会求有理数的相反数与绝对值（绝对值符号内不含字母）。

（c）理解乘方的意义，掌握有理数的加、减、乘、除、乘方及简单的混合运算（以三步为主）。

（d）理解有理数的运算律，并能运用运算律简化运算。

（e）能运用有理数的运算解决简单的问题。

（f）能对含有较大数字的信息作出合理的解释和推断。

Ⅱ. 实数

（a）了解平方根、算术平方根、立方根的概念，会用根号表示数的平方根、立方根。

（b）了解开方与乘方互为逆运算，会用平方运算求某些非负数的平方根，会用立方运算求某些数的立方根，会用计算器求平方根和立方根。

（c）了解无理数和实数的概念，知道实数与数轴上的点一一对应。

（d）能用有理数估计一个无理数的大致范围。

（e）了解近似数与有效数字的概念；在解决实际问题中，能用计算器进行近似计算，并按问题的要求对结果取近似值。

（f）了解二次根式的概念及其加、减、乘、除运算法则，会用它们进行有关实数的简单四则运算（不要求分母有理化）。

Ⅲ. 代数式

（a）在现实情境中进一步理解用字母表示数的意义。

（b）能分析简单问题的数量关系，并用代数式表示。

（c）能解释一些简单代数式的实际背景或几何意义。

（d）会求代数式的值；能根据特定的问题查阅资料，找到所需要的公式，并会代入具体的值进行计算。

Ⅳ. 整式与分式

（a）了解整数指数幂的意义和基本性质，会用科学计数法表示数（包括在计算器上表示）。

（b）了解整式的概念，会进行简单的整式加、减运算；会进行简单的整式乘法运算（其中的多项式相乘仅指一次式相乘）。

（c）会推导乘法公式：$(a+b)(a-b)=a^2-b^2$；$(a+b)^2=a^2+2ab+b^2$，了解公式的几何背景，并能进行简单计算。

（d）会用提公因式法、公式法（直接用公式不超过两次）进行因式分解（指数是正整数）。

（e）了解分式的概念，会利用分式的基本性质进行约分和通分，会进行简单的分式加、减、乘、除运算。

② 方程与不等式

Ⅰ. 方程

（a）能够根据具体问题中的数量关系，列出方程，体会方程是刻画现实世界的一个有效的数学模型。

（b）经历用观察、画图或计算器等手段估计方程解的过程。

（c）会解一元一次方程、简单的二元一次方程组、可化简一元一次方程的分式方程（方程中的分式不超过两个）。

（d）理解配方法，会用因式分解法、公式法、配方法解简单的数字系数的一元二次方程。

（e）能根据具体问题的实际意义，检验结果是否合理。

Ⅱ．不等式与不等式组

（a）能够根据具体问题中的大小关系了解不等式的意义，并探索不等式的基本性质。

（b）会解简单的一元一次不等式，并能在数轴上表示出解集。会解由两个一元一次不等式组成的不等式组，并会用数轴确定解集。

（c）能够根据具体问题中的数量关系，列出一元一次不等式和一元一次不等式组，解决简单的问题。

③ 函数

Ⅰ．探究具体问题中的数量关系和变化规律

Ⅱ．函数

（a）通过简单实例，了解常量、变量的意义。

（b）能结合实例，了解函数的概念和三种表示方法，能举出函数的实例。

（c）能结合图像对简单实际问题中的函数关系进行分析。

（d）能确定简单的整式、分式和简单实际问题中的函数的自变量取值范围，并会求出函数值。

（e）能用适当的函数表示法刻画某些实际问题中变量之间的关系。

（f）结合对函数关系的分析，尝试对变量的变化规律进行初步预测。

Ⅲ．一次函数

（a）结合具体情境体会一次函数的意义，根据已知条件确定一次函数表达式。

（b）会画一次函数的图像，根据一次函数的图像和解析表达式 $y=kx+b(k\neq 0)$ 探索并理解其性质（$k>0$ 或 $k<0$ 时，图像的变化情况）。

（c）理解正比例函数。

（d）能根据一次函数的图像求二元一次方程组的近似解。

（e）能用一次函数解决实际问题。

Ⅳ．反比例函数

（a）结合具体情境体会反比例函数的意义，能根据已知条件确定反比例函数表达式。

（b）能画出反比例函数的图像，根据图像和解析表达式 $y=kx(k\neq 0)$ 探索并理解其性质（$k>0$ 或 $k<0$ 时，图像的变化情况）。

（c）能用反比例函数解决某些实际问题。

Ⅴ．二次函数

（a）通过对实际问题情境的分析确定二次函数的表达式，并体会二次函数的意义。

（b）会用描点法画出二次函数的图像，能从图像上认识二次函数的性质。

（c）会根据公式确定图像的顶点、开口方向和对称轴（公式不要求记忆和推导），并能解决简单的实际问题。

（d）会利用二次函数的图像求一元二次方程的近似解。

（3）案例

［例1］ 一次水灾中，大约有 20 万人的生活受到影响，灾情将持续一个月。请推断：大约需要组织多少顶帐篷，多少粮食？

说明：假如平均一个家庭有 4 口人，那么 20 万人需要 5 万顶帐篷；假如一个人平均一天需要 0.5 kg 粮食，那么一天需要 1×10^4 kg 粮食……

［例2］ 估计 $\dfrac{\sqrt{5}-1}{2}$ 与 0.5 哪个大。

［例3］ 在某地，人们发现某种蟋蟀叫的次数与温度之间有如下的近似关系：记录蟋蟀每分叫的次数，用这个次数除以 7，然后再加上 3，就得到当时的温度。温度（℃）与蟋蟀每分叫的次数之间的关系是：温度＝蟋蟀每分叫的次数÷7＋3。

试用字母表示这一关系。

［例4］ 观察下列图形并填表。

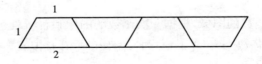

图 4-1

表 4-1

梯形个数	1	2	3	4	5	6	…	n
周长	5	8	11	14			…	

［例5］ 对代数式 $3a$ 作出解释。

说明：如葡萄的价格是 3 元/kg，则买 a kg 的葡萄需 $3a$ 元；或正三角形的边长为 a，这个三角形的周长是 $3a$。

［例6］ 化简：(1) $(x^2 - 4x + 4)/(x^2 - 4)$；

(2) $(x-2)/(x+2)-(x+2)/(x-2)$。

[例7] 估计下列方程的解：

(1) $x^3-9=0$；　　　　　　(2) $x^2+2x-10=0$。

[例8] 5名同学参加乒乓球赛，每两名同学之间赛一场，一共需要多少场比赛？10名同学呢？

说明：可以用列举、画图等方法。

[例9] 小明的父母出去散步，从家走了20 min到一个离家900 m的报亭，母亲随即按原速返回。父亲看了10 min报纸后，用了15 min返回到家。下面的图4-2中哪一个表示父亲离家的时间与距离之间的关系？哪一个表示母亲离家的时间与距离之间的关系？

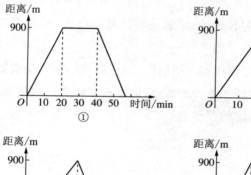
①

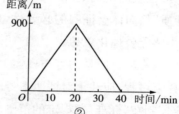
②

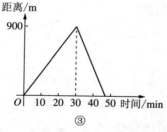
③

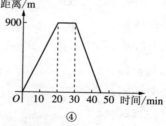
④

图 4-2

[例10] 某书定价8元，如果购买10本以上，则超过10本的部分打八折。试分析并表达出购书数量与付款金额之间的关系。

[例11] 填表4-2并观察下列两个函数的变化情况：

表 4-2

x	1	2	3	4	5	...
$y_1=50+2x$						
$y_2=5x$						

（1）在同一个直角坐标系中画出上面两个函数的图像,比较它们有什么不同;

（2）当 x 从 1 开始增大时,预测哪一个函数的值先到达 100。

2.2　空间与图形

在本学段中,学生将探索基本图形（直线、圆）的基本性质及其相互关系,进一步丰富对空间图形的认识和感受,学习平移、旋转、对称的基本性质,欣赏并体验变换在现实生活中的广泛应用,学习运用坐标系确定物体位置的方法,发展空间观念。

推理与论证的学习从以下几个方面展开:在探索图形性质、与他人合作交流等活动过程中,发展合情推理,进一步学习有条理的思考与表达;在积累了一定的活动经验与图形性质的基础上,从几个基本的事实出发,证明一些有关三角形、四边形的基本性质,从而体会证明的必要性,理解证明的基本过程,掌握用综合法证明的格式,初步感受公理化思想。

在教学中,应注重所学内容与现实生活的联系,注重使学生经历观察、操作、推理、想象等探索过程;应注重对证明本身的理解,而不追求证明的数量和技巧;对证明的要求应控制在《标准》所规定的范围内。

（1）内容结构

① 图形的认识。

② 图形与变换。

③ 图形与坐标。

④ 图形与证明。

（2）具体目标表述

① 图形的认识

Ⅰ. 点、线、面

通过丰富的实例,进一步认识点、线、面（如交通图上用点表示城市,屏幕上的画面是由点组成的）。

Ⅱ. 角

（a）通过丰富的实例,进一步认识角。

（b）会比较角的大小,能估计一个角的大小,会计算角度的和与差,认识度、分、秒,会进行简单换算。

（c）了解角平分线及其性质。

Ⅲ．相交线与平行线

（a）了解补角、余角、对顶角,知道等角的余角相等、等角的补角相等、对顶角相等。

（b）了解垂线、垂线段等概念,了解垂线段最短的性质,体会点到直线距离的意义。

（c）知道过一点有且仅有一条直线垂直于已知直线,会用三角尺或量角器过一点画一条直线的垂线。

（d）了解线段垂直平分线及其性质。

（e）知道两直线平行同位角相等,进一步探索平行线的性质。

（f）知道过直线外一点有且仅有一条直线平行于已知直线,会用三角尺和直尺过已知直线外一点画这条直线的平行线。

（g）体会两条平行线之间距离的意义,会度量两条平行线之间的距离。

Ⅳ．三角形

（a）了解三角形有关概念（内角、外角、中线、高、角平分线）,会画出任意三角形的角平分线、中线和高,了解三角形的稳定性。

（b）探索并掌握三角形中位线的性质。

（c）了解全等三角形的概念,探索并掌握两个三角形全等的条件。

（d）了解等腰三角形的有关概念,探索并掌握等腰三角形的性质和一个三角形是等腰三角形的条件;了解等边三角形的概念并探索其性质。

（e）了解直角三角形的概念,探索并掌握直角三角形的性质和一个三角形是直角三角形的条件。

（f）体验勾股定理的探索过程,会运用勾股定理解决简单问题;会用勾股定理的逆定理判定直角三角形。

Ⅴ．四边形

（a）探索并了解多边形的内角和与外角和公式,了解正多边形的概念。

（b）掌握平行四边形、矩形、菱形、正方形、梯形的概念和性质,了解它们之间的关系;了解四边形的不稳定性。

（c）探索并掌握平行四边形的有关性质和四边形是平行四边形的条件。

（d）探索并掌握矩形、菱形、正方形的有关性质和四边形是矩形、菱形、正方形的条件。

（e）探索并了解等腰梯形的有关性质和四边形是等腰梯形的条件。

（f）探索并了解线段、矩形、平行四边形、三角形的重心及物理意义（如一根均匀木棒、一块均匀的矩形木板的重心）。

（g）通过探索平面图形的镶嵌，知道任意一个三角形、四边形或正六边形可以镶嵌平面，并能运用这几种图形进行简单的镶嵌设计。

Ⅵ. 圆

（a）理解圆及其有关概念，了解弧、弦、圆心角的关系，探索并了解点与圆、直线与圆以及圆与圆的位置关系。

（b）探索圆的性质，了解圆周角与圆心角的关系、直径所对圆周角的特征。

（c）了解三角形的内心和外心。

（d）了解切线的概念，探索切线与过切点的半径之间的关系；能判定一条直线是否为圆的切线，会过圆上一点画圆的切线。

（e）会计算弧长及扇形的面积，会计算圆锥的侧面积和全面积。

Ⅶ. 尺规作图

（a）完成以下基本作图：作一条线段等于已知线段，作一个角等于已知角，作角的平分线，作线段的垂直平分线。

（b）利用基本作图作三角形：已知三边作三角形；已知两边及其夹角作三角形；已知两角及其夹边作三角形；已知底边及底边上的高作等腰三角形。

（c）探索如何过一点、两点和不在同一直线上的三点作圆。

（d）了解尺规作图的步骤，对于尺规作图题，会写已知、求作和做法（不要求证明）。

Ⅷ. 视图与投影

（a）会画基本几何体（直棱柱、圆柱、圆锥、球）的三视图（主视图、左视图、俯视图），会判断简单物体的三视图，能根据三视图描述基本几何体或实物原型。

（b）了解直棱柱、圆锥的侧面展开图，能根据展开图判断和制作立体模型。

（c）了解基本几何体与其三视图、展开图（球除外）之间的关系；通过典型实例，知道这种关系在现实生活中的应用（如物体的包装）。

（d）观察与现实生活有关的图片（如照片、简单的模型图、平面图、地图等），了解并欣赏一些有趣的图形（如雪花曲线、莫比乌斯带）。

（e）通过背景丰富的实例，知道物体的阴影是怎么形成的，并能根据光线的方向辨认实物的阴影（如在阳光或灯光下，观察手的阴影或人的身影）。

（f）了解视点、视角及盲区的涵义，并能在简单的平面图和立体图中表示。

（g）通过实例了解中心投影和平行投影。

② 图形与变换

Ⅰ. 图形的轴对称

（a）通过具体实例认识轴对称，探索它的基本性质，理解对应点所连的线段被对称轴垂直平分的性质。

（b）能够按要求作出简单平面图形经过一次或两次轴对称后的图形；探索简单图形之间的轴对称关系，并能指出对称轴。

（c）探索基本图形（等腰三角形、矩形、菱形、等腰梯形、正多边形、圆）的轴对称性及其相关性质。

（d）欣赏现实生活中的轴对称图形，结合现实生活中典型实例，了解并欣赏物体的镜面对称，能利用轴对称进行图案设计。

Ⅱ. 图形的平移

（a）通过具体实例认识平移，探索它的基本性质，理解对应点连线平行且相等的性质。

（b）能按要求作出简单平面图形平移后的图形。

（c）利用平移进行图案设计，认识和欣赏平移在现实生活中的应用。

Ⅲ. 图形的旋转

（a）通过具体实例认识旋转，探索它的基本性质，理解对应点到旋转中心的距离相等、对应点与旋转中心连线所成的角彼此相等的性质。

（b）了解平行四边形、圆是中心对称图形。

（c）能够按要求作出简单平面图形旋转后的图形。

（d）欣赏旋转在现实生活中的应用。

（e）探索图形之间的变换关系（轴对称、平移、旋转及其组合）。

（f）灵活运用轴对称、平移和旋转的组合进行图案设计。

Ⅳ. 图形的相似

（a）了解比例的基本性质，了解线段的比、成比例线段，通过建筑、艺术上的实例了解黄金分割。

（b）通过具体实例认识图形的相似，探索相似图形的性质，知道相似多边形的对应角相等，对应边成比例，面积的比等于对应边比的平方。

（c）了解两个三角形相似的概念，探索两个三角形相似的条件。

（d）了解图形的位似，能够利用位似将一个图形放大或缩小。

（e）通过典型实例观察和认识现实生活中物体的相似，利用图形的相似解决一些实际问题（如利用相似测量旗杆的高度）。

（f）通过实例认识锐角三角函数（$\sin A,\cos A,\tan A$），知道 $30°,45°,60°$ 角的三角函数值；由已知锐角会使用计算器求它的三角函数值，由已知三角函数值求它对应的锐角。

（g）运用三角函数解决与直角三角形有关的简单实际问题。

③ 图形与坐标

Ⅰ．认识并能画出平面直角坐标系；在给定的直角坐标系中，会根据坐标描出点的位置、由点的位置写出它的坐标。

Ⅱ．能在方格纸上建立适当的直角坐标系，描述物体的位置。

Ⅲ．在同一直角坐标系中，感受图形变换后点的坐标的变化。

Ⅳ．灵活运用不同的方式确定物体的位置。

④ 图形与证明

Ⅰ．了解证明的含义

（a）理解证明的必要性。

（b）通过具体的例子，了解定义、命题、定理的含义，会区分命题的条件（题设）和结论。

（c）结合具体例子，了解逆命题的概念，会识别两个互逆命题，并知道原命题成立其逆命题不一定成立。

（d）通过具体的例子理解反例的作用，知道利用反例可以证明一个命题是错误的。

（e）通过实例，体会反证法的含义。

（f）掌握用综合法证明的格式，体会证明的过程要步步有据。

Ⅱ．掌握以下基本事实，作为证明的依据

（a）一条直线截两条平行直线所得的同位角相等。

（b）两条直线被第三条直线所截，若同位角相等，那么这两条直线平行。

（c）若两个三角形的两边及其夹角（或两角及其夹边，或三边）分别相等，则这两个三角形全等。

（d）全等三角形的对应边、对应角分别相等。

Ⅲ．利用Ⅱ中的基本事实证明下列命题

（a）平行线的性质定理（内错角相等、同旁内角互补）和判定定理（内错角相等或同旁内角互补,则两直线平行)。

(b) 三角形的内角和定理及推论(三角形的外角等于不相邻的两内角的和,三角形的外角大于任何一个和它不相邻的内角)。

(c) 直角三角形全等的判定定理。

(d) 角平分线性质定理及逆定理;三角形的三条角平分线交于一点(内心)。

(e) 垂直平分线性质定理及逆定理;三角形三边的垂直平分线交于一点(外心)。

(f) 三角形中位线定理。

(g) 等腰三角形、等边三角形、直角三角形的性质和判定定理。

(h) 平行四边形、矩形、菱形、正方形、等腰梯形的性质和判定定理。

Ⅳ. 通过对欧几里得《原本》的介绍,感受几何的演绎体系对数学发展和人类文明的价值。

(3) 案例

[例1] 以图4-3所示的树干为对称轴,画出树的另一半。

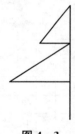

图 4-3

[例2] 请说出图4-4中乙树是怎样由甲树变换得到的?

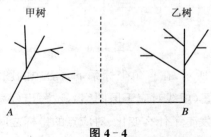

甲树　　　　　　　　乙树

A　　　　　　　　B

图 4-4

[例3] 观察图4-5中的图案,它可以看成是由哪个图形经过怎样的变换产生的?

图 4-5

[例 4]　在坐标系中描出下列各点,并将各组的点顺次连接起来:

① (2,0),(4,0),(6,2),(6,6),(5,8),(4,6),(2,6),(1,8),(0,6),(0,2),(2,0);

② (1,3),(2,2),(4,2),(5,3);

③ (1,4),(2,4),(2,5),(1,5),(1,4);

④ (4,4),(5,4),(5,5),(4,5),(4,4);

⑤ (3,3)。

观察这个图形,你觉得它像什么?

[例 5]　图 4-6 是某市旅游景点的示意图。试建立直角坐标系,用坐标表示各个景点的位置。

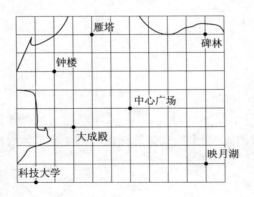

图 4-6

[例 6]　如图 4-7 所示,在直角坐标系下,(a)中的图案"A"经过变换分别变成(b)~(f)中的相应图案(虚线对应于原图案),试写出(b)~(f)中各顶点的坐标,探索每次变换前后图案发生了什么变化、对应点的坐标之间有什么关系。

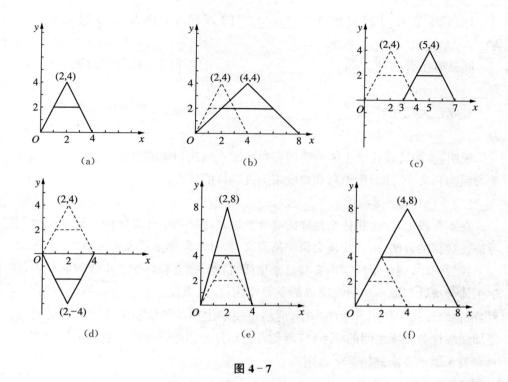

图 4 - 7

[例7]　张坚在某市动物园的大门口看到如图 4 - 8 所示的动物园平面示意图。

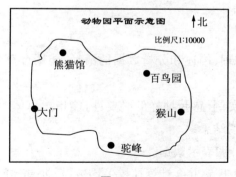

图 4 - 8

试借助刻度尺、量角器解决如下问题：

（1）建立适当的直角坐标系，用坐标表示猴山、驼峰、百鸟园的位置。

（2）填空。

百鸟园在大门的北偏东 _____°的方向上,到大门的图上距离约为_____cm。

熊猫馆在大门的北偏_____ _____°的方向上,到大门的图上距离约为_____cm。

驼峰在大门的南偏_____ _____°的方向上,到大门的图上距离约为_____cm。

说明:本题旨在让学生体会除用直角坐标系描述物体的位置外,还可以选定某个参照物和某个方向,用距离和角度来刻画物体的位置。

2.3 统计与概率

在本学段中,学生将体会抽样的必要性以及用样本估计总体的思想,进一步学习描述数据的方法,进一步体会概率的意义,能计算简单事件发生的概率。

在教学中,应注重所学内容与日常生活、自然、社会和科学技术领域的联系,使学生体会统计与概率对制定决策的重要作用;应注重使学生从事数据处理的全过程,根据统计结果作出合理的判断;应注重使学生在具体情境中体会概率的意义;应加强统计与概率之间的联系;应避免将这部分内容的学习变成数字运算的练习,对有关术语不要求进行严格表述。

(1)内容结构

① 统计。

② 概率。

(2)具体目标表述

① 统计

Ⅰ. 从事收集、整理、描述和分析数据的活动,能用计算器处理较为复杂的统计数据。

Ⅱ. 通过丰富的实例,感受抽样的必要性,能指出总体、个体、样本,体会不同的抽样可能得到不同的结果。

Ⅲ. 会用扇形统计图表示数据。

Ⅳ. 在具体情境中理解并会计算加权平均数;根据具体问题,能选择合适的统计量表示数据的集中程度。

Ⅴ. 探索如何表示一组数据的离散程度,会计算极差和方差,并会用它们表示数据的离散程度。

Ⅵ. 通过实例,理解频数、频率的概念,了解频数分布的意义和作用,会列频数分布表,画频数分布直方图和频数折线图,并能解决简单的实际问题。

Ⅶ.通过实例,体会用样本估计总体的思想,能用样本的平均数、方差来估计总体的平均数和方差。

Ⅷ.根据统计结果作出合理的判断和预测,体会统计对决策的作用,能比较清晰地表达自己的观点,并进行交流。

Ⅸ.能根据问题查找有关资料,获得数据信息;对日常生活中的某些数据发表自己的看法。

Ⅹ.认识到统计在社会生活及科学领域中的应用,并能解决一些简单的实际问题。

② 概率

Ⅰ.在具体情境中了解概率的意义,运用列举法(包括列表、画树状图)计算简单事件发生的概率。

Ⅱ.通过实验,获得事件发生的频率;知道大量重复实验时频率可作为事件发生概率的估计值。

Ⅲ.通过实例进一步丰富对概率的认识,并能解决一些实际问题。

(3)案例

[例1] 电视台需要在本市调查某节目的收视率,每个看电视的人都要被问到吗?对一所大学学生的调查结果能否作为该节目的收视率?你认为对不同社区、年龄层次、文化背景的人所做的调查结果会一样吗?

[例2] 表4-3是两个水果店1至6月份的销售情况(单位:kg),比较两个水果店销售量的稳定性。

表4-3

	1月	2月	3月	4月	5月	6月
甲商店	450	440	480	420	580	550
乙商店	480	440	470	490	520	520

[例3] 统计某商店一个月内几种商品的销售情况,对这个商店的进货提出你的建议。

[例4] 一个袋中装有2个黄球和2个红球,任意摸出一个球后放回,再任意摸出一个球,求两次都摸到红球的概率。

[例5] 如图4-9所示转动转盘,求转盘停止转动时指针指向阴影部分的

概率。

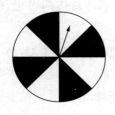

图 4-9

[例 6]　通过实验获得图钉从一定高度落下后钉尖着地的频率。（图 4-10）

钉帽着地　　　　钉尖着地

图 4-10

[例 7]　一个游戏的中奖率是 1%，买 100 张奖券，一定会中奖吗？

2.4　课题学习

在本学段中，学生将探讨一些具有挑战性的研究课题，发展应用数学知识解决问题的意识和能力；同时，进一步加深对相关数学知识的理解，认识数学知识之间的联系。

在前两个学段的基础上，教学时应引导学生结合生活经验提出课题、积极地思考所面临的课题、清楚地表达自己的观点并能够解决一些问题。

（1）具体目标表述

① 经历"问题情境—建立模型—求解—解释与应用"的基本过程。

② 体验数学知识之间的内在联系，初步形成对数学整体性的认识。

③ 获得一些研究问题的方法和经验，发展思维能力，加深理解相关的数学知识。

④ 通过获得成功的体验和克服困难的经历，增进应用数学的自信心。

（2）案例

[例]　用一张正方形的纸制作一个无盖的长方体，怎样制作使得体积较大？

说明：这是一个综合性的问题，学生可能会从以下几个方面进行思考。

① 无盖长方体展开后是什么样？

② 用一张正方形的纸怎样才能制作一个无盖长方体？基本的操作步骤是什么？

③ 制成的无盖长方体的体积应当怎样去表达？

④ 什么情况下无盖长方体的体积会较大？

⑤ 如果是用一张正方形的纸制作一个有盖的长方体，怎样去制作？制作过程中的主要困难可能是什么？

通过这个主题的学习，学生进一步丰富自己的空间观念，体会函数思想以及符号表示在实际问题中的应用，进而体验从实际问题抽象出数学问题、建立数学模型、综合应用已有的知识解决问题的过程，并从中加深对相关知识的理解、发展自己的思维能力。

第三节 《普通高中数学课程标准》的内容

1. 基本框架

高中数学课程分成必修和选修两部分，必修模块是每个学生都必须学习的数学必修课，共 5 个模块，计 10 学分。选修课程共有 4 个系列：选修 1、选修 2 的 5 个模块（计 10 学分）和选修 3、选修 4 的 16 个专题（每个专题 1 学分，计 16 学分）。学生可以根据自己的兴趣和对未来发展的愿望进行选择。每个模块 2 个学分（授课 36 学时），每个专题 1 学分（授课 18 学时），每 2 个专题可组成 1 个模块。

2. 具体内容

2.1　必修课程

必修课程是整个高中数学课程的基础，是所有学生都要学习的内容。其内容的确定遵循两个原则：一是满足未来公民的基本数学需求，二是为学生进一步的学习提供必要的数学准备。

以下是 5 个模块的内容。

数学 1：集合、函数概念与基本初等函数 I（指数函数、对数函数、幂函数）。

数学 2：立体几何初步、平面解析几何初步。

数学 3：算法初步、统计、概率。

数学 4：基本初等函数 II（三角函数）、平面上的向量、三角恒等交换。

数学 5：解三角形、数列、不等式。

上述内容覆盖了高中阶段传统的数学基础知识和基本技能的主要部分,其中包括集合、函数、数列、不等式、解三角形、立体几何初步、平面解析几何初步等。不同的是必修课程进一步强调了这些知识的发生、发展过程和实际应用,而不在技巧与难度上做过高的要求。

此外,基础内容还增加了向量、算法、概率、统计等内容。向量是近代数学最重要和最基本的概念之一,是沟通几何、代数、三角等内容的桥梁,它具有丰富的实际背景和广泛的应用。

现代社会是一个信息化的社会,人们常常需要根据所获取的数据提取信息,做出合理的决策,因此统计与概率的基本思想和基础知识是公民的必备常识。

在现代社会中,算法已经成为计算科学的重要基础,它在科学技术和社会发展中起着重要的作用。算法的思想和初步知识也逐渐成为普通公民的常识。学生将在必修课程中学习算法的基本思想和初步知识,而算法思想将贯穿高中数学课程的相关部分。

2.2 选修课程

选修课程由系列 1、系列 2、系列 3 和系列 4 四个系列组成。

(1) 选修系列 1、系列 2。在完成必修课程学习的基础上,希望进一步学习数学的学生,可以根据自己的兴趣和需求,选择学习系列 1 或系列 2,这是选修课中的基础性内容。

系列 1 是为希望在人文、社会科学等方面发展的学生而设置的,包括 2 个模块,共 4 学分。系列 1 主要有以下内容。

选修 1-1:常用逻辑用语、圆锥曲线与方程、导数及其应用。

选修 1-2:统计案例、推理与证明、数系扩充与复数的引入、框图。

系列 2 则是为希望在理工、经济等方面发展的学生设置的,包括 3 个模块,共 6 学分。系列 2 主要有以下内容。

选修 2-1:常用逻辑用语、圆锥曲线与方程、空间中的向量与立体几何。

选修 2-2:导数及其应用、推理与证明、数系的扩充与复数的引入。

选修 2-3:计数原理、统计案例、概率。

在系列 1、系列 2 的课程中,有一些内容及要求是相同的,例如,常用逻辑用语、统计案例、数系扩充与复数等;有一些内容基本相同,但要求不同,如导数及其应用、圆锥曲线与方程、推理与证明;还有一些内容是不同的,如系列 1 中安排了框图等内容,而系列 2 中安排了空间中的向量与立体几何、计数原理、离散型随机变量及其分布等内容。

（2）选修系列 3、系列 4。选修系列 3 和系列 4 分别由若干专题组成，每个专题 1 学分。

系列 3 包括数学史选讲、信息安全与密码、球面上的几何、对称与群、欧拉公式与闭曲面分类、三等分角与数域扩充等 6 个专题。

系列 4 包括几何证明选讲、矩阵与变换、数列与差分、坐标系与参数方程、不等式选讲、初等数论初步、优选法与试验设计初步、统筹法与图论初步、风险与决策、开关电路与布尔代数等 10 个专题。

系列 3、系列 4 的素材比较丰富，随着课程的发展，这些内容将进一步拓展、丰富和完善。

系列 3、系列 4 是为对数学有兴趣和希望进一步提高数学素养的学生而设置的，所涉及的内容都是数学的基础性内容，反映了某些重要的数学思想。有些专题是对中学课程中的某些内容进行的延伸，有些专题是通过典型实例介绍数学的一些应用方法。这些专题的学习有利于促进学生的发展，有利于扩展学生的数学视野，有利于提高学生对数学的科学价值、应用价值、文化价值的认识，有助于学生进一步打好数学基础，提高应用意识。所以教师不仅应鼓励那些希望在理工、经济等方面发展的学生积极选修此部分内容，同时也应鼓励那些希望在人文、社会科学方面发展的学生选修这些课程。

系列 3、系列 4 中的专题力求深入浅出、通俗易懂，以进一步提高学生分析和解决问题的能力，让学生掌握和体会一些重要的概念、结论和思想方法，体会数学的作用，发展应用意识。

对于系列 3、系列 4 的学习，教师应提倡多样化的学习方式，可以是教师讲授，也可以是在教师指导下让学生进行自主探索和合作交流，还应鼓励学生开展独立阅读、写专题总结报告等活动，力求使学生切身体会"做数学"是学好数学的有效途径，独立思考是"做数学"的基础。

第四节　中学数学教学内容的编排原则与体系

中学数学课程内容确定以后，按什么样的体系编排，才符合数学教学的客观规律，也是非常重要的问题。

1. 编排原则

1.1 心理原则

心理原则主要包括三层涵义。

① 中学生的思维发展规律是由具体形象思维到经验型抽象思维,再到理论型抽象思维的。因此,编排课程内容时,要使数学内容的抽象程度与学生思维发展的各个阶段相适应。

② 编排课程内容时,要符合学生的认识规律,由浅入深,由易到难,循序渐进,要由感性到理性,由实践到理论再到实践。

③ 课程内容的编排要有利于发挥迁移的效果,做到先行知识的学习与后继知识的学习能互相促进,提高效益,即前者启发后者,后者巩固前者。

1.2 系统性原则

系统性原则主要包括以下几方面的要求。

① 数学课程内容的编排必须具备逻辑性,即数学概念和命题的排列必须依它们赖以存在的思维顺序展开。数学是一门演绎科学严谨的学科,逻辑性是它的主要特征之一,因此一切数学概念的展开都应以概念间的内在联系为依据,并形成概念系统,而所有数学命题的建立也要以学科公理为基础,并用逻辑推理的方式来证明。

② 数学课程内容的编排应具备连续性。一方面,数学知识间的过渡应该连续,对于抽象水平较高的概念、原理和数学思想方法应采取逐级渗透的方式作统筹安排;另一方面,代数、几何与分析等学科内容之间要有相对应的认知水平,使各科教材在同一时期有同一发展水平,在不同时期又有连续的发展。

③ 课程内容的编排必须具备层次性,才能使教材成为一个前后相继的结构系统。按照奥苏贝尔关于教材呈现方式的逐步分化原则,数学课程必须首先安排最一般、最基本的概念和原理,然后逐步呈现其下位概念和下位原理,这种编排方法使教材具有层次性。

④ 课程内容的编排应体现统一性,即必须从整体上安排数学课程内容的体系,用统一的(特别是现代数学的)观点来处理各科内容,这不仅有利于学生把握数学的本质及其内在联系,更有利于学生获得系统的、完整的知识。

1.3 一体化原则

课程、教材、教法的一体化是数学课程内容编排的又一条重要原则。一方面,课程计划是学校课程的总体规划,数学教学大纲体现了数学课程的目标和要求,而数学教材作为数学课程内容编排的结果则是数学教学大纲的具体化;另一方面,适宜的教学方法是贯彻数学课程要求、帮助学生掌握数学知识并形成数学能力的保证。因此,课程、教材、教法是不可分割的整体。为了贯彻一体化原则,在编制数学课程内容的过程中,不仅要反映数学课程的目标和教学要求,而且要充分体现学生学习数学的心理过程,严格遵循数学教学论的各项原理。同时,编制的数学教材应当包含教学法的提示因素,为教师运用和开拓适宜的教学方法创造条件。

1.4 兼顾性原则

编排课程内容的兼顾性原则是由中学数学课程的多元性所决定的。课程内容的编制要兼顾多种制约因素,处理好多种关系。如照顾到初、高中的分段及与物理、化学等相关学科的相互配合。

2. 体系

课程的内容体系指的是课程内容排列所展现的知识序列及知识间的内在联系。数学课程的内容体系,就是把数学的一个分支学科中经选择而得到的内容进行教学法的加工而形成的知识系统。组织编排已经确定的数学课程内容并使之成为便于教与学的内容体系的关键在于处理好知识的逻辑结构与学生的心理结构的关系。由于编排时侧重点的不同,数学课程体系就形成了两种基本形式,即直线式和螺旋式。

2.1 直线式体系

所谓直线式,就是指把一门数学学科的课程内容或其中一个课题的内容按照知识本身的逻辑结构来展开,使各种知识在内容上均不重复的编排形式。这种编排形式源于赫尔巴特的理论,这种理论认为课程设置的目的就是传授知识,编排内容时应注重知识的逻辑结构而忽略学生的心理结构。直线式体系的优点是有利于加大学习容量,加快学习进度、节省教学时间。由于学生学习以这种形式编排的课程内容时在不断接受新知识,因而直线式体系也有利于提高学生的学习兴趣。这种体系比较适合于思维能力较强的学生,但也易造成学生学习不扎实、掌握知识不牢固并导致班级教学中出现"两极分化"现象。

2.2 螺旋式体系

螺旋式是一种循环编排课程内容的方式,把同一课题内容按深度、广度的不同,安排在不同的阶段重复出现,每一次重复都将原有的知识进一步加深拓宽、逐级深化。这种体系源于布鲁纳的《教育过程》,他认为课程应围绕学科的基本概念和基本原理来组织,并以螺旋上升的方式来展开。螺旋式体系的优点有以下两点。

① 从学科的逻辑系统看,它将课程内容按由简到繁、由易到难的逻辑进行组织,重视学科的基本概念和基本原理。

② 从学生心理发展的角度看,它重视学生的认知结构及其发展阶段,重视将认识逐步深化的过程,因而有利于知识的掌握和学生认识能力的发展,也有利于学习的正迁移。这种体系比较适合于思维能力较弱的学生,但这种体系需要较多的教学时间,而且如果重复过多,也会降低教学效率和学生对学习数学的兴趣。

我国现行的中学数学课程采用了直线式与螺旋式相结合的体系。如初中平面几何教材中的内容基本上是按照直线式体系来安排的,这样有利于精简叙述,节约课时;而代数教材中的方程、不等式、函数等知识内容,却是按照这些内容的深度和广度分为不同的层次,在不同年级采用螺旋式编排的。这样的编排方式有利于适应学生的心理和认识水平,在早期的数学教学中渗透一些现代数学的思想观点。

【思考题】

1. 中学数学课程内容的选择标准主要有哪些?
2. 简述《全日制义务教育数学课程标准》的内容领域。
3. 简述《普通高中数学课程标准》的内容。
4. 数学课程内容的编排原则主要有哪些?
5. 简述数学课程内容排列体系的特点,并分析我国现行的中学数学课程体系特点。

第五章 中学数学的教学过程与原则

【导语】 中学数学教学活动的各个要素都有各自独立的地位和作用,它们之间的关系是相互影响、相互作用的。而教师教学追求的最佳境界是根据培养目标和数学教学任务,结合学生、教师和教学环境的实际,按照教学规律和教学原则的要求,选择或制定最优化的数学教学模式和方案,并在教学的全过程中实施,以用不超过规定的时间和精力,取得最佳效果。

第一节 中学数学教学过程概述

数学教学过程是教师的教和学生的学的双边活动的统一,在这一过程中,学生掌握数学知识和技能,发展数学能力和态度,最终具备一定的数学思维。

1. 中学数学教学活动的要素

1.1 学生——教学活动的主体

数学教学活动是为学生组织的,没有学生就没有必要组织数学教学活动。学生是学习的主体,是数学认识和实践活动的主体,是数学教学活动的根本因素。学生这个要素主要指学生的身心发展水平、个性特点、已有的数学知识结构、数学能力倾向和学习前的准备情况。

1.2 数学教师——教学活动的引导者

数学教师不仅是数学教学活动的组织者,也是学生进行数学学习的引导着。在教学活动中,学生有或多或少的自学活动,但这种自学活动是在教师指导下的活动,仍然是数学教学活动,要依靠数学教师发挥主导作用。数学教师这个要素主要指教师的思想和业务水平、个性修养、综合素质、教学态度、教学能力等。

1.3 数学教学的目的和具体目标

组织数学教学是为了达到一定的教学目的。数学教学的目的是数学教学活动必不可少的要素之一。教学目的有远的、有近的、有比较抽象的、有比较具体的。

不同层次的目的所包括的范围大小也可能不一样,大层次目的为一个现代公民应具备的数学素质和各级各类人才的培养规格,中层次目的为数学学科该完成的教学任务,小层次目的为一个学习单元或一节课所应完成的具体内容,以及学生的学习动机、情感发展和能力发展等方面的培养目标。

1.4 数学课程、教材、教具和学具

在数学教育中,教学目的主要依靠数学教学内容即数学课程去完成。数学课程是数学教学活动中最有实质性的因素。它是指数学知识、技能、思想、方法、问题(例、习题)等方面内容组成的结构或体系。数学课程具体表现为数学课程方案、教学大纲、数学课程标准、数学教材(包括文字教材及音像教材)、参考书、教具和学具(实物或模型)等。

1.5 教学方法

数学教师根据并运用课程教材,依靠教学方法来教导学生,从而达成教学的目的。教学方法也是教学活动的一个要素,它包括教师在课内和课外所使用的各种具体、显见或潜移默化的教学方法、教学艺术、教学手段和各种教学组织形式。

1.6 教育环境

教学参与者和教学活动都必须在一定的时空条件下进行,这一定的时空条件指的是有形的和无形的教学环境。有形的教学环境包括校园内外的美化情况,教室设备和布置是否齐全、合理与整洁,教学设备的配置程度,教学时的气候与温度以及教室内或教室附近的人、物或突发事件等。无形的环境包括师生之间、同学之间的人际关系,校风,班风,课堂教学气氛,教师的教学技能、心境、情绪,学生的学习态度、心境、情绪,班级的学习气氛等。大环境如学校或所在地正在进行的数学教学改革,小环境如学校或上级教育部门组织的数学教学比武、数学竞赛等。这些环境条件是教学活动必须凭借的而又无法摆脱的,因此它也是教学活动的一个要素。

1.7 教学反馈

数学教学是教师与学生之间进行信息传递和信息交流的相互活动。这种信息传递及交流进行得如何,要靠教学反馈来表现。教学是一个有目的、有方向、完整、有序、复杂的信息传递系统。在这一系统中,教师既是教学信息的传输者,又是学生反馈信息的接收者。学生也不是简单的信息接受者,而是在其内部对信息进行加工与处理,并且将加工与处理的信息通过一定的方式输出,这个输出的信息对教师来说就是反馈信息,教师依据这种反馈信息对自己的整个教学活动状态做出分

析与判断并进行必要的修正和调整。而学生从教师那里获得自己有关学习行为及其效果的反馈，并根据来自教师的反馈信息，对自己的学习活动进行反思与总结，及时修正与调整自己的学习行为及方式，使自己的学习处于一种正常而积极的状态。当然，并不是任何教学反馈对教学都是有益的，有益的反馈（检验、自我评价等）会大大地完善教学过程并使其更有效率。

2. 中学数学教学活动诸要素之间的关系

中学数学教学中的七个要素有各自独立的地位和作用，它们之间的关系是相互影响、相互作用的。

学生是学习的主体。所有的数学教学要素都是围绕学生这一主体来组织安排的，而数学教学的效果与质量也通过学生的反馈体现出来。因此，学生是数学教学活动的出发点和落脚点。在整个数学教学活动中，学生位于中心地位。

数学教学目的一方面受社会发展、数学本身的特点制约，另一方面受学生的发展制约，在这两重制约的结合点上形成了不同层次的教学目的。形成之后的数学教学目的又制约着数学教学活动的全过程，而数学教学活动的全过程又都是为达成数学教学目的而进行的。课程、教材与教法直接受数学教学目的制约，而数学教学目的又主要通过具体的课程与方法而实现。

就数学课程与教材来说，教学课程受制于教学目的，也受制于决定目的的两个条件——社会的发展与教学参与者本身的发展。这两个条件不仅决定着数学教学的方向，同时也决定着数学课程的内容，因此直接制约数学教学内容的是社会需要、文化科学技术的发展水平和学生身心各方面发展的程度。可见教学课程是数学教学活动中最具有实质性的东西，在教学活动中占有特别重要的地位。

教学方法主要受制于数学课程和学生。它是为把课程的内容转化为学生的知识、能力、思想、感情，最终实现教学目的而服务的。在方法运用教学的过程中，会发现教学方法受到教学环境这一客观条件的制约。教学方法是由教师来掌握的，因此，教师的教学能力水平对教学方法产生的效果有着至关重要的作用。

教学环境主要受制于外部条件。这些条件包括物质的和精神的，可控制的和不可控制的。教师有责任和学生一起创造和控制环境，使环境对数学教学活动产生有利的影响，减少或避免不利的影响。环境在一定程度上制约着数学教学过程，而教师和学生在一定程度上也能制约和影响教学环境。

教学反馈贯穿于整个教学活动过程。教学过程就是教与学的双方利用相应的教学反馈信息，不断调整各自的行为及方式，有效完成教学任务、实现教学目标的过程。教学初始,教师与学生都需要通过回馈式反馈做好教学的各种准备,教学进行中,教与学的双方都需借助各种反馈信息,以不断调整自己的教或学的行为。教学活动结束时,教学双方都要根据有关教或学的反馈结果,来强化各自适应的行为和巩固成功的经验,并使错误得到有效的纠正。没有教学反馈,就不是完整的教学。反馈包括大量的动态信息,如学生听课时的表情、情绪、精神面貌,回答问题的情况(包括口头回答和板书展示),作业完成的情况(包括课堂作业和课外作业),检测试卷的得分情况,学生对数学教师的看法或对数学的兴趣等。反馈虽然是师生双方自然而然表现出来的,但重要的是要靠教师有意识地去捕捉来自学生的反馈信息。只要数学教师认识到反馈这一要素的重要性,同时经常注意反馈信息,教师就可以获得这方面的大量信息,并可以以之作为一种重要的参照系数来改进数学教学工作。

上述六个要素都会对教师产生影响,它们在一定程度上制约着数学教师的活动,且大多通过教师来影响学生的学习活动。教师可在整个教学过程中发挥自己的主动性,去调整、理顺各要素(包括教师自己这个要素)之间的关系,使其最优化,以获取最大的教学效果。由于教师处于一个关键的中介地位,因此教师在教学活动中起着主导作用。这种主导作用所产生的教学效果如何,最终还得由学习的主体——学生来检验。

数学教学的最终任务是要实现教学目的,而数学教学目的是否达成是通过学生体现的。在整个数学教学过程中,环境都会对教师和学生产生有利的或不利的影响,而教师和学生也会对环境发生反作用,因此教师应设法控制或适应环境,使环境对学生的学习产生有利的影响。在整个数学教学活动中,教师在教学中起着主导作用,而数学教学活动就是为了使学生能顺利学到数学知识,最终达到教学目的。可以说,教学一切为了学生,一切教学目的和教学任务都必须通过学生才能完成,所以,学生是学习活动的主体。

3. 中学数学教学过程的优化

数学教学过程的优化,就是根据培养目标和数学教学任务,结合学生、教师和教学环境的实际,按照教学规律和教学原则的要求,选择或制定一个最优化的数学教学方案,然后实施这个方案,用不超过规定的时间和精力,取得最佳效果。这个最佳效果就是全班的每个学生都能获得最合理的教导、教育、发展和引导。数学教学过程优化的基本精神就是讲究教学效率,即"高质量、低付出"。教学中会存在下面所说的现象:教师在数学教学过程中设计的某个教学方案,在一个班教学取得成功,而在另一个班却失败,这说明固定的教学模式是不存在的。最优化的思想通过强调具体情况具体分析,反对"一刀切",从而引导教师进行创造性的教学工作。

数学教学过程的最优化是由数学教学过程各阶段的最优化状态共同构成的。数学教学过程的最优化指的并不是特别的教学方法和教学手段,而是指在教学规律和教学原则的基础上,教师对数学教学过程的一种有明确目标的设计,是教师有意识的、科学的选择,这种选择是最适合于数学课堂教学和整体教学过程的设计方案。用这种方案进行教学能使教师和学生花费最少的时间和精力获得最好的效果。

3.1 数学教学过程优化的现代教学理念

数学教学过程的优化是为了提高教师的工作效率、强化过程评价和目标管理,应体现的现代教学理念主要包括以下内容。

（1）关注学生的进步或发展

首先,要求教师有"对象"意识。教学离开"学",就无所谓"教"。教师必须承认学生的主体地位,树立以学生为本的思想。其次,要求教师有"全面发展"的意识。学生的发展是全面的发展,而不是某一方面（如智育）的发展。数学教师要把数学学科价值定位在对学生全面发展的培养上。

（2）关注教学效率

教师要有时间与效率的观念。教师在教学时既不能跟着感觉走,也不能简单地把"效率"理解为"花最少的时间教最多的内容"。教学效率不同于生产效率,它不是取决于教师教多少内容,而是取决于单位时间内学生的学习结果与学习过程综合程度的结果。

（3）关注可测性或量化

数学教学目标要尽可能明确与具体,以便于教师检验工作效率,但是并不能简单地说量化就是好的、科学的。有效教学既要反对拒绝量化,又要反对过于量化。应该科学地对待定量与定性、过程与结果的结合,全面、真实地反映学生的学业成就和教师的工作表现。

（4）教师需具备反思的意识

每一个数学教师要不断地反思自己的日常教学行为,持续地追问:"什么样的数学教学才能适合我的学生"、"今天的教学优秀吗"、"本章的教学能优化吗"、"有没有比今天更有效的教学"。

3.2 数学教学过程优化的策略

数学教学过程的优化是需要策略的。这里的"策略"是指教师为实现数学教学目标或教学意图而采用的一系列具体的问题解决行为方式。

按目标管理的教学流程,可把数学教学过程的优化策略分为三个阶段:教学的准备策略、教学的实施策略和教学的评价策略。数学教学过程的优化需要教师掌握有关的策略性的知识,并据此来划分教师在处理每一阶段的过程中所表现出来的种种具体的问题解决行为方式,以便于自己面对具体的情景做出决策,但并不要求数学教师掌握每一项技能。

教学准备策略主要指教师在课堂教学前所要处理的问题解决行为,是教师进行教学方案设计时所要做的工作。它主要涉及形成数学教学方案所要解决的问题,即教师在准备教学时,必须确定数学教学目标。准备教学材料、形成教学方案等。

教学实施优化的策略应实现由重知识传授向重视学生发展转变;由重视教师的"教"向重视学生的"学"转变;由重结果向重过程转变;由统一规格教育向差异性教育转变。

现代教师所面临的挑战,要求教师更新教学评价观念,随时对自己的工作及专业能力的发展进行评估,树立终身学习的意识,保持开放的心态,在实践中学习,不断对自己的数学教学和学生的学习水平进行研究、反思、评价,从而对自己的知识与经验进行重组,以适应不断变革的新形势。

3.3 教学过程最优化的基本要求和对教师的要求

(1)教学过程最优化的基本要求

① 数学教学目标的优化。

② 教学内容安排的最优化。

③ 数学教学方法的最优化。

④ 习题、练习的优化。

(2)教学过程最优化的对教师的要求

教师在课堂上所扮演的角色直接影响教学效果。按照教学过程优化的要求,教师应帮助学生制定适当的学习目标,并确认和协调达到目标的最佳途径;指导学生形成良好的学习习惯,掌握学习策略;创设丰富的教学环境,激发学生的学习动机,培养学生的学习兴趣;为学生的学习提供各种便利条件和服务;建立一个民主的、支持性的、宽松的课堂气氛,营造良好的情感教学环境;作为学习的参与者,与学生分享自己的情感和想法;和学生一道寻找真理,并且能够承认自己的过失和错误;敏捷地捕捉来自学生的反馈信息,并及时做出相应的反应与改进;做到从实际出发,了解学生的知识基础、思维能力、学习目的和学习态度,分析学生掌握教材的能力和正确估计学生在学习过程中可能出现的问题,弄清难点和疑点,进行最优化的教学设计。

3.4 促进教学过程优化的师生活动方式

（1）学生学习方式

学生的学习主要依赖于两种方式,一种是接受式学习,一种是探究式学习,这两种学习方式相辅相成,缺一不可。优化的学生学习方式是在继承传统的接受式学习的基础上,增加研究性学习、探究性学习、体验性学习和实践性学习,实现学习方式的多样化。

（2）教师教学方式

① 引导学生将知识转化为能力

新课程的显著特征是通过知识学习和教学过程,帮助学生将知识转化为能力。课改后的新教材中许多教学内容均由问题引出,让学生边学边提出解决问题的思路和设想,引导学生用所学到的知识解决生活中的实际问题,让学生体验生活中和身边的数学,同时在学完每一部分知识后,教材都设计了综合实践活动,让学生运用所学的知识,向课外拓展。所以,怎样帮助学生实现由知识向能力的转化是教师要研究的问题。

② 积极开展数学探究、相互交流、合作学习的教学方式

新课程改革的目的是让每一个学生的脑子和手都动起来,促进学生形成主动学习的愿望和积极参与的意识,使其成为真正的学习主体。所以,教师要引导学生开展数学探究的数学活动,改善教与学的方式,相互交流、合作学习,实现学生主动地学,高效率地学。

③ 淡化形式化教学,注重应用与创新

在当前全面推进以培养学生创新精神和实践能力为重点的素质教育进程中,教师应该重新认识如数学实验等非逻辑化的数学方法和教学方法及其地位和功能意义;注重实验、直觉、形象思维等非逻辑地揭示知识的形成和发展过程,让学生左右脑并用,从而把握数学的本质;培养数学能力,使学生在这种情境中进行实验学习、发现学习、建构学习。学生对知识形成的过程,对问题的观察、发现、解决、引申、变化等过程进行模拟和实验,指导数学应用,从而实现高效低负

的目的;在实验和应用过程中,让学生体验发现问题和解决问题的乐趣,发展学生的实践和创新能力。

④ 注重学生个性和健全的人格发展

素质教育和新课程对中学数学的要求不仅是数学的知识和能力方面的要求,还要形成数学的观念和意识,并且要在教学中更多地关注学生健全人格的发展,提高他们的综合素质,使他们学会学习、学会合作、学会竞争、学会创造,为学生的可持续发展奠定基础。数学教学不仅要求学生掌握数学的知识、技能和能力,而且也要承担培养学生健全人格、全面提高综合素质的任务;数学教学作为数学思维活动的过程,对学生来说不仅是一个特殊的认识过程,也是一个心理体验过程。数学教学中,要伴随着学生的认知活动,进行情感激发、兴趣培养、意志锻炼和潜能开发,以促成学生良好的个性品质和健全人格的形成。

⑤ 以人为本,渗透人文教育

由于以人为本的新教育观特别重视人的积极性、能动性和创新性,所以它已成为素质教育的一个重要组成部分。随着科技的进步和发展,数学思维活动已迁移到文化道德、思想修养、智育、美育的素质范畴,形成了独具一格的数学文化。学习数学不仅是为了获取知识,更要通过数学学习接受数学精神、数学思想和数学方法的熏陶,培养思维能力,并把它们迁移到学习、工作和生活中去。今日的数学兼有科学与技术的两种品质,它不但具有计算和科技应用的功能,更是一个现代人必备的基本素质。数学中蕴含着丰富的人文教育因素,优秀的数学教师应当充分利用这些因素,提高学生的人文素养。

第二节　中学数学教学的主要工作

1. 课前工作

上课前的一切准备工作统称为备课。无论教师的知识经验多丰富,如果不认真备课就难以将课本知识系统地传授给学生。教师备课是形成教学能力的过程,这一点具体表现在三个转化上:一是把教材中的知识转化为教师的知识;二是把对教学工作的安排转化为教师教学活动的行为指导;三是把教师掌握的教材内容转化为学生的知识。备课包括钻研教学大纲(或课程标准)、钻研教材和参阅相关资料、了解并研究学生情况、制订学期和章节教学计划、设计并编写教案等。整个备课工作一环扣一环,各项工作相互联系,相互促进,构成一个整体。

1.1 研究教学大纲(或课程标准)

国家教育部颁布的各种数学教学大纲(或数学课程标准)是法令性文件,具有教学的法律和法规的性质。大纲不仅是教师制订具体的教学计划和编制教案的依据,也是评价教师的教学水平和学生的学习效果的重要标准。教师在备课时要深入研究大纲(或标准),深刻领会大纲(或标准)的精神,把其中的各项要求贯彻执行于教学的全过程。研究大纲(或标准)时,不仅要研究现行的大纲(或标准),还要研究旧大纲甚至国外的大纲,新与旧、国内与国外进行对比,找出异同,以便于更有效地落实新大纲(或标准)和进行新的教学改革,做到有的放矢。

无论是学期备课、章节备课还是课时备课,均要从以下两方面来研究教学大纲(或课程标准)。

(1)研究教学目标

大纲(或标准)规定的数学教学总目的(或课程总目标)具有宏观指导作用,体现教学方向。总目的和任务不可能在哪个学段或哪个章节的教学中完成,要靠每一章、每一节、每一课时的教学去体现和落实。

大纲(或标准)在列出每一章教材的教学内容后,都明确给出了由总教学目标分解出来的该章的具体教学目标(或教学要求)。大纲将各章的具体目标分为了解、理解、掌握、灵活运用四种层次,这既是对各知识点教学广度和范围的描述,也是对教学难度和深度的刻画。了解包括对知识的含义有感性的、初步的认识,能够说出这一知识是什么,能够(或会)在有关的问题中识别它。理解包括对概念和规律(定义、定理、公式、法则等)达到理性认识,不仅能够说出概念和规律是什么,而且能够知道它是怎么得出来的,它与其他概念和规律之间的联系及用途。掌握是指在理解的基础上,通过练习,形成技能,能够(或会)用它去解决一些问题。灵活运用是指能够综合运用知识并达到了灵活的程度,从而形成了能力。教师对教材的加工整理和呈现方式的设计,及对例题、习题的选择与编排,都必须以大纲中的教学目标为标准。

另外,数学课程标准中还对过程与方法以及情感态度与价值观两个方面的目标采用了相应的行为动词表示应达到的水平,教师在教学过程中也必须严格落实。

(2)研究大纲(或标准)对数学课堂教学的要求

大纲(或标准)中通过"教学中应注意的几个问题"或"教学建议"对数学教学提出了要求。这些要求既涉及现代教学思想和具体贯彻执行的重要的数学教学原则,也涉及教学方法的选择和现代化教学手段的运用,指明了数学课堂教学改革的方向。因此,教师备课的重要内容就是研究大纲中提出的教学要求或标准中提出的教学建议,并在教学中落实各项要求和精神。

1.2　研究教材

教材是师生实施教学的重要依据。教师必须反复钻研、反复推敲教材,弄清教材的知识结构、各部分教材在整体中的地位和作用,弄清知识间的联系、分清主次,准确地突出重点、合理分类、掌握规律和加强实践。研究教材,包括研究教学参考书及其他资料,包括研究与中学数学教学有关的刊物和数学教育类的书籍等。

研究教材要解决以下几个方面的问题。

（1）掌握教材的基本结构

布鲁纳的结构主义理论认为:"无论教什么学科,务必使学生理解该学科的基本结构。"这是现代教学思想的一个基本点。学科的基本结构是指该学科的基本概念、基本原理和内部规律,其中基本原理是构成该学科理论的基本定理、公式和法则;内部规律不仅包括基本概念之间的联系和基本原理之间的联系,也包括学科的基本思想和基本方法。

数学教师要从以下三方面掌握教材的基本结构。

① 要逐字、逐句、逐步地推敲教材或教学参考书中的定义、公理、定理、公式与法则,抓住揭示其本质属性的关键字句,搞清它们的逻辑结构,把握教材的科学性。明确一个章节、一个单元或一节课教材内容中重要的基本概念和基本原理。广义上说数学教学大纲中规定的教学内容都属于基本概念和基本原理的范畴。严格地讲,只有那些在数学的各个分支学科中具有基础作用,在其他学科和社会生产、生活的各个领域中应用十分广泛,而且在学科教材体系结构中起同化作用的概念和处于下位的原理才具有广泛的迁移性,才是重要的数学基本概念和基本原理。函数的概念与定义域的概念相比,显然函数是重要的基本概念。只有区分出重要的基本概念和基本原理,才能把握住教材的重点,课堂教学才有主次之分。

② 掌握基本概念之间、基本原理之间的联系,了解各部分内容的来龙去脉,从内在的逻辑关联出发,构建整个教材的知识体系。

③ 明确基本的数学思想和数学方法。数学思想和数学方法是数学基础知识的重要组成部分,它比具体的数学概念和原理具有更高的抽象性和更大的概括性,是数学基础知识的核心和灵魂。因此,教师钻研教材的重要任务就是明确教材中基本的数学思想和数学方法。

（2）明确教材的地位和作用

明确教材的地位，是指明确某一章、某一单元或某一节的教材在整个教材知识体系中所处的位置，从与前后知识的关联中区分其地位之主次。明确教材的作用，不仅包括教材在后继知识学习中的作用，而且包括教材在其他学科和社会生产与生活中的应用，这样就为把握教学的深度、广度和科学地安排例题、习题奠定了基础。

（3）掌握教材内容的科学性、实践性与思想性

掌握教材内容的科学性有三个方面的要求：一是考察教材内容的逻辑性；二是挖掘教材内容潜在的科学性；三是把握教材的逻辑结构。

考察教材的实践性时，教师应着重研究两个问题：一是教材内容的呈现形式，如果知识的呈现与学生的生活实际和社会生产实际缺乏密切的联系，则要选择实际生活中的问题去创设问题情境；二是作为范例的例题及学生课后的习题与社会实践的相关性，并采取适当措施强化数学教学的应用性。

掌握教材的思想性主要包括：一是要通过研究教材去发现教材中的辩证唯物主义因素，以便结合课堂教学进行辩证唯物主义观点的教育，促进学生形成科学的世界观；二是要挖掘教材中的育人因素，教学中运用丰富的数学史料及新颖且富有挑战性的智力问题，激发学生学习数学的兴趣和积极性，陶冶学生的情操，培养他们坚忍不拔的意志、实事求是的科学态度和勇于创新的精神。

教学参考书是对教材的补充和说明，它对整个教材进行分析，列举了每章的教学目标、重点、关键点及教学时间的分配，为教师备课提供了重要的参考。教师要仔细阅读和认真研究，吸取好的教学经验，提高自己的教学水平，但不能盲目照抄资料，不着边际地引用补充的例题和习题。

1.3 了解学生情况

教学是教与学的双边活动，学生既是教学的对象，又是学习活动中认识的主体。要实现教学过程的优化，就必须根据学生的实际水平去备课。教师通常需要了解学生以下情况。

（1）了解学生的思想状况

学生的思想状况包括对学习的认识程度和学习目的，学习的自觉性、积极性和学习态度，班级的学风，学生对数学的爱好及其数学基础状况等。教师要通过深入班级与学生谈心，以及批改作业、课堂提问、观察等方式，对学生的思想状况有基本的了解与把握，以便准确设定教学目标、选择教学模式和教学方法。

（2）了解学生的学习情况

学生的学习情况包括知识基础与知识结构、学习能力与智能结构、学习方法和学习习惯等,研究以上情况是为了正确确定教学难点、选择教学方法和实施学法指导。

（3）了解学生的心理特征

学生的心理特征包括思维方式与思维品质,学生的个性差异及每个学生的兴趣、爱好和特长等,了解这些情况的目的是为实施个别化教学与合作学习奠定基础。

（4）了解学生的家庭表现

向家长了解学生在家中的自学情况及对数学学习的兴趣和偏好,听取家长与学生对学校及数学教师的要求和意见。

为了全面地了解学生,目前比较流行的做法是给每个学生建立成长卡片,记录他们的学习态度、接受能力、思维能力、学习成绩、作业完成情况、课外探究记录等。经过一段时间的记录,教师就会对学生的学习情况了解得比较清楚,为教学的起点和教学方法的选取提供依据。

1.4　制订教学计划

教学大纲（或课程标准）虽然对每学年的教学进度、内容都有明确的要求,但如何根据所教班级的实际情况落实大纲的要求,还需要教师进行认真、深入、细致、全面地考虑,制订出切合实际的学期工作计划。在计划执行过程中,教师还要及时检查教学工作计划,总结经验教训,查漏补缺,不断完善教学计划,为提高教学质量积累必要的资料。

学期工作计划主要包括指导思想、教学目标、学生的学情分析、教学对策、具体章节的授课时数安排等。

1.5　教案设计与编写

教案设计包括教学要素设计和教材处理。好的教案设计是课堂教学过程优化的必要环节。目前,新课改体系下,“教学设计”一词也经常被提起,从一定角度看,教学设计相当于教师平时上课的教案,只不过教学设计比较正规,注重过程和理论,而教案则要求比较宽松、笼统,可以是详案,也可以是简案。从严格意义来讲,好的教案设计应该包括教学设计,为此,本章不将它们进行区别,并侧重于讨论教师平时的教案设计。撰写教案设计不但可以训练教师的写作能力,同时具有预测、记录、评价、研究和提供教学评价的原始材料等功能与价值。从实践层面来看,教案设计可体现三方面的价值：一是使用价值，二是科研价值，三是交流价值。中学数学教学设计必须坚持的原则有：一要继承与创新；二要让学生参与数学教学活动；三要解释思维过程；四要坚持最优化。具体可按下列步骤操作：

（1）教学要素的设计

① 确定教学目标

数学教学目标是教师专业活动的灵魂，也是每堂数学课的方向，是判断教学是否优化的直接依据。教师在备课中要根据数学教学大纲（或课程标准）中对各章教学目标的要求，具体细化到每节课的教学目标。我国现行的《高中数学教学大纲》规定的目标为认知目标、能力目标、情意目标；《全日制义务教育数学课程标准》规定的目标为知识与技能、数学思考、解决问题、情感与态度；《普通高中数学课程标准》规定的目标为知识与技能、过程与方法、情感态度与价值观。教师应根据所采用的大纲或标准作相应的分解与划分。每节数学课前，教师都要制定明确的、切实可行的数学教学目标，既不要超过现行教学计划所规定的课堂教学时间（包括课外作业的时间），又要防止出现师生过度紧张和疲劳的现象。教学目标既不要定得太高，也不能太低，根据最近发展区的理论，要恰如其分，让学生通过努力后能够实现目标。

② 确定教学的重点、难点和关键点

教学设计时必须确定教学重点和难点，这对顺利组织课堂教学活动，提高教学质量，实现教学过程的最优化具有重要意义。

"重点"就是教材中贯穿全局，带动全面，应用广泛，起核心作用的内容，它由教学内容本身所处的地位和作用来确定。通常教材的定义、定理、公式、法则以及它们的推导和重要应用，各种技能和技巧的培养和训练，解题的要领和方法，图形的制作和描绘等，都可定为教学重点，如函数、圆的定义、标准方程、性质和图像等是重点。但重点又具有相对性，如相似形是平面几何的一个重点，但在相似形中相似三角形是重点，在相似三角形中相似三角形的三个判定定理是重点，在三个判定定理中第一个判定定理是重点等。

"难点"就是教材中学生理解、掌握或运用上有困难的内容。难点是针对学生而言的，也具有相对性。它是由学生的认识能力和知识要求之间的差距所确定的。一般来说，教材中较抽象、结构较复杂、本质属性较隐蔽、要用新观点和新方法处理的教学内容多属难点。如用二分法求方程的近似解、反证法、同一法、函数的概念等均是难点。教师要从教材本身的特点、教学过程的矛盾、学生的心理障碍等方面进行综合分析而确定教学难点。

有的内容既是教材的重点,又是难点。如点的轨迹、极坐标和参数方程、排列组合的应用等既是重点,又是难点。

"关键点"就是理解、掌握某一部分知识或解决某一问题的突破口。它是攻克难点、突出重点之所在,往往起柳暗花明的转折点的作用。一旦掌握好关键点,其他部分的学习就迎刃而解了。如"三角形内角和"一节中,重点是掌握定理,难点是定理的证明,而证明中辅助线的添置是关键;在对复合函数进行求导时,分析复合函数中的复合关系、掌握复合函数的求导法则是关键。

③ 确定教学模式与教学方法

教师要根据教学的内容与学生的实际情况,结合概念课、命题课等新授课以及练习课、复习课等不同课型,设计不同的教学模式和教学方法。例如概念课与命题课等新授课可采用引导发现模式、自学辅导模式或合作教学模式,复习课则宜采用开放性教学模式或合作教学模式。

要使数学教学效果达到最优的程度,就必须对教学方法进行选择并能合理地加以组合运用。

第一,选择数学教学方法的准则。选择数学教学方法要根据教学目的与任务(是新知识的传授与学习,还是形成某种技能,或复习、巩固旧知识),教学内容的特点(是引入和讲授概念还是定理公式的获得、证明和应用,或计算、作图等),学生的实际状况(年龄特点、知识基础和心理准备等特征),教师自身的特点,教学时间和效率的要求(好的教学方法应该是高效低耗的),教学环境对教学的影响以及采用的教学手段(是利用幻灯或其他电化教学手段,还是多媒体教学课件,或是借助计算机进行数学实验、探索数学内部规律或者建立数学模型等)。

第二,数学教学方法的选优程序。数学教学方法的选优程序原则上是从整体到局部,先确定整体构思再逐步细选。

巴班斯基将选优程序确定为下列七个步骤:决定是选择由学生独立学习该课题的方法还是选择在教师指导下学习该课题的方法;决定选用再现法还是探索法;决定选用归纳法还是演绎法;决定如何选用口述法、直观法和实际操作法;决定选用哪些激发学生学习动机的方法;决定选用哪些检查和自我检查的方法;认真考虑各种教学方法相结合的"备用方案",以供在完成作业和复习中发现学生可能出现的问题和偏差时选用。

④ 学生的学法指导

现代教学论认为,学生应该实现从"学会"到"会学"的转变,教师不能仅仅满足于在课堂 45 分钟内提高效率,而应着眼于学生未来的发展,让他们学会学习。教师在研究教法的同时,要更加关注学生的学法,力求达到以学生为主、以自学为主,实现由教向学的转化。

在设计学法指导时,引入元认知策略是十分重要的。引入元认知策略时,教师要做到:引导学生认识自己的认知规律、思维方式和思维习惯,以便突破现有的思维模式,从教师的教学中领悟有效的学习方法;让学生学会对自己的学习方法进行自我监控和调节,加强元认知体验;引导学生运用元认知的反思理论,通过学习前反思、学习中反思和学习后反思,对自己的学习方法进行评价,并不断改进学习方法。在设计学法指导时,教师要从上述要求出发,设计导思导学的方法,并对导学的步骤和时机作出恰当的规划。

⑤ 教学手段设计

在进行教学设计时,教师应充分考虑发挥现代教育技术的作用。有条件的学校,可适当地利用多媒体技术直观形象地描述数学抽象对象的性质;借助计算机进行数学实验,探索数学内部规律或者建立数学模型等。

(2)教材处理

教材处理包括四方面的内容,即教材的呈现方式与序列,知识的获得与意义建构,例题与习题的选择与处理,教具或学具的制作。在教材处理中,建构主义理论有着重要的作用。建构主义强调情境、协作、会话、意义建构的作用,主张以学习者为中心设计课堂教学活动,重视情境和合作学习对意义建构的作用。建构主义强调对学习环境的设计,主张利用各种信息资源支持学生的学,以最终实现意义建构,即让学生深刻理解学习的内容并将学习内容纳入自己的认知结构。这里着重介绍例题与习题的选取。

数学例题和习题是促进学生掌握系统的数学知识、技能和技巧的重要手段,也是学习数学过程中数学活动的主要形式,还是培养学生的数学能力、发展学生智力的手段。教师要特别强调解题过程中的思想方法训练。前苏联的奥加涅相在《中学数学教学法》中提出:"一位有创见的教师比教科书的作者看得远多了,他在解某道题的过程中揭示和实现的功能要比预想的宽广得多或有益得多。"因此,教师在设计例题、练习、作业题及指导解题的过程中,要认真研究,注意每道题的功能和思维训练,既要有一定的数量,更要注重质量和效果。

精选、适量的习题和练习能使教师和学生在花费最少的时间和精力的情况下获得最好的效果。选题必须联系目的、内容、分量及学生的接受能力。为了精选习题,教师在研究教材时,就必须认真地将教材中的全部例题和习题演算一遍。演算不能只停留在"会解"的水平上,而要细心研究每一个题目的目的、作用和要求,探讨每一个题的背景和最优解法,也可以此作为改编题的基础。教材中的习题分三种类型。第一种是各个小节后的"练习",它是围绕新课内容用以说明新概念的实质和直接利用新知识进行解答的基本题目,目的是让学生切实理解与掌握数学基础知识、初步学会运用这些知识进行解答;第二种是各章或每一大段教学之后的习题,这些习题是在进行了若干基本练习的基础上安排的,目的是让学生巩固所学的基础知识,能熟练地运用这些知识解题并形成一定的技巧和技能。这种类型的练习题比第一种类型的练习题要复杂些、灵活些,能更深一层体现基础知识、基本方法的运用;第三种是每章后的复习题,它比前两种习题涉及的知识面更广、更有变化,带有一定的灵活性、技巧性、综合性,设置的目的是为了进一步巩固所学知识,发展学生的运算能力、逻辑思维能力和空间想象能力,培养学生灵活运用知识的能力。学生配套的基础训练中的习题种类与教材中的习题种类相似。教师在研究这些习题时,要注意体会每一个题的具体要求、解题关键、解题技巧以及解答方式,估计学生做题时可能出现的问题,做到早计划、早预防。

(3) 编写教案

教案是教师课堂教学的具体实施计划。在完成了研究教学大纲和教材、了解学生、教学设计和教材处理等工作后,就进入编写教案的阶段。教案必须反映出一堂课的教学全过程,一般包括以下内容:教学课题、教学目标、教材分析、教学重难点及关键点、教学模式与方法、教学手段与教具制作、教学过程、作业布置、板书设计等。

由于每堂课的任务不同,课型不一,学生不一,教师素质不同,教学过程千差万别,对教师来讲,没有统一的适合自己的教案书。一般情况下,新教师要写详细教案(实习教师要写成讲稿),这样,一方面可以促进自己把课备得更精、更仔细,另一方面有利于积累经验和资料,特别是那些有教学后记的详案,对以后教授同一内容具有参考价值。有经验的老教师教案可以简略,但所担负的试验课和示范课的教案要详尽,便于研究和学习。

2. 上课

上课也即课堂教学。课堂教学是学校教学工作的中心环节,是教师按教学大纲、教材内容经过精心准备后向学生系统传授基本知识和基本技能的场所,课堂教学效果的好坏直接影响学生的学习质量。课堂教学并不是按照设计好的教案进行

"照本宣科"，也不是"依葫芦画瓢"，好的教案设计并不代表会有一节成功的课堂教学。课堂教学的操作性、实践性和综合性很强，是一系列教学技能的综合运用。第八章将对教学技能进行专门地讲解，这里仅强调两方面的内容。

2.1 调控教学过程，发挥驾驭作用

课堂教学要服从宏观规律，但也受制于随机因素，教师的主观心理、学生的相互作用、偶然发生的事件等都可能对教学过程产生影响。教师要善于把握时机，把课堂学习活动引向正确的方向。

（1）搜索学生信息，思考教学对策

学生在学习活动中的种种反映都是给教师的信息反馈，都是对后继教学活动有益的启示。他们的新颖见解，可使其他学生受到鼓舞；他们的典型错误，可以成为数学教学中有益的反例。学生的信息丰富了教学素材，教师的点拨则能深化学生的理解，如此循环，可使课堂教学气氛和谐热烈，促进学生的学习活动健康发展。

（2）及时调整方案，灵活选取教法

在课堂教学中，教师要因势利导，灵活处理。学生普遍感到疑难时，就要减慢进度，为学生扫除障碍，以退为进；学生普遍感到轻松时，则可纵深引进，推广概括，举一反三，强化变式训练，扩大战果。

巴班斯基说："现代教学的鲜明特色乃是教学方法的丰富多彩，是有目的地选择每一个课题的主要教学方法，所选的方法要能很好地完成相应的教学和教育任务。"一般来说，对重点、难点和关键点，教师要讲解；中等难度的问题可采取探讨启发法；容易简单的内容可先由学生自学，然后在课堂上讨论；要检查学生掌握知识的情况，可采用提问或检测的方法等。总之，教学方法的选择取决于具体教学内容和不同的教学目标，以及学生运用各种学习方法潜在的可能性。

（3）鼓励不同意见，发扬教学民主

师生解决数学问题的想法常有差异，教师鼓励不同意见，表扬独立思考，有助于发展学生的创造才能，树立学生的个性与信心。许多教师教学成功的秘诀之一就是发扬教学民主。

2.2 暴露思维过程

数学是思维的体操。数学课堂教学应是培养和发展学生思维能力最好的练兵场。表面上自然流畅的数学教学课堂往往会掩盖教师备课过程中深入思考的过程和掩盖教师在解决问题时所经历的曲折或失误，这不利于学生思维的发展和自信心的形成。当学生遇到或问到较困难的问题是，教师要有意向地使学生暴露自己的思维过程,与学生同步思考,寻求解决问题的方法。让学生不但有机会学习数学教师解决问题的思想方法,还有机会了解,原来数学老师在解决问题时也会遇到挑战,也会经历曲折和失误,帮助学生形成正确的解题观、树立自信。

3. 课后工作

课后工作是数学课堂教学的延续和补充,运用得好,不仅可以加深学生对课内所学知识的理解,促进课堂学习,而且能使学生开阔眼界,活跃思想,发展多方面的兴趣爱好,养成自学、独立探究以及把所学知识运用于实际生活的能力。数学教学的课后工作主要有课外作业、课外辅导和数学活动课三项。

3.1 数学课外作业

布置、批改和评价数学课外作业是数学教学工作中的重要组成部分。课外作业是上课的继续,是课后学生独立完成的作业,是学生把知识应用于实际的初步实践。课堂中有大量的教材内容要学习,学生没有充分的时间在课内来巩固老师所教的数学技能,因此要让学生巩固并加深课堂习得的知识、发展思维、提高运用数学的能力,就必须通过课外作业来进行。课外作业包括课外练习、课外预习、课外复习及课外实践活动。

课外作业来源于教材中相应的习题及与教材配套的基本训练题,教师也可根据学生的实际情况,改编或创编一些难易适中的题作为作业题。按照学生的一般性水平有重点、有针对性地布置;对于技巧性的题目,可适当给些提示;还可针对学习成绩较好的学生布置一些选做题或思考题。为了体现数学本身的连贯性、系统性,可把新知识与旧知识或后继课联系起来,在每次作业中都注意有意识地让学生既复习旧知识、巩固新知识,又为后继课程的学习创设情境,做好必要的准备。这种方法有利于帮助学生把各种相互联系的知识进行同化和调整,建立良好的认知结构。

布置了课外作业,教师就要及时批改,找出典型错误和存在的问题,并及时批评纠正。如果教师不能做到及时批改,学生就不能从课外作业中受益,久而久之,学生就会不认真对待课外作业,使课外作业失去其应有的作用。美国教育家贝尔的建议值得人们思考:"较好的做法是每天布置较少的作业,并且每天通过检查,选出至少一份对某类问题有代表性的作业来进行讲评,让学生及时发现和纠正某些典型的错误,以免重犯。"贝尔的建议有助于帮助有严重错误的学生进行改正。教师也可组织学生自己讨论,对自己的作业进行评价。

3.2　数学课外辅导

数学教育要面向全体学生，为弥补数学课堂教学统一要求的不足，针对不同素质的学生做到因材施教，教师还要给学生做一系列的课外辅导。如帮助学生分析数学学习中存在的优缺点并分析原因所在，鼓励学生发扬优点，改正缺点；有针对性地个别辅导学法；帮助学生解决在学习过程中碰到的困难和问题等；指导课外阅读；引导学生探究性学习、实践、制作学具等。通过辅导，让优生更优，差生转优。以促进全体学生的发展和进步。

课外辅导通常可采用小组辅导和个别答疑两种形式。辅导的重点对象是在数学学习上困难较大的学生和有特殊才能的学生。

对学生的课外辅导主要包括两个方面。

（1）对数学后进生的辅导

大多数的数学后进生由于在学校的测验或考试中成绩较差而被戴上"落后"的帽子。作为数学教师，首先要深入了解每个后进生"落后"的原因。现在的学生大多数是独生子女，即使是农村学生，家庭中的孩子也不会很多，学生的家庭经济条件相对以往的学生要优越得多，智力发展水平也越来越高。有的学生受家庭、社会的影响，不重视学校教育，有的纪律观不强，懒散、厌学，有的没有恒心，注意力不能长时间集中学习，有的存在严重的心理问题，自我封闭，有的迷恋网络游戏，因为这些原因，后进生的数学成绩较差。对于这样的后进生，只要老师没有放弃他们，努力帮助他们，相信在教师的精心帮助和指导下，他们都会进步的。有句话说得好："没有教不好的学生，只有不会教的老师。"数学老师要在思想感情上热爱自己的学生，不要嫌弃、挖苦、打击学生，而要鼓励、帮助学生，针对导致成绩差的不同原因，为他们制定不同的帮扶计划，激发他们学习数学的兴趣，发挥他们的主观能动性，使他们迎头赶上。

（2）对数学优秀生的辅导

指导数学优秀学生的目的在于唤起和发展他们对数学及其应用的兴趣，拓宽和加深所学的知识，充分挖掘他们的数学学习潜能，培养他们独立地、创造性地分析问题、解决问题的能力。可通过布置一些补充的作业或开拓性较强的探究活动来开阔他们的视野，接受数学文化的熏陶。对优秀学生进行辅导，不是额外的负担，而是培养新世纪创新人才的需要。

3.3　数学课外活动

数学课外活动是数学教学的补充形式，它是指学生在教师的指导下，利用课余时间进行有目的、有计划、有组织地进行与数学有关的非必修内容的学习活动。

数学课外活动是在教师的组织下,由学生根据本人的兴趣、爱好和特长,自愿选择参加各种不同形式的课外活动。数学课外活动对于培养学生学数学、爱数学、用数学的学风具有重要意义。通过数学课外活动学生可以进一步深入地钻研数学理论,并将理论用到实践中去,可以锻炼学生勇于实践,顽强探索的精神。

数学课外活动是每个学生要求自我完善的普遍权利,不是少数"数学尖子生"的特权,学校和数学教师都有义务为学生创造进行数学课外活动最有利的条件。

数学课外活动的内容与形式丰富多彩,具有较大的知识性、科学性、趣味性和伸缩性。数学课外活动的传统课题一般包括数论、图论、数学史、数学家的故事、趣味数学、数学应用、数学思想方法、数学学习方法、数学解题方法与技巧等。

为丰富课外活动的内容,调动广大同学学习数学的兴趣,扩大学生的知识视野,提高学生分析问题和解决问题的能力,教师可帮助学生建立多视角的数学课外活动小组,如数学研究小组、计算机小组、模型或教具制作与实践小组、测量小组、阅读小组、数学文化宣传小组等。同时,还可组织一些专题讲座、数学游戏、数学故事会、数学游艺晚会、数学竞赛、参观、数学应用的社会调查、撰写数学科研小论文等活动。

第三节　中学数学教学的模式

1. 教学模式的含义

1.1　教学模式的定义

模式是一定事物通过程式化处置而成为同类事物的典范。模式是现实的再现,是理论性的形式,也是简化的形式。

教学模式是在一定的教学思想、教育理论指导下,在大量教学实践的基础上建立起来的,形成相对稳定的教学活动结构框架和活动程序。"结构框架"意在凸现教学模式,从宏观上把握教学活动各要素之间内部关系的功能,"活动程序"意在突出教学模式的有序性和可行性。教学模式一般具有形成性、功能性、稳定性与灵活性特点,它是教学理论与教学实践的中介和桥梁。

1.2　数学教学模式的分类

从不同的侧重点出发,教师可对教学模式进行不同的分类。数学教学模式分类多种多样,许多数学教育著作都给出了自己的分类方法。张奠宙等著的《数学教育学》中对数学教学模式划分为教师讲授、师生谈话、学生讨论、学生活动、学生独立探究等 5 个基本模式,将基本模式进行复合而使有比较固定步骤的数学策略成为数学教学的复合模式。

曹一鸣在《数学教学模式导论》中将数学课堂教学模式分为讲解-传授模式、自学-指导模式、引导-发现模式、活动-参与模式、整体-结构模式五类。赵雄辉在《数学教育改革论》中将数学课堂模式分为讲授示范型、自学辅导型、引导探究型、情境讨论型、整体结构型五类。

2. 数学课堂教学模式

2.1 数学课堂教学模式的结构

数学课堂教学模式的结构是指构成课堂教学模式的诸要素及其相互关系,主要包括以下几方面。

(1) 理论基础

教学模式处于教育理论与实践操作的中介。每一种数学教学模式都是在一定的数学观、心理学、教育学、哲学、数学教育理论指导下建立起来的。数学课堂教学模式应满足素质教育的六个基本特征:一是教学对象为全体学生;二是教学目标为发展学生整体素质;三是师生关系是民主、合作、互动的;四是教学过程是主动、生动、活泼的;五是教学方法为启发、内化、转化;六是教学环境要和谐、愉悦。

(2) 教学目标

任何教学模式都是为了完成一定的教学目标而创立的,教学目标既是制约课堂教学程序、实施条件的因素,也是预计结果、教学评估的标准。数学教学目标要使学生的数学素质获得全面、充分、和谐的发展,综合地完成认知、发展和情感态度等方面的任务。

(3) 操作程序

教学模式都有一套相对稳定的操作程序,这是形成教学模式的本质特征之一。数学课堂教学模式的操作程序说明每一步骤所要完成的任务,明确指出教师先做什么,后做什么,学生分别做什么。操作程序不是一成不变的,可根据具体情况变更运用顺序和增减程序。

(4) 实施条件

每一个教学模式都是在特定条件下才有效的。教学模式的实施条件一般包括教师、学生、教学内容、教学环境等因素。

(5) 教学评价

评价是教学模式的一个重要因素,它包括评价方法、评价标准。由于不同教学模式下完成的教学目标、使用的程序和条件不同,因而评价方法和标准也不同。所以,课堂教学模式一般要规定自己的评价方法和标准。教学评价是及时调节教师教学行为和学生学习行为的重要手段,也是对教学模式进行阶段性评估的重要依据。

2.2 数学课堂教学模式的特点

（1）简约性

数学教学模式要求用精练的语言、图表、符号表述,它比抽象的理论更具体。

（2）开放性

数学教学模式随着教育理论和教学实践的变化而发展,它不是一个封闭体系,是一个开放的系统。不同模式可根据具体的教学内容进行优化组合。

（3）完整性

一个数学教学模式要反映的是模式结构的各个要素,而不只是一个操作程序。

（4）独特性

数学教学模式应有它的某种特色,与特定的目标、条件、适用范围、内容相关联。只有将先进的教学模式与成功的教学经验结合,才能孕育和产生与数学素质教育宗旨相吻合的数学素质教育模式。

2.3 数学教学模式的选取及注意事项

随着数学教学模式研究的深入与扩展,数学教学模式日益发展,方法不断增加。如何合理地选择适当的教学模式进行教学是每个数学教师面临的实际问题。影响教学模式选取的主要因素有以下几点。

（1）教学目标

任何教学模式或方法都不是万能的,每一种模式都可能只有助于达到某种教学目标。

（2）教学内容

不同的教学内容选用的教学模式应有所不同,如新授课与复习课、概念教学与解题教学就常采用不同的模式。

（3）学生的情况

教是为学服务的,学生的数学基础、认知水平、年龄特点、社会背景及他为学习新内容所做的准备工作、他对教学方法的可接受性和适应性都是选择教学模式时要加以考虑的。

（4）教学环境与条件

教师不仅要考虑影响教学的物质条件,如使用计算机辅助教学就必须要有设备,做数学实验要有相应的工具或软件,还要考虑班级的组织状况、学生之间的交往水平、班风、学校的管理水平等因素。如开展讨论探索时,若学生的交往能力很弱,就要逐步培养,如果采用一步到位的大开放模式,就可能使讨论无法进行。

（5）教师的观念与素质

对于有些教学模式或教学方法,有的教师难以执行,有的却能应用自如,例如发现法教学,若教师本身没有探索精神和探索经验,就很难引导学生开展探索活动。

在选择教学模式时,要注意以下几方面。

（1）要深刻理解模式的内涵,不能只是形式的抓住几个操作步骤,对模式的理论基础、产生背景、操作经验要全面了解。如自学辅导型教学模式侧重培养自学能力、自学方法;引导发现教学模式侧重培养创造能力等。

（2）不要让模式框架束缚自己,机械地套用教学模式。不要把模式看做僵化的教学程序,而应把模式看成是可以改进、发展和完善的。在教学实践中,要适时改进、构建新的教学模式。

（3）应根据教师自身特点选择能应用自如的模式,这样便于教师充分利用教学模式的优点,活化教学模式,便于展示自己独特的教学艺术特色,进入到似乎是无模式的状态。

（4）必须分析不同模式的特点,了解适用范围和适用条件。可以借鉴、模仿、体验他人（自己）的成功经验,在整合多种模式的基础上形成自己的教学模式。

人们常说:"教学有法,但无定法,各取所需,贵在得法。"选择教学模式也贵在合理和优化,不同的教学模式会给教学带来很大的差异,总是使用一个教学模式也会给学生带来时间和发展方面的损失。

2.4 数学教学模式的构建

如何根据新的课程改革要求,结合大量的教育实践,构建多样化的教学模式,并逐步从模仿使用模式到创新模式,从有模式到"无模式"的境界,值得教育工作者进行广泛研究。

从方法论角度看,研究数学课堂教学模式的方法主要有理论演绎法、经验归纳法和综合法三类基本方法。

理论演绎法主要是通过从理论出发提出假说,设计出模式,来研究教学模式的。使用演绎法得到的教学模式的起点是科学假说,对假说要进行可行性分析,充分考虑各种可能存在的问题,模式的形成过程就是验证假说的过程。

　　用演绎法研究教学模式时,首先要找到解决的问题,针对解决问题的需要提出假设,在教学理论、教学思想、数学教育心理学、数学哲学等理论的指导下设计出模式的雏形,在实验验证其有效性后,才能确定模式。它的特点是节省时间,可避免研究者在大量的经验中苦苦探索。

　　用经验归纳法研究教学模式主要是经验概括,即在实践经验的基础上概括出共性,使之规范化、系统化、程序化,从而整理形成教学模式。如上海的"尝试指导、效果回授教学模式"主要是从调查实验得到的经验基础上构建的。用经验归纳法研究教学模式时,必须依靠教学实践。从经验到模式,模式又来自于实践,可行性强,但归纳得来的教学模式往往受地域、环境等条件的限制,应用的广泛性、普及性不如用演绎法建立的模式。

　　在数学课堂教学模式的建立过程中,常常不是严格意义上的演绎建构或经验归纳,很多时候是演绎、归纳并用,采用综合研究的方法。

　　在构建数学课堂教学模式时要注重以下几个步骤。

　　(1) 学习领会相关理论,打好建模的基础。

　　(2) 反思教学实践,提炼总结经验。

　　(3) 建立模式的雏形,确定模式的特征。

　　(4) 进行实践验证,固定模式结构。

　　(5) 进一步理论升华。

2.5　数学教学模式探索的趋势

　　(1) 对数学教学模式的理论研究更加深厚和宽广

　　近 60 年来,我国数学教育界的专家积极结合数学教育的实际,宣传教育学和心理学理论,直接参与国际数学教育交流,促进了我国数学教育模式理论水平的提高,使更多的经验型模式的理论得到了升华。

　　建构主义对教学模式的构建指导作用在不断加强。它强调以学生为中心,强调情境和协作学习对意义建构的重要作用,强调学习过程的最终目的是完成对数学知识的意义建构。在建构主义指导下,"自上而下"的教学、支架式教学、抛锚式教学、四步循环教学等教学法应运而生。

　　(2) 模式探索中更加注重学生的主体地位

　　现代学习理论和建构主义理论要求教师成为学生学习活动的指导者、组织者,学生成为发现者、主动探索者、主动学习者、主动建构者、主动创造者。于是教学模式的构建应该充分体现以学生为主体的特征。

"研究性数学学习"教学模式的探索正在深入开展。由于"研究性学习"教学模式以学生的自主性和研究性为基础,让学生以个人或小组合作的方式进行专题或项目的信息收集、分析和解决问题,学生在研究中能有效地体验知识的形成过程,研究性数学学习是通过数学研究课题的探索来学习数学的,具有综合性学习的特征,其教学模式不一定局限在课堂上。这就完全改变了学生以单纯地接受教师传授知识为主的学习方式,通常是一种开放式的学习环境,教师通过多种渠道引导学生获取知识,并为学生提供将所学知识应用于实践的机会,培养学生的创新能力和实践能力。

(3)数学教学模式构建走向多样化和综合化

数学教学模式的构建由传统的单一课堂教学模式向新型的课内外相结合的综合化方向发展。数学教学模式的构建方式、种类越来越多,新的模式不断涌现。

(4)现代教育技术为数学教学模式探索提供新思路

多媒体技术和计算机网络正在逐步进入数学教学活动中,它打破传统数学教学的束缚,为学生提供丰富的、生动的、图文并茂的数学教学资源,在一些教学、训练、习题解答、个别指导等方面给学生带来较理想的效果,使传统的"黑板＋粉笔＋口头讲解"的数学教学方式面临新的挑战。如何利用多媒体技术和网络构建新的数学教学模式引起数学教育界的重视,相信在不久的将来,我国必将产生与技术相适应的"以学生为中心"的网络教学模式。

数学教学模式的构建总是沿着继承引进、探索、创新的方向不断深化,简单的否定是不可取的,但没有扬弃就没有创新的动力,必须处理好否定与创新的辩证关系。

第四节 中学数学教学的原则

1. 概述

1.1 教学原则的含义

教学原则是根据教育目的和教学目的,遵循教学规律而制定的,用来指导教学活动的一般原理,它是有效地进行教学必须遵循的基本要求。它来源于实践,又反过来指导实践,是教师在教学过程中实施最优化教学的指导性的原理。国内外的教育工作者对教学原则非常关注,进行了广泛的研究与探讨。有的研究根据心理学,有的根据认识论,有的根据学校的工作体系,有的着眼于知识的传授,有的着眼于能力的培养,有的着眼于教师的教,有的着眼学生的学,这些研究都提出了各种不同的教学原则体系。我国古代《学记》对教学原则作了精辟的阐述,提出了"教学相长"、"启发诱导"、"藏息相辅"、"长善救失"等来自于实践的教学原则;孔子提出"学而时习之"、"温故而知新"、"不愤不启、不悱不发"等教学原则;南宋朱熹提出"循序渐进"、"熟读而精思"原则。夸美纽斯曾根据感觉论和认识论及当时兴起的自然科学的要求在《大教学论》中提出了 37 条教学原则;第斯多惠根据学生、教师、教材和教学条件在《德国教师教育指南》中提出了 33 条教学规律、教学规则,也就是现在指的教学原则;斯金纳从新行为主义心理学理论出发提出了积极反应、强化和小步子逐渐接近原则;布鲁纳从认知心理学理论角度提出结构原则、程序原则;赞可夫在"最近发展区"理论下形成了双高等原则;巴班斯基通过教学过程最优化理论给出了相应的教学原则体系。尽管同样是对教育规律的揭示,教学原则也不是以完全相同的教条的形式出现的,而是在众多的教育思想、教育理论观点下呈现的内容丰富、形式多样的教学原则,这有利于人们针对不同时期、不同文化背景和不同教育特征去理解、认识变化多样的教学原则,以把握具体教育情境中的教育的本质。

1.2 教学原则与教学规律

教学规律反映的是教学过程中教学现象之间本身所固有的、普遍的、本质的、必然的和稳定的联系,它是不以人们的意志为转移的客观存在。对于教学规律,人们只能发现、认识、掌握和利用,不能制造、改变和废除。

教学原则不同于教学规律,它是由人们制定的,属于主观意识形态的东西。具有不同教育观念的教育家对教育原则有不同的认识和提法。科学的教学原则是客观教学规律的正确反映,有相应的理论根据,不是凭空臆断的。同时,人们可以从不同角度、多个侧面反映教学规律,从而形成不同风格的教学原则。与教学规律相比,教学原则具有明显的主观性、科学性、个别性和特殊性。

教学原则的形成必须以教学规律为依据和基础,而科学的教学原则是教学规律的正确体现和恰当反映。

1.3 教学原则与教学原理和教学方法

教学原理属于教育概念范畴,它是指对教学的目标、内容、过程、方法以及组织形式等开展研究而形成的一般性的结论。教学原理是一个空泛的概念,涉及的范围很广。教学原则属于教学原理的范畴,它是对教学过程的本质联系加以分析、研究而形成的一般原理。与教学原理相比,教学原则要更具体,它既是教学实践的经验总结,也是教育实验研究的结果,又可反过来运用于新的教学实践,指导教学实践。教学原理是对教学规律的说明和阐述,内容相对稳定、正确、统一。教学原则带有明显的实践性和特殊性,不能离开特定的时期、特定的教育情境去抽象地、绝对地谈教学原则。

教学方法是在教学实践中形成和发展起来的,能够促使实现教学目的。教学方法既包括教的方法也包括学的方法。教学方法属于教学原理的范畴,但与教学原则不同,教学方法强调具体的操作方法,虽然不包含教学思想、教学原理和教学原则的内容,但它是这些基本原理贯彻于教学过程的具体表现形式,是教育理论在教学活动中的集中体现。如认知学派的布鲁纳在动机、结构等原则的指导下,提出"发现式"教学方法。故教学方法是有别于教学原则的,但也与之存在某种深刻的联系,许多教学原则是通过具体的教学方法来实现它的要求的,离开教学方法来谈论、贯彻和实施教学原则是不切实际和空洞的。

1.4 中学数学教学原则

数学教学原则是伴随着数学教学法从一般教学论中分离出来的。数学作为一门有自己学科特点的科学,有自己独特的教学规律和教学要求,因此,在数学教学活动中,应当有反映这些规律和要求的教学原则。人们对数学教学原则的研究起步较晚,相当一段时期内,数学教学原则体系采用的是一般教学论的原则体系。当时的数学教育家认为一般的教学论概括了任何一门教学科目的教学原理,这些原理在一定意义上具有普适性。这种观点是正确的,但不全面。由于各门学科有各自的特点,各门学科的教学除了共性还有"个性"。因此,在具体的数学教学中,除了贯彻总的要求外,还应根据数学学科自身的特点,遵循某些特殊的要求,而这些特殊要求也应以教学原则的形式展现出来。

自 20 世纪 70 年代末起,我国陆续出版了不少数学教学法著作,关于中学数学教学原则的观点有了突破,认识到在数学教学中,除了贯彻一般教学论原则外,还应提出具有数学学科教学特色的基本要求。中学数学教学原则的形成受制于以下三个要素:一是教育学意义上的一般教学原则;二是数学学科本身的特点;三是数学教学的实践活动。数学教学原则随着教学实践的不断深化而发展、变化,人们通过长期的数学实际教学活动,运用教育心理学的相关原理,秉着各自的数学教育观念,归纳总结出许多数学教学原则,从而形成不同类型的数学教学原则结构体系。

本节着重介绍数学教学中须重点遵循的三个特殊的教学原则。

2. 理论与实际相结合原则

理论与实际相结合原则是指教学要以学习基础知识为主导,将理论与实际结合起来去理解知识,注重运用知识去分析问题和解决问题,达到学懂会用、学以致用。陆游的"纸上得来终觉浅,绝知此事要躬行"精辟地阐述了理论联系实际的重要性。伟大领袖毛泽东也多次指出,学习理论的目的是为了应用理论去解决实际问题。古希腊智者派认为,没有实践的理论和没有理论的实践都没有意义。裴斯泰洛齐指出:"你要满足你的要求和愿望,你就必须认识和思考,但为了这个目的,你也必须(而且能够)行动。知和行是那么密切地联系着,假如一个停止了,另一个也随之而停止。"乌申斯基也指出:"空洞的毫无根据的理论是一点用处也没有的……理论不能脱离实际,事实不能离开思想。"这些对数学教学也有重要的指导意义。由于书本知识对学生来说是一种间接经验,故教学中要注意将理论与实际结合起来。这样才能解决好教学中的直接经验与间接经验、感性认识与理性认识、讲与练、学与用的关系,让学生自觉地掌握和运用知识。理论与实际相结合,既是认识论与方法论的基本原理,又是教学论的基本原则。在数学教学过程中贯彻落实这一原则时,一方面要将一般教学原理与数学教学实际相结合,另一方面要将数学理论与实际相结合。

2.1 必须加强中学数学与实际的联系

(1)要挖掘和更新联系实际的教学内容

为适应社会发展的需求,不仅要改革中学数学教学的理论内容,而且在联系实际的观念、选材和处理方法上都要更新。

随着新一轮课改的推行,微积分、概率、统计初步、向量、算法这些与实践联系紧密的内容都被加入《普通高中数学课程标准》中。向量是近代数学最重要和最基本的概念之一,是沟通几何、代数、三角等内容的桥梁,具有丰富的实际背景和广泛的应用价值。现代社会是一个信息化的社会,人们经常需要根据所获取的数据提取信息,作出合理的决策,统计与概率的基本思想和基础知识作为公民必备的常识被放在必修课程中学习。算法是一个全新的课题,已经成为计算科学的重要基础,它在科学技术和社会发展中起着越来越重要的作用。算法的思想和初步知识也正成为普通公民应掌握的常识。因此,算法的基本思想和初步知识也被安排在必修课程中,而且算法的思想将贯穿高中数学的相关部分。

新课标要求高中数学必修课程的呈现力求展现数学知识由具体到抽象的过程,努力体现数学知识中蕴含的基本思想方法和内在的联系,体现数学知识发生、发展的过程和实际应用。课标还要求教师和教材的编写者应根据具体内容在适当的部分(如统计、简单线形规划等)安排一些实习作业。新课标在每一部分内容的说明与建议中都要求通过大量实例帮助学生理解数学的相关知识点,他们安排的参考案例也均来源于实际生活。同时,在课程标准的内容与要求中,有许多章节要求学生利用所学的数学知识解决、探究或研究生活中的实际问题。这进一步说明数学新课程改革正在大踏步地朝着理论联系实际的方向进军。因此,教师在选择与传统内容或是新内容联系的实例时,也要大胆地更新例题内容,让它们更接近现实生活。

(2)中学数学与其他学科间的配合

如果中学数学课程的水平不高,就会影响理科课程的教学,反之,中学理科课程水平低又会影响数学联系实际。比如,导数的概念离不开对加速度的理解,光学的性质又影响学生学习平面几何与解析几何。因此,中学数学教学应注意与其他理科课程的教学紧密配合,数学教师要了解同年级开设的理科各科的进度和对数学知识的要求,以便提前向学生讲授。同时也要了解数学对理科各科知识的要求,必要时补充相关知识点,帮助学生理解和运用。要注意收集各科课程与数学有关的实例,充实数学教学内容,体现教学过程的理论与实践相结合的原则。

(3)从实际问题中抽象出数学内容

一些实际问题的难以解决,往往不在于数学知识和方法的掌握,而在于对实际问题缺乏理解。学生除了需要丰富的实际知识外,还需要善于从实际问题中提炼出相应的数学模型。在解决实际问题时,要从实际问题中抽象出数学内容,即从中抽象出空间形式和数量关系。很多大数学家之所以能解决或提出一些重大的数学问题,往往在于他们善于从一些"微不足道"的问题中提出数学问题加以解决,或提供给别人解决。如著名的"哥尼斯堡七桥问题"、"四色问题"、华罗庚的"蜂房问题"等,这类例子举不胜举。许多物理、化学、生物等理科学科的重大研究的突破,首先来源于对数量变化的质疑。如碳酸钙放在自然空气中裸露一段时间后,它的质量会发生变化,这是为什么呢?只有有心人才能继续探索出其中的化学反应规律。

要能从实际问题中抽象出数学内容,首先需要抽象能力。但是,单凭一般的数学训练不一定能解决问题。有些人解纯数学问题时得心应手,但要解决稍微复杂一点的实际问题时就束手无策了。可见,运用数学知识解决实际问题需要训练。一方面学生要有较强的分析、综合、类比等能力,同时还要积累解题经验。所以,一定要选择典型的实际问题作为教学内容。

(4) 现代数学内容、数学思想、数学方法、数学文化也要注意联系实际

现行中学数学教材充实了一些现代数学内容,增添这些内容的主要目的就是提高中学数学的实践性。教师讲授这些内容时,必须注意加强这些内容与实际的联系。如引入集合的概念之后,就应当介绍韦恩图,并随即用于解决一定数量的、涉及集合之间关系的实际问题。又如微积分是密切联系实际的内容。但教学中脱离实际的倾向也是存在的,有些教师总要学生做很多复杂的微积分计算。教学中引入微积分时,必须与力学、物理学密切结合,真正解决一些学生力所能及的实际问题。过分地把微分和积分公式集中,学生也相应地不得不做不知什么时候才能用上一回的单纯的计算题。事实上,研究 x^2 的微分以后,就可以学习自由落体的运动法则,而不必涉及 e^x 和 $\sin x, \cos x$ 的微分公式。可见,过多地把微分和积分公式集中,不利于学生联系实际。

2.2　大力提高中学数学教学的理论水平

我们强调中学数学理论水平必须要联系实际的目的是要求在运用数学的过程中加深对相关理论的理解,从而有助于提高中学生的数学理论水平。

中学生只有加深对相关数学知识的理解,才能提高数学理论水平,才能更有效地牢固掌握有关的数学知识,并将知识用于实际。

(1) 数学教学要注意联系实际

有些教师觉得数学原理较抽象,于是只要学生记住公式、定理、法则,而不讲它们的来龙去脉。学生只能机械记忆和简单模仿,不能理解和将知识系统化,更谈不上掌握和灵活运用。有些教师只讲高技巧的难题,而不注重归纳总结数学思想方法,造成学生缺乏理论指导,无法达到举一反三的灵活运用。

所以,数学教学要引导学生学好数学原理和思想方法,没有这些理论就谈不上联系实际。教学中要注意从以下几方面联系实际。

① 联系学生的生活经验、已有的知识、能力、志趣、品德的实际。

② 联系数学知识在生产和社会生活中的运用实际。

③ 联系当代最新科学成就的实际。

只有注意理论联系实际,教学才能生动活泼,学生才能理解、吸收抽象的数学知识。

(2) 加强一般原理和方法的教学

提高学生数学理论水平的目的在于发挥理论的指导作用,但并不是任何理论在任何时候都有普遍的指导作用。所以,人们没有必要盲目提高中学数学的理论

水平,特别是不能把内容深奥、关系隐蔽、方法精巧作为理论高的标志。

一般原理和一般方法在实践性或在能力培养上都具有最广泛的指导作用。如代数中的综合除法、余式定理等要比因式分解的一些具体方法和技巧有更高的理论和实践价值。用微分的方法解决有关切线和最值的问题能进一步提高中学数学的理论水平,也有利于联系实际和能力培养。

(3) 让学生透彻地理解和掌握一般原理和方法

加强一般原理和方法的教学,不是针对这些原理和方法配备大量高难度的习题,而在于对原理本身的透彻理解、牢固掌握和灵活运用,其中的关键是透彻理解。

理解是一个综合性的、复杂的心理过程。它以对现实素材的观察和分析作基础,以对这些现实的素材的本质属性的抽象、概括为关键,以将理论进一步广泛地具体化,并经过类比而与有关的其他理论形成有机的系统联系为结果。最后以能否解决相应的基本理论与实际问题作为衡量理解程度的标准。

从认识论的角度考虑,理解一个理论就是完成"从具体到抽象,再尽可能广泛的具体"。从心理学的角度考虑,理解是将之同化于已有理论的体系之中,以有利于它今后的运用和发展。

如对运算公式(如完全平方和公式)的理解,不但要掌握它的推导,更重要的是要真正懂得有关字母的任意性,以及这些公式的可逆性和基本变形、基本推广,然后从两项和的平方公式推广到两项差的平方公式,推广到三项或多项和、差的平方公式。

又如通过绝对值的教学和字母系数的方程的教学,在理解其本质内涵的基础上可以引导学生概括、抽象出一种基本的数学方法——类分法(或分情况讨论的方法)。即当所给的问题含有多种可能的情况不能一概而论时,必须按出现的所有情况加以分类,然后对每类分别讨论得出相应的结论。这种方法将要求各种情况合并后,恰好是问题含有的所有可能的情况,而任何不同的两种情况之间是互相排斥的。这种解决问题的思想方法在中学数学中有着广泛的应用,在实际生产、生活中也同样有广泛的应用。

因此,理解本身就蕴含着联系实际,也孕育着发展,意味着知识系统化的要求。理解是一个过程,而理解的过程也就是各种能力的提高过程。

既然理解是一个过程,教学的关键就是要求保证学生理解相应的知识。教学过程应当是按理解的要求进行整体设计,全面考虑的学生必须透彻理解的内容是什么,它的标志是什么,这些内容的理解过程应是怎样的,理解这些内容的各个阶段分别要达到什么要求,以什么样的练习来促进学生理解,检验是否达到要求的标准是怎样的等等。如果教师对这些问题了解得非常清楚,教学就会有较大突破,教学质量就会大幅提高。

2.3 从学生实际出发进行教学

从学生实际出发进行教学包括两方面的内容:一是备课的过程中要充分考虑学生的实际情况,选择最优化的教学方法,采取最优化的教学手段和措施及计划好相关的教学预案;二是在实际课堂中,也要密切关注学生的反映,搜索来自学生的反馈信息,如果学生无法理解或接受新课内容,教师要马上采取措施,停止新课内容,协助学生理解或掌握已学知识和关键点后再进行新课教学。这是教案设计时提倡设计 2～3 个预案的主要原因,也是许多新教师普遍存在的缺憾。许多实习教师或新教师,在讲课的过程中,明显感觉到大部分学生已经跟不上来了,但只能干着急,不知道该怎样处理,有的只能对着教案照本宣科,有的开始埋怨学生怎么这么差,有的甚至还加快速度讲完了事。

3. 具体与抽象相结合原则

高度的抽象性是数学学科有别于其他学科的一大特点。数学的抽象性把客观对象的所有其他特性抛开不管,而只抽象出其空间形式和数量的关系。数学的抽象有着丰富的层次,它的过程是逐级抽象、逐次提高,伴随着高度的概括性,抽象程度越高,其概括性也越强。

数学的抽象性还表现为广泛且有系统地使用数学符号,使之具有字词、词义、符号三位一体的特性,这是其他学科所无法比拟的。如“垂直”,其词义表示空间直线与直线、直线与平面、平面与平面的一种特定位置关系,用专门的符号“⊥”表示,并可画出具体的图形。

数学的抽象必须以具体的素材为基础,任何抽象的概念、命题,甚至数学思想和方法都有具体、生动的现实原型。如“对应”是一个抽象的数学概念,也是一种重要的数学思想,它以原始人的分配、狩猎或数数的具体活动为现实原型。而更高的抽象也不例外,函数是一个高度的抽象概念,它是在常量与变量这两个抽象的概念的基础上抽象出来的;但当引入映射时,又作为一种特殊的映射而进一步抽象;当进一步上升到以复数为自变量的函数时,其涉及的具体对象又进一步扩大。这说明抽象是相对的,以相对的具体作为基础。数学的抽象性不仅以具体性为基础,而且还以广泛的具体性为归宿。所以数学中的具体和抽象是相对的,以相对的具体作为基础,相互区别又相互联系,在一定的条件下又相互转化。由感性的具体到抽象,又由抽象到思维的具体,这是人们认识数学事实的基本过程。这就导致数学中每一个抽象的概念、定理、公式不一定都能有确切的、完备的实际对象作为背景。如单项式、多项式的基本概念及其运算法则,因式分解的概念及因式分解的一些基本方法,虽然有可作为它们实际应用的个别情况的实例,但不可能举出完全符合它们定义的实例来。从理论的系统上说,学生如果没有牢固掌握这些知识,则在运用方程解决实际问题时,就会感到无从学起。为了使学生正确、深刻地理解抽象的结论,除了从理论与实际相结合的教学原则来考虑教学外,还应从如何使抽象理论具体化来进行教学。也就是说要用反映抽象理论的个别的,虽非实际但却较具体的情况,与抽象理论结合起来进行教学。

在数学教学中,贯彻具体与抽象相结合的原则时,应从学生的感知出发,以客观事物为基础,从具体到抽象,逐步形成抽象的数学概念,并将其上升为理论,进行判断和推理,再由抽象到具体,应用理论去指导实践。

一般来说,低年级学生的抽象能力要比高年级差些。抽象能力差主要表现在过分地依赖于具体素材,将具体与抽象割裂,不能将抽象结论应用到具体问题中去,不易掌握抽象的数学对象之间的关系。尽管出现这种现象的原因有多方面,但从教学方面而言,出现这种现象的主要原因就是没有处理好具体与抽象的关系。在数学教学中要注意处理好具体与抽象的几个关系。

第一,要从实例引入数学概念。通过具体的实物进行直观演示,也可利用图像直观、语言直观等,形成直观形象。如引入异面直线的概念,可通过让学生观察教室所在的长方体的点、线、面,然后引导学生观察线与线之间的关系,最后引入一组他们能够感觉得到的异面直线,让学生思考他们的关系来教学。这样,可通过具体化的形象直观来帮助学生理解抽象的概念。又如只要和分数相对比,学生就会较轻松地理解并掌握分式运算。

第二,注意从特例引入一般性的数学规律。如讲解勾股定理时,可先从具体的三角形三边分别是 6,8,10 或 5,12,13 等出发,引导学生认识到三边之间的关系后,再引导学生证明一般规律。直观是从具体上升到抽象的辅助工具,特殊化是认识抽象结论的辅助手段,高层次的抽象也往往依赖于较低层次的具体。

第三,制作并使用直观教具和学具,帮助学生理解抽象的结论。直观教具和学具的使用,有利于从一般较复杂的图像和模型中逐步突出所要抽象的关系和特性。学生对直观教具或学具进行观察、实验和测量,能充分调动感觉器官的作用,从而形成大量的感觉和表象,这些是形成抽象的数学结论的基础。使用直观教具和学具主要是为了帮助学生形成抽象结论,提高抽象能力。

第四,挖掘数形结合的教学内容,帮助学生理解抽象的数学概念和关系。较为抽象的数量关系通过几何图形的性质反映出来,使抽象的概念、关系得以直观化、形象化,有利于分析、发现和理解。中学数学内容中,数的概念的教学紧密地与实数轴、复平面结合在一起;初等函数的教学紧密地与它们的图像结合在一起,进而获得方程、方程组、不等式和不等式组的几何解法。教师要完整地讲述与数形结合有关联的内容,重视几何意义的教学,善于运用数形结合处理教材和例题,既培养学生掌握这一方法,又使抽象的代数问题形象、直观。把数与形结合起来进行教学,可把图形的性质问题转化为数量关系的问题或将数量关系的问题转化为图形性质的问题,从而使复杂问题简单化,抽象问题具体化,化难为易。

第五,注意运用有关的理论,解释具体的现象,解决具体的问题。从数学教学来说,具体、直观仅是手段,而培养抽象思维能力才是根本目的。若不注重培养学生的抽象思维能力,学生就不可能学好数学;若不依赖于具体、直观,则难以培养学生的抽象思维能力。但如果只停留在感性阶段,那么必然会影响思维能力的进一步发展。只有不断将具体与抽象相结合,才能使数学学习不断向纵深发展、不断提高、深化认识。如"负数"的概念,在学具体的数时,学生都能理解诸如-5,-0.23等是负数,但在学了用字母表示数后,学生就会出现理解上的盲区,那就是认为$-a$,$-(a+b)$等式子也是负数。我们必须帮助学生在具体的负数概念上抽象出字母和式子的正负性的特征,才能真正理解字母式子的正负性的真正涵义。

教师在选取具体素材时,不仅要着眼于可以当场得出结论,而且还要放眼于今后对结论的运用。典型的实例应尽量全面,具有代表性,同时必须保证学生对结论真正地透彻理解。教学要从具体出发,适时上升到抽象理论,然后再把它概括到更丰富、更广泛的具体内容上去。

学生在解题过程中经常用到各种解题方法,如消元法、换元法等,但很少有学生能从这些具体的题目中抽象、归纳出这些解题方法。所以,必须注意培养并发展学生的抽象概括能力,即会从具体上升到抽象的数学结论,同时要使学生学会抽象的方法。

4. 严谨与量力相结合原则

严谨性是数学科学理论的基本特点。它要求数学结论的表述必须精炼、准确,而对结论的推理论证,则要步步有据,处处符合逻辑理论的要求。在数学内容的安排上,数学的严谨性则要求教学内容有严格的系统性,要符合学科内在的逻辑结构,既严格,又周密。即使是一些最基本、最常用,甚至不能以逻辑方法加以定义的原始概念,数学学科理论也不满足于直观描述,而要求用公理来加以确定。公理的选择还必须具有"独立性"、"相容性"和"完备性"。

数学科学理论的严谨性有日益加强的趋势。由于各种符号的广泛使用,大量命题的表述和论证都日益符号化、形式化。数学理论的严谨性并不是一下子形成的,它也有过相对来说不那么严谨的漫长历程。从历史上来看,数学理论的严谨性具有相对性。任何数学课程都必须达到一定的严谨性,但究竟要达到何种程度,则由该门课程的开设目的决定。严谨性的要求不是一下子就能完全达到的,只能逐步实现。如现在中学数学中函数的概念是逐步精确化的,这和函数概念的历史发展情况是一致的。事实上,函数概念的精确化是经历了一个漫长的历史过程的。

作为教学科目的数学与作为科学的数学是不同的。教学科目的数学既要考虑数学的科学性,又要考虑教学目的和学生的接受水平,因而不能按作为科学的数学的体系展开,更不能单纯地追求形式上的纯粹与严格,它只是让学生掌握数学的基本原理、基本方法和基本技能。如新课标对中学中的"实数"只要求知道实数的定义以及与实数有关的几个命题,并不要求学生掌握完备的实数理论。

对数学严谨性的要求,中学生要有一个适应的过程。刚上中学的青少年由于他们认识上的特点,刚开始学习时会对一些较精确的数学概念和语言如"互为相反数"、"任意非零整数"、"或者"、"并且"、"存在"、"唯一"、"只有……才有……"等词缺乏足够的理解。所以,他们对一些定义、法则往往局限于背诵条文和模仿范例解题,而对法则的适用范围和具体要求常常有所忽略。因此,在综合运用时经常因混淆而出错,更谈不上灵活运用了。学生对于严格的推理和证明更不适应,他们习惯于用不完全归纳法,从个别实例中归纳出一般结论,而认识不到论证的必要性。在证明过程中,常为了证明的需要,临时杜撰出许多所谓的"新"论据。若不在教学过程中进行足够的训练,并使学生逐步掌握数学概念、定理、公式、法则的实质,即达到一定的严谨性,那么到了高年级,他们还会经常把对概念的一些常识性、直观性理解来代替精确的定义,也会毫无根据地把一些数学结论推广到不适合的场合。如把相似理解为形状相像;把函数理解为随着别的数的改变而变化的数;把极限理解为近似等。教师应对这些现象进行正确分析,一方面要认识到,由于年龄特点,学生对严谨性要求确实不太适应,另一方面也必须意识到这种现象出现的原因是教学中缺乏基本训练。学生对严谨性的要求是可以逐步提高的。初一学生经过一定的训练后,对"有唯一解"、"取非负值"等术语能灵活运用。对一些比较严格的推理和证明也能很好接受,还能独立完成一些代数和几何的证明和讨论。可见,对于严谨性的要求,学生在开始时会有一定的局限性,但经过一段时间的适应训练,也就能够适应、领会并能运用于实践了。假如教师要求合理,教法得当,学生还可以缩短这个适应过程。所以,中学数学教学内容的严谨性,要符合以下要求:必须保证内容的科学性;必须有助于发展学生的逻辑思维能力;教学内容的严谨性要求,应当是学生力所能及,又需通过努力才能达到的。

综上所述,中学数学的严谨程度的确定必须以学生的实际基础作依据。因此,中学数学教学必须贯彻严谨性与量力性相结合的原则。在中学数学教学中主要通过下列要求来贯彻这一教学原则。

(1) 要能明确要求

教学大纲(课程标准)、教材对各部分教学内容在严谨性上的具体要求都有一定的反映。教师必须深入钻研并发掘,明确各部分内容在严谨性上的要求程度,并在教学上参照执行。

(2) 要求学生语言精确

从初中开始,就应当要求学生克服语言不准确的习惯,逐步懂得语言精确化的必要性。同时,要求学生一方面能准确地理解数学教材中的精确叙述;另一方面能准确运用数学语言叙述所学的结论,叙述解题过程,这样才能使学生的数学语言逐步地丰富起来。

教师必须了解小学阶段已经涉及的数学概念和基本数学术语,了解学生在运用和理解上有什么缺陷,并结合课程的讲授,使之逐步精确化;然后,教师还需对新课中有哪些概念和新术语做到心中有数。对学生比较生疏的那些术语和概念,要做出通俗的解释,再提出精确化的要求,纠正学生常犯的错误及不良的语言习惯,并结合教材对数学语言的精确性作典型分析。

随着中学数学内容的展开,各种数学符号逐渐出现,公式化、形式化定义的方法的应用逐渐广泛,数学内容也逐渐符号化。教师也应采取适当措施,帮助学生适应这种变化。教师在备课时就要充分考虑如何使用数学语言,因为教师讲授中提炼的数学语言的示范作用可以给学生留下深刻的印象,学生也容易模仿。进行教材分析或课堂讨论,有利于促进学生的数学语言日趋精确。另外,在作业方面,教师也应严格要求学生,结合作业进行分析,给予及时的纠正与指导。必要时,教师可采取一些辅助措施,或结合教学对一定内容进行集中训练。

(3) 要求学生思考缜密

思考缜密就是考虑问题全面、周密而不遗漏,也就是说在中学数学教学过程中

要注意培养学生思考习惯。由于小学数学在这方面缺乏必要的训练,所以中学低年级学生常常缺乏全面考虑问题的习惯。比如对于"$|a|=?$"这一问题,学生只是形式地接受它的三种情况,却很难正确运用。一般来说,当问题含有多种可能情况不能一概而论时,就需要使用分情况进行全面讨论的方法去解决,得出每种情况下相应的结论。教师应结合相关教学内容和练习题,经常反复地强调这种思想方法,对学生进行训练,帮助学生克服"以偏概全"、把特殊结论当做一般结论的习惯。

(4)要求学生言必有据

言必有据是思维严谨的核心要求,它要求论证过程中立论要有根据,即符合逻辑学的要求,在一般的解题过程中,无论是计算或画图,或者是其他推理过程,都要讲究根据。教师应当从初一代数开始,逐步渗透论证因素,只有加强训练,学生的思维才能日趋严谨。

(5)要求学生思路清晰

有的问题往往需要分几种情况考虑,又要从不同的侧面进行分析,还得通过几个步骤才能解决,这就涉及到步骤是否清楚,层次是否清晰的问题,也就是指思路是否清晰。

为了培养学生保持清晰的思路,教师的每一节课都应力争结构、层次和步骤都有条不紊,清楚明确,教师自己要保证每一节课的基本思路清晰明确。

在解具体问题的过程中也应有清楚的程序,教学中教师要先教会学生掌握解题的基本程序,而不是先考虑解题的全过程。教师应当教会学生把一些法则公式等的运用归结为一定的程序,有了一个基本的程序,就能保证解题过程思路清晰,只有思路清晰才能避免混淆,减少错误,才能灵活应用。

论证过程中的层次也要清楚,关键是要分析清楚论证思路,重点是分析清楚论证要分哪几大步骤进行,而不要先在证题的每个小步骤上下工夫,更不要将分析和证明混在一起。

【思考题】

1. 简述数学教学过程的基本要素。
2. 什么是教学过程的优化,它的基本要求有哪些?
3. 如何实施优化的师生活动方式?
4. 上数学课前需要做些什么工作?
5. 数学课后的工作有哪些?

6. 简述数学课堂教学模式的结构和特点。

7. 简述数学教学模式的选取及注意事项。

8. 如何构建数学教学模式？

9. 如何在数学教学中贯彻理论与实际相结合原则？

10. 如何在数学教学中贯彻具体与抽象相结合原则？

11. 如何在数学教学中贯彻严谨与量力相结合原则？

第六章　中学数学的教学方法与手段

【导语】"教学有法，教无定法"，教学既是一门科学也是一门艺术，灵活地选用恰当的教学方法与教学手段是决定教学成败的关键因素。本章对教学方法的意义和分类、常用的教学方法、教学方法的发展情况以及常用的现代化教学手段进行较为系统的介绍和论述。

第一节　中学数学教学方法概述

1. 意义与分类

1.1　教学方法

教学方法是师生为达到教学目的而相互联系的活动方式，是由许多具体的教学方式和手段所组成的一个动态体系。这些活动方式的目的是为了使学生掌握知识和技能，培养学生的创新精神和实践能力，发展学生的个性品质。它表现为教师教的方法、学生学的方法、教师教书和育人的方法，以及师生交流信息、相互作用的方式。

教学方法主要有下面几个特点。

（1）教学方法反映了"教"和"学"这一双边活动的相互作用关系。

（2）教学方法是为了达到教书和育人的目的而进行的一种有规则的活动方式。

（3）教学方法是由各种教学方式组成的。

教学方式和教学方法不是同一概念。一般而言，教学方式是教学方法的细节。例如讲授法是教学方法，采用讲授法时，教师可以叙述某个事实、解释某种现象、论证某个命题、推导某个公式等，而这里的叙述、解释、论证、推导等就是讲授法的一些教学方式。

教学方法和教学法也不能混为一谈。教学法的含义比教学方法要广泛得多。

教学法研究的对象包括整个教学工作的理论和实践,所有关于教学过程、教学原则、教学内容、教学方法以及教学的组织形式等问题,都是教学法的研究对象。所以,教学法包括教学方法这一概念。

1.2　启发式教学

我们常说的"启发式教学"不是单指某一个具体的、个别的教学方式或手段,不应视为一个具体的教学方法,而是一种教学的指导思想,是一种以学生为学习主体,激发学生积极思维的教学指导思想。"启发式教学"与"注入式教学"相反。

思想决定行动。教学思想对教学活动起着定向的作用,以不同的教学思想指导教学实践就会产生不同的教学效果。只有在正确的教学思想指导下,教学活动才能符合学生的认知规律,才能充分调动学生的学习积极性和主动性,才能培养学生的独立精神和创造精神。数学教师确立启发式教学思想是其教学取得成功的根本保证。因为作为贯穿教学过程始终的启发式教学思想,其核心是学习是学生的一种特殊的认识过程;教学是教与学交互作用的双边活动,是师生双向反馈的教学相长的过程;学生是教学的主体,教师是教学的主导;教师根据认知目标与情感目标并重的要求安排教学过程,充分调动学生的知、情、意、行等诸方面的积极性,引导学生独立自主地开展思维活动,融会贯通地掌握知识,发展智力,培养能力,达到教育目标,实现全面发展。

启发式教学的思想源远流长。我国古代伟大的思想家、教育家孔子首倡启发式教学思想。"启发"一词,来源于孔子的"不愤不启,不悱不发。举一隅不以三隅反,则不复也"。"愤"是指学生发奋学习,积极思考,想搞明白却还没有搞明白的心理状态。这时正需要教师去引导他们把问题搞明白,这叫"启";"悱"是经过思考,想要表达而又表达不出来的困难境地,这时正需要教师去指导把事情表达出来,这叫"发"。在此基础上"举一反三",达到融会贯通的目的。孔子认为若不造成一种"愤"、"悱"的心理状态,就不能进行启发教学。

贯彻启发式教学思想的一般要求有以下几个方面。

（1）要对学生进行一定知识经验的积累和训练。

（2）要向学生提供有关新知识的丰富教材,创设问题的情景。

（3）要让学生经历调查、试验、分析矛盾到解决问题的过程。

（4）让学生经过实践,再归纳总结出结论。

（5）注重实习和练习,让学生运用所学知识解决实际问题。

另外,教师问学生答的方式并不一定就是启发式,教师讲学生听也不一定就不是启发式,启发式教学的关键是学生的思维是否有实质性参与,是否有真正的独立思考。例如,有的老师在教学梯形面积公式时,进行了如下教学。

如图6-1所示,教师在将梯形进行割补后问学生:

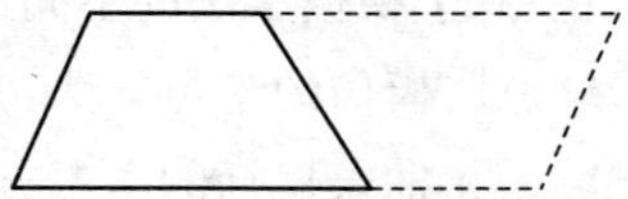

(1) 这个平行四边形的底与梯形的上、下底有什么关系?

图6-1

(2) 平行四边形的高与梯形的高有什么关系?

(3) 梯形的面积与拼成的平行四边形的面积有什么关系?

(4) 梯形的面积应怎样算?

显然,这是一种带有强烈暗示的设问,学生并不需要进行太多思考就能回答,这样的教学就不是启发式教学。

如果教师在设问时多考虑思想方法的启发,通过知识的联系与启发引导学生的思维活动,那么就能起到更好的效果。例如,可以这样设问:

(1) 我们知道,长方形面积等于长×宽。你能回忆一下,我们是如何利用长方形面积得到平行四边形面积的吗? 三角形的面积公式又是如何得到的?

(2) 如何利用已有的面积公式求出梯形的面积公式?

这样的设问,引导学生类比"用割补法将平行四边形转化为矩形",从思想方法上进行启发,使学生自己得出解决问题的思想方法:利用割补法,将梯形面积转为矩形、平行四边形、三角形的面积。这样,解题的同时也强调了知识的联系与结构,给学生提供了充分的独立思考的空间,使经过努力能够解决问题。以这样的问题系列为载体,使教学过程成为以学生为主体的探索知识的过程,这样的教学就是一种启发式教学。

1.3 教学方法的分类

教学实践创造出来的教学方法是相当多的,但至今还没能提供一个较理想的分类框架,不同的学者运用了不同的分类标准,使分类问题显得十分复杂。

(1) 根据教学方法的形态进行分类

这是我国教学论中常用的一种分类,是以学生认识活动的不同形态作为分类标准的分类方法。

① 以语言传递为主的教学方法:包括讲授法、谈话法、讨论法、读书指导法等。

② 直观演示的教学方法:包括演示法、参观法。

③ 实际训练的教学方法：包括练习法、实习法、实验法。

④ 情境陶冶的教学方法：包括情景教学法、问题教学法等。

（2）根据学法的不同进行分类

① 模仿的学习方法：示范教学方法。

② 抽象概括的学习方法：概括教学方法。

③ 解决问题的学习方法：求解教学方法。

④ 逻辑推理的学习方法：推理教学方法。

⑤ 总结提高的学习方法：反馈教学方法。

（3）根据学生认识活动的特点分类

这是前苏联对教学方法所作的一种分类，学生认识活动的特点包括思维活动的再现性和创造性。

① 图例讲解法（也称信息接收法）。

② 复现法。

③ 问题叙述法。

④ 局部探求法。

⑤ 研究法。

（4）根据时间顺序分类

① 传统的教学方法。

② 新的教学方法。

传统的教学方法有讲授法、练习法、讲练结合法等；新的教学方法有问题教学法、研究型教学法、学导式教学法，发现式教学法、情景教学法、程序教学法、尝试教学法、问答法、读书指导法、讨论法、活动式教学等等。纵观各种新的教学方法，可以将它们归为四类，分别是自学辅导类、引导探究类、交流讨论类、活动类。

教学方法是决定教学成败的关键因素。教学既是科学又是艺术，它需要结合当前的教学内容和学生实际进行创造性设计和实践。科学地运用教学方法，其实质就是用最短的时间，最大限度地发挥学生的智慧潜力，高效率、高质量地完成教学任务。教师应根据数学的学科特点、不同阶段的教学任务和要求、学生的认知发展水平和个性差异等，选择和运用有效的教学方法。

一堂数学课一般要运用多种教学方法，并形成合理的组合。一个数学教师若要做到自如地运用恰当的教学方法，需要长期的感悟、体验和积累。

2. 中学数学教学的常用方法

2.1 讲授法

讲授法是教师用语言向学生传授知识的方法。在中学数学教学中讲授法是一种主要的教学方法。

讲授法的主要优点是：教师经过精心设计，用系统的语言讲授、引导学生进行数学学习。相应地，学生在课堂上采用接受式学习，将教师讲授的数学知识纳入自己的认知结构，达到学习目的。讲授法通过教师合理使用各种教学素材，形象生动的类比，以及与学生的思维逻辑相适应的分析、推理，引导学生进行数学思考活动、理解数学知识、发展数学能力，具有省时、高效的特点，能使学生在短期内获得大量数学知识。

虽然在班级授课制下，讲授法的优势较明显，但也有它的局限性。一般的，讲授法以教师讲、学生听的形式为主，比较容易形成"满堂灌"的局面。由于师生交流的方式比较单一，讲解过程中教师难以观察学生的思维活动，因此也难以把握学生数学思维的参与度，对学生的数学理解造成不利影响。

鉴于讲授法的上述优点和局限，教师在运用讲授法时要注意以下几个问题。

（1）保证讲授内容的科学性和思想性、系统性和逻辑性。要做到概念明确、判断准确、推理合乎逻辑。条理清晰、层次分明、重点突出、详略得宜、深浅适度、通俗易懂、生动有趣是讲授成功的首要条件。讲授要避免"乱"、"散"、"平"、"空"，简而言之，就是要抓住教材的重点、难点和关键点进行讲授。

（2）强调讲授的启发性，注意调动学生思维的积极性，促进学生主动思考。这就要求教师善于运用典型事例，创设问题情境，提出思考问题，在生动、严谨的数学推理论证过程中，引导学生的数学思维活动，给学生以如何探究数学问题的示范，培养学生的思维能力。教师要善于把自己提出问题、分析和解决问题的过程变成学生的认识过程。

讲授过程中，启发的关键在于设疑、激疑和解疑。"疑"是深入探究知识的起点，有"疑"才有"问"，有"问"才有"究"。有"疑"是学生积极、主动和自觉地学习的表现。教师的讲解，首先要善于设疑，引发学生的"愤悱"状态，这是启发式讲授的灵魂。再通过"设疑"以激发学生的认知冲突，从而使学生的思维积极"卷入"教师的讲解活动。为此要注意下面几点。

（1）要有目的性，"疑"可为讲授重点而设，也可为突破难点而设，还可为诱导思维而设。

（2）要针对当前内容的本质，这样有利于引导学生深入理解数学概念。

（3）要明确、具体，注意避免设置模棱两可、似是而非、引起误解的疑问。

（4）要注意设疑技巧，力求把问题提得巧妙、有趣，有利于激发学生探索的兴趣。

（5）要把握好"度"，所设问题是学生经过努力可以解决的问题，也就是要将问题提在学生的思维"最近发展区"内。

其次，要激发学生自己提问，这就要在讲解中为学生提供独立思考空间，做到"道而弗牵，强而弗抑，开而弗达"；对学生提出的问题，教师要"想学生所想"，有说服力地做好"答疑解惑"。

第三，要恰当、有效地使用板书。板书是教学的有机组成部分，与口头讲授、教具演示等相辅相成。恰当地设计和正确地使用板书，可以提高教学效果。因此，教师必须探究板书的艺术。

板书要有设计。通过板书，将教学内容简明扼要、有系统地反映出来，如教学内容发生发展过程的基本线索、基本概念、重要结论等。板书所反映的本课内容结构，是教师引导学生进行课堂小结的有力帮手，可以帮助学生在头脑中形成知识系统。在设计板书时要精心考虑：哪些内容擦、哪些不擦，什么先写、什么后写，次序如何排列，色彩如何使用，图文如何配合，重要的例题放在什么位置，标题应写在何处等。板书设计的水平是教师对教材理解程度的反映，也是对教学方法的检验。

2.2　问答法

问答法是指教师根据学生的已有认知基础和当前的学习需要提出问题，学生在问题的引导下积极、主动地思维，并通过对话的方式回答问题，在"问"与"答"的过程中探究新知、得出结论、获得新知的方法。因此，问答法也叫启发式谈话法。当然，在教学进程中，有时也会穿插学生问教师答，即通过问答解决学生的疑问。教师应鼓励学生提问，从中可以了解他们理解教材的程度，从而可以有的放矢地采取补救措施。

这一教学方法在新知识教学、练习课、复习课等类型的课堂上都可以使用。

问答法的主要优点有以下几个方面。

（1）师生互动性强。教师通过提问或反馈将教学意图传递给学生，学生通过回答将自己的理解状况传递给教师。及时地交流而产生的互动性是问答法的显著特点之一。

（2）活动方式灵活多样。在教师提出问题后，学生通过独立思考获得答案，然后采用操作演示、语言表述等方式回答问题，教师可以根据学生回答的情况及时调整提问的深度、广度。因此在"问"与"答"的活动中，师生活动方式灵活多样是问答法的另一个特点。

（3）有利于调动学生思维的积极性，用问答法教学时恰时恰点的问题能有效地激发学生的思维积极性，引导他们主动地开展分析、比较、归纳、概括等思维活动，使学生的大脑始终处于兴奋状态。

（4）保持活跃的课堂气氛，有利于锻炼学生的数学语言表达能力。

（5）教学反馈及时，教师可以马上从学生的回答中获得学生对知识理解情况，并可以有针对性地作出反馈。

问答法也存在一些值得注意的局限。首先，问答法对教师的教学能力要求较高，特别是如何提出"恰时恰点"的问题成为使用问答法的最大难点，如果问题不在"点"上，容易造成学生的思维混乱；其次，因为教师的"问"不恰当，问得非常琐碎，学生不需要经过深入思考就能回答，这时的问答过程就变成了"注入"的另一种形式；再次，由于不同学生的差异性，提出适合全班学生的问题非常困难，因此问答过程容易变成少数思维灵活、性格外向学生的"表演"过程。

问答有两种。一种是传授新知识的问答，即由教师根据教学要求提出一系列具有连贯性的问题，引导学生依据已有知识和经验，或根据对当前事物和现象的观察，开展积极的思维活动，指导他们得出正确的结论。另一种是巩固知识的问答，即通过设置一系列的问题，引导学生回顾已学知识，反思学习过程，体会数学思想方法，检查对知识的理解程度，达到融会贯通、巩固知识的目的。

运用问答法进行教学，要注意以下几点。

（1）问题要"有意义"，也就是要反映当前教学内容的本质。例如，在"椭圆的概念"的教学中，许多教师在播放"神舟"飞船的太空飞行录像后问学生："飞船的飞行轨迹是什么？"这是一个没有意义的问题，因为飞行的情境中并没有反映出椭圆的本质特征。实际上，用两个图钉固定一根细线的两端，作出椭圆图形后提问："你能从作图过程中得到椭圆的几何特征吗？"这样的问题才能起到有效引导学生思维的作用。

（2）要在学生的思维最近发展区内提问，即问题的难易要适当，使学生能"跳一跳够得着"，即需要学生认真思考和努力进取才能完成的。

下面以《三角函数诱导公式》一节的教学中几种提问的比较作一说明。

问题 1　你能利用圆的几何性质推导出三角函数的诱导公式吗?

问题 2　α 的终边、$\alpha+180°$ 的终边与单位圆的交点有什么关系? 你能由此得出 $\sin\alpha$ 与 $\sin(\alpha+180°)$ 之间的关系吗?

问题 3　我们可以通过查表求锐角三角函数值,那么,如何求任意角的三角函数值呢? 能否将任意角的三角函数转化为锐角三角函数?

问题 4　三角函数与(单位)圆是紧密联系的,它的基本性质是圆的几何性质的代数表示,例如,同角三角函数的基本关系表明了圆中的某些线段之间的关系。圆有很好的对称性:以圆心为对称中心的中心对称图形,以任意直径为对称轴的轴对称图形。你能否利用这种对称性,借助单位圆,讨论一下终边与角 α 的终边关于原点、x 轴、y 轴以及直线 $y=x$ 对称的角与角 α 的关系以及它们的三角函数之间的关系?

上述四个问题中,问题 1 过于宽泛,没有对"圆的几何性质"与"三角函数"两者的关系做任何说明,指向不明,学生"够不着";问题 2 过于具体,学生只要按照问题提出的步骤进行操作就能获得答案,思考力度不够;问题 3 与当前学习任务关系不大,与诱导公式的本质相去甚远,不能引发探究诱导公式的思维活动;问题 4 有如下特点:从沟通联系、强调数学思想方法的角度出发,在学生思维的最近发展区内,提出恰当的、对学生数学思维有适度启发的问题,所以具有适切性、联系性、思想性,可以直接导致学生探究、发现诱导公式的思维活动。

(3) 问题要提得具体、明确,易于被学生理解。

例如,有位教师在《统计》一章的教学中,安排了以下活动。

师:"现在每人发给一个橘子,请大家数一数你手中的橘子有几瓣,并与同桌交流,小组统计,然后全班统计。"

学生掰开橘子,各自数完后,按要求得到全班的统计结果。数据显示,橘子的瓣数不是固定的。这时若教师提出"下一步怎么办",则会让学生无所适从。而如果教师提出"观察数据,你认为一个橘子大概有几瓣",那么学生的思维就会被引导到思考"用这组数据的哪个数字特征作为橘子瓣数最合适"上。

(4) 要根据当前所学知识的发生发展过程设置问答内容,以引导学生逐步深入,直至得出结论。

例如,在《多边形的内角和定理》一节的教学中,可以循着这样的过程设置问答内容。

问题 1　(引导性问题)我们已经知道,三角形内角和等于 $180°$,那么多边形的内角和等于多少呢? 能否利用三角形的内角和定理推出多边形内角和?

问题 2　在数学研究中,如果一般的情形不容易解决的话,常常从特殊情形入手。我们知道矩形的内角和为 360°,你能否利用三角形内角和定理推导出这个结果?(用 360°的导向作用,利于学生想到"将矩形分为两个三角形"。)

问题 3　任意一个四边形的内角和都是 360°吗? 为什么?

问题 4　根据上述方法,你能推导出五边形的内角和为多少度吗? 六边形的呢?

问题 5　对于一般的凸 n 边形,其内角和为多少度? 你能证明吗?

上述一系列问题,基于"从特殊到一般"的设计思路,着眼于"将多边形的内角和问题转为三角形内角和",引导学生一步步接近结论。

(5) 要面向全体学生提问题,不要总是提问那些学习好的学生。如果学生不能顺利回答,那么就要对问题进行适当调整或进一步启发。问答结束时,教师应进行总结,给出明确的结论。

2.3　读书指导法

读书指导法就是学生在教师的指导下,通过自主阅读教科书和参考书而获得知识的方法。这里特别要重视教科书的作用:首先教师要要求学生预习教材的某部分,这样便于教师精讲重点、难点和关键;其次,课堂教学中,教师应通过各种方式引导学生阅读教科书,例如,要求学生在认真阅读教科书的基础上指出当前所学概念的关键词,这些关键词可以用怎样的等值语言表述等;再次,教师要要求学生以教科书为线索进行课后复习、阶段复习等。

教师在指导学生阅读教科书时,应要求他们经历"由薄到厚,由厚到薄"的过程。即教师首先应当要求学生仔细地阅读、深入地理解教科书,在这个过程中要注意引导学生加强相关知识的联系,用自己的语言解释各种数学名词、术语等,从而把书读厚了;在"读厚"的基础上,应当要求学生对已经学习的内容进行提炼概括,整理出核心概念体系以及相应的数学思想方法。

当前,教师不重视教科书的现象出现在教学的各个方面。"不是教教材,而是用教材教"的提法引起许多误解,甚至被有的教师当成不重视教科书的作用、脱离教科书进行教学的借口。在教学中,教师匆忙结束基本概念、原理的教学,把大量时间用于解题训练的现象非常普遍。更有甚者,有的教师认为教科书"太简单",难以应付中考或高考,因而抛开教科书,对阅读教科书不作严格要求,把教辅资料作为教学的依据,投入大量精力去解答其中的题目。这是一种舍本逐末的做法,不仅会对学生掌握基本概念、形成良好的数学认知结构造成严重影响,而且也难以达到解题训练的效果。

2.4 练习法

练习法就是在教师的指导下,学生通过独立作业,理解和掌握知识,形成技能,发展解题能力的教学方法。一般地,学生必须通过练习才能达到数学的学习目标,因此练习法是数学教学的常规方法。使用练习法进行教学应当注意以下问题。

(1)练习要有明确的目的性,要根据教学内容和学习的不同阶段安排练习。不仅教师自己要对练习的目的心中有数,而且要使学生知道练习的目的。一般地,在教学新知识之前的练习是为了唤起当前学习所需要的已有知识;在讲解数学概念、定理、公式、法则等时的练习是巩固性练习;综合练习的目的是为了建立知识之间的联系,从而使学生形成良好的认知结构。

(2)练习要注意循序渐进,在难度、综合性等方面逐步提高,应当先易后难、先单一后综合。

(3)练习量要适度。练习量太少的话,达不到巩固知识、领会思想方法的目的;过量的练习不仅浪费时间,而且可能导致学生的厌烦心理。

(4)练习要采取多样化的形式。练习不仅要有纸笔练习,还要有操作性、实践性的练习。

(5)要及时对练习进行评价。经验表明,在学生练习后及时批改、讲评,既介绍练习中出现的好方法,又指出错误以及出现错误的原因,也就是说及时给学生反馈练习情况,对增强学习效果有很重要的意义。

2.5 研究性教学

研究性教学是以强调科学原理形成的过程为主要特征的教学方法。广义的研究性教学包括教与学两个方面,狭义的研究性教学仅指教师的教学。理科教材中的知识多以面向结果的方式呈现,而对理论形成过程介绍较少。教师授课时,由于受学时和表现手段的限制,更是将过程进行提炼,突出结论。这种教学恰恰忽视了学生最需要的关于科学原理的探究过程,学生不了解知识和理论是在何种问题的引导下被研究和发现的,这实际上束缚了学生的批判性思维。研究性教学强调教学内容的呈现方式要面向过程,将学科概念等得以产生的起因和研究过程展示给学生,并引导学生的发散思维,激发学生自主学习和探究的动机,增强学生自身参与知识建构的积极性和自觉性。

研究性教学的关键是研究性教学方案的设计,其显著特点如下。

(1) 以实际应用为载体

研究性教学对教与学都是一个新的机遇和挑战。教师不能把它上成习题课、方法课。教师首先需要解决数学研究性课程的载体是什么这一问题。在选择切入点时,可从现实的、应用的、反映家乡建设的一些实际问题入手,以实际应用为载体。例如我们可以开设数学建模应用作为研究性学习高中函数课程的内容。这一内容以使学生学会收集、调查实际数据,并将数据转化为数学模型,应用数学知识作出数学预测为目标,最后以形成小论文为结果形式。

这种新的教学模式以实际运用为载体,其课堂教学内容必然是开放式的。这就要求教师紧扣教学的知识点,以精练的语言介绍从各种媒体(包括网络)上获得的相关信息,特别是有一定难度的、富有挑战性的前沿科研课题及对高中数学课程改革的要求。一方面这能使学生拓宽思路,开阔眼界,另一方面也使他们以小组为单位,自己收集实际数据资料,自己提出研究问题,通过建模,提出分析和评价,完成研究报告的撰写。题目和结论都是开放性的,这一方面培养了学生的创造性思维,同时也可培养他们一丝不苟的精神和态度以及关心社会的责任心和使命感。

(2) 树立学生的主体地位

在进行研究性教学的初始阶段,应该让学生熟悉和掌握尽可能多的研究模式,懂得观察法、实验法、调查法和文献资料查阅法是科学研究最基本的方法,同时要让他们知道,什么样的课题适合什么样的方法。在开展研究性教学的过程中,教师是学生学习的参与者、指导者、组织者、促进者以及合作者,也就是说,教师应以平等的身份主动参与学生的课题研究,通过与学生交流发表自己的意见,与学生相互学习,共同进步。教师应指导学生的研究思路、研究方法,并做好组织协调工作,为学生的学习活动创造一个良好的环境,帮助学生克服困难,树立信心。在完成调查、收集、建模、分析、评价直至研究报告形成的过程中,学生可以自由组合,分成两人、三人或更多人的若干小组,选出组长,收集数据资料,交流研究心得和体会,集体讨论难点,撰写研究报告。通过小组的方式,培养学生的合作精神、团队精神和协调科研活动的能力。

由此可见,开展研究性教学,不仅可以促进学生学好数学,掌握自主、合作、探究的学习方式,学会主动学习、终身学习,而且还可以促进数学教师教学观念和教学行为方式的改进,提升教师的综合素质。

2.6　活动式教学

活动式教学是以在教学过程中建构具有教育性、创造性、实践性的学生主体活动为主要形式，以激发学生主动参与、主动实践、主动思考、主动探索、主动创造为基本特征，以促进学生整体素质全面发展为目的的一种新型的教学观和教学形式。它有以下特征和要求。

（1）以活动作为教学的基本原则，以活动促发展

活动是人发展的源泉与动力。学生的主体活动是学生认知、情感、行为发展的基础，无论学生思维、智慧的发展，还是情感、态度、价值观的形成，都是通过主体与客体相互作用实现的。活动的实质是要求把活动作为学生学习和发展的基本途径，借助活动来真正确立学生在教学过程中的主体性，使学生享有课堂教学中更多思想和行为的自由和选择发展自我的机会。

（2）强调活动过程的自主性、开放性和创造性

只有让学生在参与活动时，享有开放的环境，具有宽松合作的人际氛围，才能使学生形成一种自由、独立、主动、探索心态，从而为学生创造性思维和创新性学习提供条件。

（3）注重活动过程的教育价值

学生素质中最重要的态度、情感、能力、合作精神、责任感等个性品质的培养都是在活动的过程中实现的。因此，活动教学要将教育目的蕴含于活动过程之中，并特别关注学生参与活动的态度、解决问题的能力和创造性，注重学生对过程的主体性体验，为良好人格的形成提供更多的机会和选择。

（4）必须以民主和谐的师生关系作为前提

教师要充分尊重和信任学生，尊重学生的自主权、独特的思维方式和活动方式，尊重和保证活动的独立性和差异性，真正使学生成为自己学习和活动的主人，使教师成为与学生平等的咨询者和指导者。

可见，活动式教学有利于实现学生的整体性发展，具体表现在以下几个方面。

（1）学生在活动中可以获得影响与控制环境的能力，从而建立起对自己的信心，满足学生"表现自我，体现价值"的心理发展的需要，促进学生健康人格的养成。

（2）活动式教学可以促进学生认知的发展。学生通过探究、操作、体验，了解知识的获得过程，经历知识形成过程，从而主动构建自己的知识结构，改变机械接受和背记知识结构的被动学习方法。

（3）可促进学生能力的发展。活动中学生常常需要自主地思索和采取措施，

独立面对新的环境和解决新的问题,学会与同伴合作,因此,活动课对于学生的动手操作能力、创造性思维能力、独立思考和解决问题的能力、合作交往能力的养成和提高都有特别的意义。

活动式教学一般有以下几种方式:从组织形式看,有指定小组活动、接力赛、自愿配组活动、个体活动、人机结合(分组或个体);从涉及的内容看,有解决问题型、设计型、课题型等;从操作层面看,有主体交流型、动手操作型、设计与交流型等。

课堂教学的本质是教师按照国家规定的课程标准和教学要求组织学生进行有效学习的过程。教师不能为活动而活动,为活跃而活跃,而是为了让学生活跃地学习,主动地学习,有计划、有目的、有组织地学习而开展活动。怎样以良好的教学活动程序上好每一节课,让更多的学生把数学当做是思维的体操、而不是抽象难学的精神负担,这是我们作为数学教师应该重点思考和解决的问题。

总之,讲授法、问答法、读书指导法、练习法、研究性教学和活动式教学是传授间接知识的几种常用方法,它们在教学中相互交叉、相互配合,在课堂教学中共同发挥作用。一般地,对于学生难以独立掌握的内容应当以教师讲授和师生共同研究为主;而对于学生已有一定的知识基础,在教师引导下可以独立学习的知识,可以采用问答法、练习法;对于比较容易的内容,可以指导学生从教科书的阅读中或实践活动中独立获取知识。

第二节　中学数学教学方法的改革与发展

1. 改革的基本情况

从 20 世纪数学改革的发展历程来看,课程改革受到主要关注,而教学改革被放在次要地位;教材改革受到重视,教法改革相对被忽视。其实,教学改革的关键是教学思想的改革,真正的改革发生在课堂,任何好的改革理想只有在教学实践中得到体现才能发挥作用。因此如何有效地提高教师的教学水平,改革教学方法,切实提高课堂教学质量和效益,应当成为数学教育改革的重点。

由于内容和方法是紧密相连的,所以在 20 世纪 60 年代后期,新数运动达到高潮时,人们意识到教学方法的改革也是非常重要的。1969 年,第一届国际数学教育大会作出决议,认为"各国应尽可能努力进行数学教学现代化的工作,包括课程内容和教学的表现方式"。内容和方法是不可分的,数学教学方法理论正在形成一门科学,它既包含数学内容,也包含教育学内容。随着课程改革的不断发展,教学方法的改革得到日益加强,改革规模也越来越大,出现了一些新颖的数学教学方法。这里介绍一些有代表性的方法,并对它们的内容、背景及意义作简单介绍。

1.1 发现法

发现法的主要倡导者是美国教育心理学家布鲁纳。他认为,教学应当从儿童、青少年的好奇、好问、好动的心理特点出发,在教师的引导下,围绕着一定的问题,依据教师和教材所提供的材料,让学生自己去发现问题,回答和解决他们自己的问题,使他们成为知识的发现者,而不是知识的消极接受者。

发现法的提出与对注入式教学方法的批判直接相关。长期以来,人们习惯于注入式教学,到了 20 世纪中叶,为了适应社会发展对创造性人才的需求,布鲁纳运用当代认知心理学的学习理论,提出了"发现法"。在《发现的行为》一文中他详细地阐述了发现法的基本思想。他认为,一门课程不但要反映知识本身的性质,而且要反映求知者获得知识的过程。我们教一门课程,不但要在学生头脑中建造一个小型的图书馆,而且应当使学生像一名数学家那样思考数学,像一名史学家那样思考历史学。因此,"发现是不限于那种寻求人类尚未知晓之事物的行为,正确地说,发现是用自己的头脑亲自获得知识的一切形式。"

布鲁纳认为,过去教学方法的理论是强调给学生某种刺激,使学生做出某种反应,在刺激反应之间形成联结,通过不断的练习来强化这种联系。这种学习不需要较高级的心理活动过程,它不断重复旧的东西,而不去发现创造新的东西。发现法则要求学生应对新的问题、发明新的东西,它需要运用分析、综合、归纳、演绎等较高级的心理活动过程。从心理学角度来说,用发现法进行教学有四点好处:一是能不断提高学生的智慧,并发挥其潜力。二是因为学习中有所发现,就能激发学生的学习兴趣,产生自学的内在动机。三是使学生学会发现的试探法,"人们只有通过练习解决问题和努力发现问题,方能学会发现的试探方法。一个人越有实践经验,就越能把学习所得归纳成一种解决问题或调查研究的方式,而这种方式对他可能遇到的任何工作都有用处"。因此,通过发现法教学可以使学生学到科学认识的方法。四是有利于记忆的保持,"人类记忆的首要问题不是储存而是检索",记忆过程从检索的角度看,也是一个解决问题的过程。

发现法的缺点主要是不经济,需要花费很多时间,不利于使学生掌握系统的知识,形成必要的技能。

从 20 世纪 70 年代以来,通过"发现法"在教学中的试验和运用,国内外改革者进一步发展了这种教学方法,"研究法"就是对"发现法"的发展。首先,教师根据具体教学内容,按照教学目的,提出富于思考性的研究题目和要求,由学生独立思考;然后组织学生互相讨论,得出自己的初步认识、理解、判断和概括;最后由教师归纳总结,讲授正确答案,纠正错误意见。与发现法所不同的是,研究法不限于引导学生自己发现命题和规则,还可以通过研究使学生对问题加深理解或进行一些总结。我国上海育才中学从1977年开始教改实验,逐步创造出来的"读读、议议、练练、讲讲"教学法。实际上这种方法也是由"发现法"发展而来的。这一"八字教法"曾在全国引起强烈反响,其中的基本精神也为各地各校广泛吸取。

1.2 单元教学法

单元教学法(Unit Teaching)是根据教材内容的划分而创立的教学方法,在西方相当流行。它在组织和安排教学内容时,改变以往按课时划分教学内容的方法,而以教学单元来划分。其特点是使学生的学习内容和学习活动保持完整,它反对把教材分成一课又一课,认为这是一种割裂,不符合学生心理(尤其不符合完形心理学原理),不易掌握,更不利于发展学生的能力和合作精神。

这种教学方法的具体步骤为自学探究→重点讲授→综合训练→总结巩固。

1.3 程序教学法

程序教学法和单元教学法都是根据教材内容的划分而创立的教学方法。如果从教材内容划分的粗细角度分析,它们是恰恰相反的教学方法。

美国心理学家斯金纳(B. F. Skinner)在心理学实验中发现,动物的复杂行为可以用逐步接近的方法,经过步步强化而形成。同时他观察了当时的课堂教学,认为教师对学生的正确反应缺乏必要的及时肯定,即没有及时强化。因此他把这种对动物形成复杂行为的方法应用于人类的学习,提出程序教学法。随后在美国得到心理学界和教育界的响应,学者们对这一教学方法进行了广泛研究,并于1958年达到高潮,被介绍到其他国家,可谓风靡一时。

程序教学法是把学习内容分解成一个个小的问题,并系统排列起来,通过编好程序的教材或特制的教学机器,逐步地提出问题(刺激),学生解答问题(反应),解答问题后立即就知道学习结果,确认自己的解答是正确的或错误的。如果解答正确,得到鼓舞(强化)就进入下一程序学习;如果不正确,就采取补充程序,再学习同一内容,直到掌握为止。程序教学法的基本操作程序是:解释——问题(提问)——解答——确认。

程序教学是一种个体自学方式。程序化的教材通过机器或课本来呈现,因而有"机器教学"、"自动教学"等名称,后来又发展到计算机辅助教学。

我国已故中科院心理所教授卢仲衡从 1964 年开始进行程序教学研究,经过长期实验,取得了丰富成果,发展形成了中学数学自学辅导教学法。这一教学法强调在教师的指导和辅导下,以学生自学为主的教学原则,采取"启(启发)、读(阅读)、练(练习)、知(当时知道结果)、结(小结)"的课堂教学结构,培养学生的自学能力、读书能力和思维能力,特别是培养自学能力。在 30 年实验的基础上,编写了九年义务教育三年制初级中学《数学自学辅导教材》,并经国家教育委员会中小学教材审定委员会审查通过,在全国范围内推广使用。这套教材除了"自学课本"外,还有练习本和测验本,因而被称为"三个本子的教学"。应当说,这项实验有坚实的心理学理论依据,有长期扎实的课堂教学实践支撑,取得了很好的理论与实践成果,特别是对当前我国数学教学中学生被动学习的现象普遍存在的情况下,"自学辅导教学法"更有其现实意义。虽然这一实验也还有一些问题需要进一步研究,但它在引进国外教学理论时应如何结合中国数学教学实际方面,确实起到了很好的示范作用。不过非常遗憾的是由于卢教授的过世以及 2001 年开始的新一轮课改,这项很具中国特色的初中数学教改实验中断了。

1.4　分组教学法

由于智力发展和成长环境的不同,学生在数学知识的掌握和数学能力的发展水平上存在差异,他们在数学学习上的需求也有很大不同。为了满足学生的不同要求,做到既面向全体,又照顾个性差异,从 20 世纪初,人们为解决因材施教问题进行了不懈地努力。例如,19 世纪末、20 世纪初就出现并流行的"分组教学法"就是为满足这样的需要而创造出来的。这种方法大致分为两大类:一类是在一所学校内按学生智力或学习成绩分成年限长短不同、内容也各异的几种课程(或者年限不同、内容相同);另一类是在一个班内,根据学生学习情况的变化和分化,分成内容深浅不同或进度各异的小组进行教学。最著名的是美国哈利斯创建的"活动分团制(Flexible System)"。20 世纪 80 年代以来,我国也对因材施教问题进行了大量研究和实践,出现了许多类似于"分组教学法"的做法。比如按照全国重点、省重点、地区重点等划分学校等级,创办和命名示范性高中,学校内部按成绩分班,搞重点班、普通班,也有叫做"分层教学"等的做法,这些都与"分组教学法"类似。这些做法虽然在一定程度上体现了因材施教,但也带来了学生、教师和家长种种心理的和社会的矛盾。近来,重点学校、重点班制度受到严重质疑,人们认为这种做法不利于体现教育公平原则。因此,这种方法的存在价值有待进一步研究。

前面提到的"中学数学自学辅导教学法"事实上也是一种满足因材施教要求的

教学方法。

1.5 现场教学

这种教学方法最早出现在 19 世纪末,当时有代表性的就是杜威实用主义的"从做中学"(Learning by Doing),即通过周围的环境、游戏或实验,让学生自己提出问题,写成调查报告,从而得出结论。在这个过程中,允许学生思索、假设,甚至犯"错误",以体验数学思维的发生、发展过程。后来,这种"从做中学"的教学方法在我国得到进一步发展。我国的改革者们在理论联系实际的大前提下,强调教和学的实用价值。1958 年,为了贯彻教育与生产劳动相结合的方针,使学生把他们的生产实践经验运用到学习活动中来,教育部将数学课程中的某些章节内容(如测量)放到工厂、农村的生产现场中去边讲、边看、边做,创造出现在名叫"现场教学"的教学方法。20 世纪 60 年代末、70 年代初这种教学方法进一步发展到"开门办学"和"以典型产品组织教学"。

这种教学方法的特点不只是地点的转移,也不只是教学方法的不同,它在内容和分量上突破了教学大纲和教材的范围;在时间上也突破了通常的课时表;另外,在学生的组织上也可能是小组的、个人的,并经常有现场的工人、农民、技术人员和工作人员参加,由他们共同完成教学任务。从局部上看,它对克服"注入式"和"模仿加记忆"的教条主义的教学也能起到一定作用。因此,它含有合理的、积极的因素。但是,如果不注意的话,教学中也可能会出现处理理论和实践关系的绝对化或以偏概全的现象,特别是有否定教师主导作用、忽视基本理论和基础知识教学的危险。

1.6 问题教学法

为了使学生能清楚地理解,并激发和促进他们的学习,美国教育家杜威创立了这一教学方法,这是他把"从做中学"的思想运用于学校教学的产物。他认为、活动至少应包括某种质的和量的有形的做(doing),知识的增长完全不可能在头脑内部产生,为了学习和发现,必须动手做某些事情。在《我们怎样思维》一书里,杜威概述了这种方法的步骤。

第 1 步:学生必须感觉到困难,最好是他在自己所参与的活动中感到受挫,从而产生如何使活动继续下去的问题,以引发学习需要。

第 2 步:一旦感觉到了问题,学生就得加以探究并明白地确定问题。

第 3 步:在深入分析和思考了情境以后,学生就要搜寻资料,以明确怎样使自己开始时的活动得以重新继续下去,或者将其改造成一个更合适的形式。

第 4 步:学生根据假设从自己的资料中推出它的含义,这时他要通过自己的思考而验证每个假设。

第 5 步:把看来最能达到目的的假设付诸实践,以通过实际验证这个设想的正确性。

其中,在第 5 个步骤里,杜威特别提出要学生根据自己选定的假设进行实践,这样既验证了假设在理论上所预言的东西是否真的产生了,同时又使学生参与到经验中去,只有这样学生才能真正理解有关的概念和内容。

在杜威提出问题教学法以后,这一教学法一直都有拥护者,而且不断被发扬光大。例如,"问题解决为学校教学的核心"可以看成是杜威教学理论的发展,当前提倡的"大众数学",强调构建问题情境、学生探究活动和合作交流,强调情感态度价值观等,也是"问题教学"的延续等。

综上所述,教学方法的改革不像教学内容的改革那样受到重视,理论性也较差。但是近年来,这方面的研究有很大的变化和发展,各种各样新的突破传统的教学方法相继产生,这些都是可喜的成就。另外,不能抽象地说某一种教学方法好还是不好,判定一种教学方法的优劣不能脱离教学的具体因素。应该提倡的是:一种好的教学措施是多种教学方法的有机配合。

2. 发展趋势

考察现代数学教学方法的发展,概括起来有以下几个方面。

2.1 以发展智力、培养能力和创新精神为出发点,坚持"育人为本"

20 世纪 60 年代起,随着教育心理学研究的深入,发展学生的智能被确定为教学的一项重要任务,这自然要求改革教学方法。如果说以往的教学方法以保证数学知识的传授为主,那么现代教学方法则以发展学生的智力、培养能力和创新精神为出发点。可以说,这是当今数学教学方法的时代特色。从布鲁纳的发现法到问题解决教学,再到当前强调以保证学生独立思考、自主探究与合作交流为特征的教学方式变革,都是为了适应发展学生创新精神与培养数学能力的时代要求。人们认为,教学中强调学生独立自主地探究和发现,对于提高学生的智慧潜力具有重要作用。通过问题解决、探究性学习等,可以使学生体验探索新知的方法,使他们的创造力得到培养。

长期以来,由于受前苏联教育理论的深刻影响,我国的教学方法主要强调掌握"双基"。尽管"双基"对于学生的全面、和谐与可持续发展十分重要,但如果学生缺乏创新精神与实践能力,就很难适应信息化社会的需要,所以在强调"双基"重要性的同时,必须把培养实践能力和创新精神放在突出位置。为此,教师所采取的教学方法,除了针对"双基"外,还要使学生形成创造性活动的经验。实际中,教师不再采用单一的"讲授法"、"活动法"等,而是根据需要采用综合的教学方法,实质上是形成了以学生在教学中的思维参与度、探究活动的方式与水平为标准的一个教学方法系列,其目的就是为了使学生学会数学的思维,培养创造性活动的兴趣,发展创造性活动的能力。

现代数学教学方法强调坚持"育人为本"、"德育为先",期望在数学知识的教学过程中,引导学生在学会数学的同时,掌握数学学习方法,培养数学学习兴趣,形成正确的数学观,养成科学的理性精神。因此,现代数学教学方法强调教师能洞悉数学教学内容中蕴涵的价值观资源,并把它们发掘出来,以学生可以理解的方式呈现出来,使价值观影响融合于整个数学教学过程中,达成数学教学的"育人"目的。

2.2 学生主体作用和教师主导作用相结合

中外教育史上的许多教学方法,有的强调教师的主导作用,有的则带有浓厚的学生中心主义的色彩。有人认为,现代社会强调创新能力,教学中就要把培养学生主动学习的精神放在首位,教师的地位只能是"数学学习的组织者、引导者与合作者",这样认识是有失偏颇的。实际上,即使是布鲁纳这样积极主张发现法的教育家,在重视学生的同时,也特别强调教师的主导作用。他曾指出,学生发现活动的引起、维持和教学目的的达到都有赖于教师的指导。皮亚杰也说,认为儿童不需要指导,单凭自己就能意识到问题所在,准确、清楚地提出问题,这是非常荒唐的。一段时间以来,建构主义观点非常盛行,"学生不是空着脑袋走进教室"、"学生有自己对世界的看法"、"学习过程是学生的主动建构过程"等思想被广泛传播,更有极端建构主义者认为教师的任何指导都是对学生主动建构活动的干扰。但是随着教学改革实践的深入,人们越来越认清了这些观点的缺点,重新向强调学生主体与教师主导相结合、发挥师生的积极性回归。

事实上,教学方法的本质就在于它是师生二位一体的活动,师生的活动是相互联系、相互配合的。所以,每一种教学方法都是相互联系着的师生活动方式的结合体。教师应把握好引导学生独立思考的度,保证学生在数学学习中的思维参与度,使他们在学习过程中保持高水平的数学思维活动,只有这样才能提高教学质量和效益。需要注意的是,现代教学方法是以学生的发展为本,强调学生的主体性,不仅要求学生掌握"双基",更主要的是注重学生掌握"双基"的心理过程,强调理解性学习,促使学生积极开展紧张的智力活动,掌握有效的学习方法,训练思维,培养创新精神和实践能力。教师的主导作用主要体现在对学生的数学学习活动进行激励、组织、启发、引导和调控上，其核心是调动学生学习的积极性，启发学生通过自主学习达到教学目标。

强调创设问题情境、引导学生尝试探究、组织学生交流、开展变式训练、归纳概括、反思等就是为了更好地体现教师的主导和学生的主体。反映当前教学内容的本质、对课堂教学起关键作用、有一定困难但又是学生经过努力能解决的"问题情境"，既可以激发学生的学习欲望，又可以创设一种有利于学生积极思维的教学情境；"引导学生尝试探究"体现了接受式学习与活动式学习相结合的学习方式，教师讲授与学生尝试相结合的教学方式中教师的作用主要体现在对如何发现问题、如何找到解决问题的方法等方面的引导上，学生则需要通过独立思考和尝试活动，具体实施解决问题的过程；"交流"可以使学生相互启发、取长补短，同时也给教师发现学生存在的问题和采取补救措施提供依据；"变式训练"不仅可以提高练习效率和质量，而且可以更好地培养数学能力，通过变式，可以排除非本质特征的干扰，提高新旧知识的可辨别性，可以发展学生的概括能力，为开放式教学提供条件，为发展学生创造性思维创造条件；把"归纳概括"作为教学的一个基本环节，强调随时组织和指导学生归纳出有关"双基"方面的一般结论，结合必要的讲解，揭示结论在整体中的相互关系和结构上的统一性并纳入知识系统，这对于提高练习的质量和效益都大有好处；"反思"包括对过程的反思、对结果的反思、对方法的反思、对学习过程的优化等，其最终目的是要解决学生"学会学习"的问题。由此可见，现代教学方法不仅强调学生主体和教师主导的结合，而且还具体地反映出何为主体、何为主导及其结合的方式。

2.3 注重应用学习理论的研究成果

按教学方法的本义，教学方法理应包括教的方法和学的方法两个方面。但长期以来，教师注重教法有余，而对学法的研究不够，把学习规律应用于实际教学就更显不足。实践证明，忽视学法，教法就会失去针对性，其效果也就被削弱了。现代教学论一方面批判传统教学的"目中无人"，另一方面主张学生既是教学的客体又是学习的主体。在探讨教学方法时，很多研究者认为应加强对学习方法的研究。这主要体现在以下几个方面。

（1）以加强学习理论的研究作为创立现代教学方法的前提

人们认为，检验教学方法的科学性要以学生学习的有效性为标准。教学过程中，任何教学方法的运用，只有在符合学生数学学习规律的前提下，才能做到有的放矢,其效果才能得到保证。因此,在现代教学方法的研究中,自然要加强对学习理论的研究。例如,布鲁纳的认知-发现理论中关于知识学习过程的论述(学习过程是认知结构的组织和再组织过程,包括获得新知识、改造旧知识和评价这三个几乎同时发生的过程)及其发现学习理论(以问题的形式呈现知识,让学生通过自己不断的探究来获得结论);奥苏伯尔的有意义言语学习理论中关于学习类型的划分,即将学习按两个维度区分为接受学习与发现学习、有意义学习与机械学习,认为有意义接受学习应当成为学校学习的主导方式,影响有意义接受学习的最重要的心理因素是学生已有的认知结构;加涅的认知学习理论关于学习的概念、过程以及学习的条件和结果的论述;皮亚杰的建构主义学习理论关于学习是个体主动建构内部心理表征的过程,学习过程既有对新信息意义的建构又有对原有经验结构的改造和重建,不同的学习者因为原有经验的差异而对同一事物的理解方式也不同;维果茨基的"最近发展区"理论等。这些学习理论对现代教学方法的研究产生了很大的影响。实际上,对学习理论的研究已经成为对教学方法的研究中最直接的、最重要的基础。

(2) 在教学方法的运用中,既有教法的要求,也有学法的要求,两者相辅相成

以往的教学方法中,多数只对教师提出要求,而对学生如何学习的问题很少涉及。现代教学方法强调要着眼于使学生学会学习。例如,相对于传统的讲授法,现在的教育界特别强调启发式教学思想的应用,强调启发学生数学思维活动的重要性,要求教师不仅要使学生掌握好讲授的内容,而且要使学生在听讲过程中独立思考,理解教师讲授的思路,领会所讲授内容的本质,懂得分析问题、解决问题的方法和途径。对于练习法,不只满足于得出正确答案,而且注重答案的获得过程。教师在学生练习的过程中要加强指导,同时要组织学生进行交流,使学生能相互启发、取长补短、优化解题过程,从而实现举一反三、触类旁通、概括迁移的目的。基于使学生学会学习的指导思想,现代教学方法要求教师进行必要的讲授、示范、引导和点拨,更要求学生自主学习、独立思考,形成自己的学习方法,并学会监控自己的学习进程,这些让学生终生受用的技能。有意义学习的过程是一个自我发现、自我调节的过程,它是通过个人真实的体验来调节的学习,无法由他人传达。因此,现代教学方法特别强调学生自我监控学习的作用,强调把学生对自己的认知活动不断进行积极地、自觉地监控和调节纳入教学过程中,其中包括设置学习目标、预习课文、引发疑问、分析如何完成学习任务;在学习过程中,现代教学方法强调对每一个步骤进展状况的监控,及时评价、反馈学习中的各种情况,发现其中存在的问题,并

据此及时修正、调整学习过程,及时检验结果,及时采取补救措施。

现代教学方法还重视非智力因素在教学中的作用。学生的学习活动是智力因素与非智力因素综合的结果,学生的数学学习成绩不仅受其智力与能力的影响,而且与其非智力因素的水平有密切关系。非智力因素起着动力作用、定型作用和补偿作用。任何智力活动必然有情感活动相伴随。当然,智力因素与非智力因素之间的影响或作用是相互的而不是单向的,而且非智力因素只有与智力因素一起才能发挥它在智力活动中的作用。因此,教学中既要依靠和利用学生的智力,又要培养和发展学生的数学学习情感。教学方法一旦触及学生的情感和意志领域,触及学生的精神需要,就能发挥高度有效的作用。学生对数学具有内在的兴趣,这是最好的学习动机。实际上,创设生动的、有趣的、对学生的智力具有挑战性的问题情境,能激发学生的好奇心和学习热情,能使学生兴趣盎然地投入学习,这是现代教学方法发展的重要特征。

总之,现代教学方法正沿着"苦学—乐学—会学"的道路发展。

(3) 以学生的思维参与度作为评价教学方法的基本标准

这就是说,评价教学方法的标准发生了重心转移——从教师方面移到了学生方面。从学生掌握知识、发展能力的角度看,这个标准有着不同的水平层次:准确地记忆和复现所学内容;按照已有的模式,在熟悉的情境或变式情境中运用知识;在新情境中变换和灵活运用已有知识,发现新的知识。显然,在不同的水平上,学生思维的参与度是不同的。正是学生掌握知识过程中存在的这些差异,使各种教学方法的区别也得以确定。

2.4 强调对传统教学方法的继承、发展与创新

尽管新的教学方法层出不穷,传统教学方法受到抨击和质疑,但传统教学方法并不能被完全取代。事实上,新教学方法不一定完美,传统教学方法也不一定一无是处。例如,强调学生独立自主探究的教学方法,长处是有利于培养学生的探索精神和创造性思维,但它耗时较多,课堂教学组织困难,与在短时间内掌握大量数学知识的学校教育目标有矛盾。因此,发现法、探究法等并不能成为学生学习的唯一重要方法,讲授法、问答法等也是必需的。有意义接受学习能保证在较短时间内接受大量书本知识,因此是学校中主要的学习方法。实际上,教师的启发式讲解是传授知识最有效和最经济的方法,没有教师的讲授,教学的质量和效益都无法得到保证。

当前,传统的教学方法,如讲授法、谈话法、练习法等的运用也与过去不同,

已由主要是再现、重复,变为更多地要求有启发性、强调学生思维的独立性,要有利于发展学生的数学能力。新的教学方法也在不断发展和完善。例如,使用那些强调学生自主探究、合作交流的教学方法时,为了使学生真正经历探究过程,使交流活动真正有利于学生的数学理解,应当实行"问题引导学习",通过恰时恰点的问题情境(系列)引导学生的探究活动。当然,学生在教学中进行的探究与发现,不是要他们重复人类认识史上原始的探索发现过程,而是一种"再发现"。这样,在构建恰时恰点的问题情境时,需要教师对学习材料进行缩短——将原发现的冗长过程予以剪辑,变成短途径;平坡——改造原发现过程的坡度(难度)使其变成对学生稍有难度而仍有学习的可能;精简——削枝强干,突出核心概念和重要的数学思想方法。

当前,在教学方法的改革与创新中,人们考虑的一个核心问题是如何在接受式学习中融入问题解决的成分,使启发式讲授教学与活动式教学有机结合。现代教学方法要求教师根据学生的数学思维发展水平和认知规律以及数学知识的发生、发展过程设计课堂教学进程,尽量采用"归纳式",让学生经历概念的概括过程,思想方法的形成过程。要求教师在教学中要做到"既讲逻辑又讲思想",引导学生通过类比、推广、特殊化等思维活动,自己找到研究的问题,形成研究的方法,以促进学生在建立知识之间内在联系的过程中领悟本质。教师应充分发挥"先行组织者"的作用,在思想方法上多引导学生,让学生自己多动手、多阅读、多思考、多交流、多发表意见,教师自己也应参与到学生的活动中去,多听少讲,在关键点上让学生有机会提出自己的见解。认为只有这样才能保证学生的思维参与度,只有这样才能让学生真正通过自己实质性的思维活动获取数学知识、方法和数学思想,并逐渐发展数学能力。

第三节　现代信息技术与中学数学教育

教学手段是保证教学任务顺利完成的各种物质条件,也就是师生教学互相传递信息的工具、媒体或设备。教学手段与教学方法既有区别又有联系,教学方法是由许多具体的教学方式和手段构成的,是对教学手段的运用。没有一定的教学手段,教学就无法进行。在中学数学教学中像粉笔、黑板、三角板、量角器、直尺、各种模型、挂图等传统的教具、学具都是常用的教学手段。随着信息技术的飞速发展以及电脑的广泛普及,现代信息技术在数学教学中的应用日益增多,这对传统的教学方法、教学组织形式以及教学过程的结构和模式都产生了深刻的影响。

下面简略地介绍几种常用的现代化教学手段。

1. 多媒体技术

1.1 多媒体技术的含义

多媒体(Multimedia)技术就是将信息的表现形式[图片(Image)、文字(Text)、声音(Audio)、视频图像(Video)等]、信息的存储介质(磁盘、磁带、光盘、胶片等)和信息的传播介质(光缆、电缆和电磁波等)等软硬件结合在一起,并通过计算机进行综合处理和控制,在屏幕上,将多媒体各个要素进行有机结合,并完成一系列随机性交互式操作的信息技术。

"多媒体"源于媒体,但不是多种媒体的简单集合,而是以计算机为中心把处理多种媒体信息的技术集成在一起,用来扩展人与计算机交互方式的多种技术的综合。多媒体的关键特性主要表现在交互性、信息载体多样性及集成性。

1.2 当前数学教学中应用多媒体技术的优势

与传统教学相比,多媒体技术在中学数学教学的应用的优势主要表现在以下几个方面。

(1) 具有丰富的表现力,可激发学生的学习兴趣,培养学生的创造力

利用多媒体技术可改变信息传递媒体单一以及教师仅靠口述和板书给学生传授知识的局面。多媒体具有丰富的表现力,能将文字、图表、声音、动、静态图像集成在一起,构成教学软件,创造一个图文并茂、有声有色、形象直观、生动逼真的教学环境,使内容更充实、更形象、更具有吸引力,从而提高了学生的学习热情。如在立体几何的教学中,通过多媒体课件中的三维动画、空间的透视,让学生更清楚直线与直线、直线与平面、平面与平面之间的位置关系。又如利用计算机可以很快做出所需要的一切立体几何图形,而且可以是动态的,当拖动某些点时,可以改变它的位置使图形有最佳的视角、最好的直观性。不仅如此,多媒体还可以使所做出的图形绕着一个点、一条线进行旋转,通过这一切可以很好地培养学生的空间想象能力。

(2) 变抽象为形象,有利于突破教学难点、突出教学重点

生动的 CAI(Computer Aided Instruction)课件能使静态信息动态化,抽象知识具体化,从而突破教学难点,突出教学重点,如在立体几何的教学中,异面直线的概念及其所成角的大小、异面直线之间的距离、二面角、直线与平面、平面与平面的位置关系等非常抽象,学生难以观察和理解,但是若教师运用多媒体二维、三维动

画技术和视频技术等动画演示、旋转,就可以让学生观察到它们的位置关系,使这些知识易于理解。

(3)简化教学环节,提高课堂教学效率

在数学教学过程中,经常要绘画图形、书写解题板书、演示操作等,这就需要用到较多的小黑板、模型、投影仪、录音机等辅助设备。使用这些设备不仅会占用大量的时间,而且有些图形、演示操作并不直观明显。计算机多媒体改变了传统数学教学中教师主讲,学生被动接受的局面,集声、文、图、像、动画于一体,资源整合,操作简易,交互性强,结合学生个体的实际情况,给每个学生一个合理的期望。在教学过程中以学生的活动为中心,安排教学环节,大大缩短非教学时间,从而提高课堂教学的效率。

(4)有利于知识的系统化、网络化

CAI内容的多媒体化,克服了传统的线性结构的缺陷,为学习者提供多样化的外部刺激,激发学生全方位的感官性能,更有利于学生知识的建构。教学过程中,教师可利用超文本的任意跳转,只需轻轻按键就可以跳转到需要的知识点。如在理解锥体、台体、柱体三者之间的关系以及体积问题时,通过动态地切割、补形、旋转等,就不难寻找出它们的关系,这也有利于学生把所学知识系统化,网络化。

(5)利用多媒体强大的交互性,因材施教,实现教学个性化

运用多媒体教学,采用图文交互界面和窗口交互操作,使人机交互能力大大提高,有利于学生在学习过程中,根据自身的需要选择学习的内容和学习的进度,便于学生最大限度地发挥主观能动作用。教师也可通过监控软件,了解学生的学习情况,进行因材施教,实现教学的双向流动,并根据反馈的信息,及时调整学习节奏。网络CAI的发展为个别化教学带来了广阔的发展空间,打破了时间、地域、主体的限制,自由地发挥着以人为本、因人施教的作用。

(6)运用课件,促进学生素质的全面提高

这主要表现为学生动手、动脑多,使学生学习如同视频游戏,在乐中学,学中乐。精心设计的多媒体辅助教学软件如几何画板、Flash、Authorware 等,为学生学习提供了一个信息加工、探索和发现知识的环境,为学生的情感交流和集体协同解决疑难问题创造了环境,提高了学生的学习兴趣,深受学生欢迎。如在讲解球的表面积时,可以设计软件,按照极限的思想,通过动画去切割一个球体,让学生去想象、思索;在教学数学公式、定理时可以让学生自己动手去探索、推导、证明问题结论,从而培养了学生全面观察、探索以及创造性思维的能力。

（7）提供丰富的资料信息来源，丰富了数学学习内容

多媒体软件将多媒体技术和数据技术相结合，提高了辅助教学综合利用多媒体信息的水平；多媒体软件和网络技术相结合，使多媒体辅助教学系统让学生与学生之间、学生和教师之间跨越时空的限制，互相交流；多媒体软件可以使每一个学生能够同时拥有几乎无限的信息来源接口，使他们可以根据自身的情况选择不同的学习资料进行个别化和交互性的学习，可以通过教育网、校园网、网校和因特网查阅各种相关资料，可以通过网络做作业，交作业，真正实现无纸化学习。通过这些途径，多媒体软件丰富了数学学习内容，扩大了知识面。

多媒体辅助教学进入我国中学课堂已有十多年的历史，但在如何应用多媒体技术方面还不尽如人意，出现了一些问题，例如多媒体辅助教学利用率不高，多媒体技术功能发挥不够，多媒体使用不恰当，设计中存在着形式主义，忽视学生的主体性，师资缺乏和资源不能共享等。如何克服多媒体技术应用的误区，充分发挥多媒体技术的优势，教育工作者们还有许多工作要做。

2. 几种常用的数学软件

目前出现的一些优秀的数学软件平台，例如算术领域的电子数据表、代数系统的 MathCAD、几何系统的几何画板以及 Mathematica、Matlab 等，都具有很好的交互灵活性，而且它们考虑到了数学研究的需求，很适合数学教学。教师只需考虑如何在这种环境下组织教学，至多是利用这些平台做一些二次开发，这对于数学教学改革的影响是深远的。

2.1 电子数据表及其应用

算术领域的软件（包括计算器）的功能主要是训练学习者的计算技能。从技术上看，这些程序使计算技能和训练变为自动化，但从本质上看，所运行的还是一种传统的算法形式，人们期望发展展示基本概念运算的系统软件。算术领域的软件开发商试图对课程中数字和数量重新概念化，这些软件开发的思路还是处于研究的早期阶段。

从关系和结构的角度看数字，电子数据表可以用来支持学生从算术到代数领域的转换过程。这种转换包含熟练操作一般关系、运算未知关系、应用函数和反函数、发展形式的代数方法。从这个意义上看，电子数据表提供了获得代数语言的可能，这样会扫除学习代数中的某些障碍。此外计算机把学生从评价符号的算术活动中解脱出来，使他们能够把注意力放在问题的结构和代数方面。这类现代化的设备和工具为实施这类教学模式提供了方便，它延伸了人类手的功能，也辅助了人

类脑的功能。

[例6-1] 用一张正方形的纸制作一个无盖的长方体,应怎样制作才能使得体积较大?

学生首先需要考虑的是这样一些问题:无盖长方体展开后是什么样的?用一张正方形的纸怎样才能制作一个无盖长方体(包括基本的操作步骤)?制成的无盖长方体的体积应当怎样去表达?而对于七年级学生来说,关键的问题——什么情况下无盖长方体的体积会较大?这只有通过一些给定了边长(数据)的具体正方形的计算,采用观察、归纳和合情推理的方式去寻求问题的结论。这里应当鼓励学生在探索结论的过程中借助计算器和计算机解决有关的计算、作图等非核心任务(就这个问题而言),并把注意力放到"探索规律"上来。需要注意的是,信息技术不应该作为学生数学理解和直觉思维的替代物,即不应当用计算机上的模拟实验来代替学生能够从事的实践活动(如在计算机上模拟"倒砂子实验",以使学生理解等底等高的圆柱体和圆锥体体积之间的关系);不提倡利用计算机演示来代替学生的直观想象,来代替学生对数学规律的探索。

2.2 计算机代数系统(CAS),Mathematica

这是代数、算法和线性代数中使用的交互式计算机技术,主要是为了提高学生使用表征形式与图像的能力,如操练代数表达式、画出函数图形等。计算机代数系统(CAS),Mathematica等能够使学生以任何传统的表征形式定义、结合、转换、比较或直观地操作函数和关系。利用这些数学系统提供的互动、更具探索性的方法,可以使数学技术从演绎和代数法转向归纳和实验法,有利于解决问题。

[例6-2] 三角函数 $y=A\sin(wx+\phi)$ 的图像性质

在《函数 $y=A\sin(wx+\phi)$ 的图像》一节的教学中,原来是由旧知识函数 $y=\sin x$ 的图像出发,逐渐引出函数 $y=\sin wx$ 和 $y=\sin(wx+\phi)$ 的图像,最后得到函数 $y=A\sin(wx+\phi)$ 的图像。如果上述四个函数的图像分开单独画,则不容易看出四个函数图像之间的变化关系;如果画在同一个直角坐标系中,又会显得图像臃肿、杂乱,画出的图像不但不准确、速度慢,而且影响学生对知识的整体理解与把握,增加学生的学习负担。如果运用计算机(器)技术,要分别说明系数 A、w、ϕ 与图像的振幅、周期和位置特征的关系,就变得相当简便快捷。例如,应用数学软件 Mathematica,不仅可以画出精美而准确的图像,而且可以在同一直角坐标系中用不同的颜色动态的演示图像之间的关系,使原来枯燥的知识变得生动形象,使学生再次遇到函数 $y=A\sin(wx+\phi)$ 图像时,凭借直接思维,可以迅速捕捉"函数 $y=\sin x$

和 $y=A\sin(\omega x+\phi)$ 图像之间的关系"这一隐性材料,进行直接想象或做出直接判断,有利于学生的直觉思维能力的培养。

借助于代数系统软件和计算机技术,我们可以很容易地得到丰富的图像,这大大地增加了教学容量,活跃了课堂气氛,提高了教学效率,而让学生积极参与,自行探索,获得亲身体验,也能使他们对函数概念内涵及各个系数对函数图像的影响有更为深入的理解,使学生的主体地位得到较好的体现,为进一步研究其他函数图像的性质打下坚实的基础。

2.3 几何画板

"几何画板"软件是由美国 Key Curriculum Press 公司制作并出版的几何软件,它的全名是"几何画板——21 世纪的动态几何"。"几何画板"是一个适用于几何(平面几何、解析几何、射影几何等)教学的软件平台,它为教师和学生提供了一个探索几何图形内在关系的环境。它以点、线、圆为基本元素,通过对这些基本元素的变换、计算、动画、跟踪轨迹等,构造出其他较为复杂的图形。"几何画板"软件的特点有两点:一是形象性,能把较为抽象的几何图形形象化;二是动态性,可以用鼠标拖动图形上的任一元素(点、线、圆),而事先给定的所有几何关系(即图形的基本性质)都保持不变。这种动态性和形象性为学生创造了一个实际操作几何图形的环境,学生可以任意拖动图形,进行观察、猜测和验证,从而加深对图形的感性认识,发挥学生的主体性、积极性和创造性。

"几何画板"的优势特点主要是具有独特的记录功能、强大的图形功能和强大的图像功能。它操作简单,只要用鼠标点取工具栏和菜单就可以开发课件;它无需编制任何程序,一切都借助于几何关系来表现,因而用"几何画板"进行课件开发速度非常快。一般来说,如果有了明确的设计思路,操作较为熟练的教师开发一个难度适中的软件只需 5—10 分钟。由此可见,"几何画板"是一个个性化的工具平台,类似"几何画板"这样的平台代表着教育类工具软件的发展方向。

[例 6-3]　连接椭圆 $\dfrac{x^2}{25}+\dfrac{y^2}{16}=1$ 上一点 P 与椭圆焦点 F_1,F_2 相连的直线分别交椭圆于 A,B 两点,试求 △PAB 面积的最大值。

分析:此题看似容易,实际处理并不简单。不妨先用《几何画板》探索,给出判断或猜测,再尝试给出解答或证明。思路如下:

用"几何画板"测算出 △PAB 的面积(如图6-2),拖动点 P 观察 △PAB 面积的变化趋势,以判断面积 △PAB 取最大时 △PAB 的位置。

拖动点 P,当 P 点在第一象限内按逆时针方向移动时,$\triangle PAB$ 的形状随之改变,$\triangle PAB$ 的面积逐渐增大,当点 P 落在 y 轴上时,面积$\triangle PAB$ 达到最大值。据此可以推测:当点 P 位于椭圆短轴的一个端点时,$\triangle PAB$ 的面积最大。

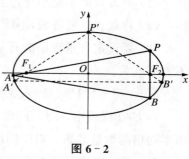

图 6 - 2

3. CAI 课件制作

制作一个 CAI 课件的主要步骤包括多媒体素材的搜集、整理、制作;确定设计思路、开始制作;后期调试这几个步骤。下面主要谈 CAI 的设计思路。

3.1 课件结构的设计

一个 CAI 课件的结构主要有顺序结构与交互结构两种。在制作中应尽可能多的采用交互结构。交互是 CAI 课件制作的核心,缺乏交互性的课件与一盒录像带没有什么区别。交互结构可以使课件的界面更为丰富,由多媒体和超文本结构所组成的 CAI 设计采用交互结构,既方便了教师操作,又可以使教师根据实际教学情况自行选择和组织教学内容。通过交互可以实现教师与计算机、教师与学生、学生与计算机之间的双向交流,从而达到在教学中提高课堂教学效率、突破重点难点、提高学生素质与培养学生能力的目的。

3.2 文字的设计

CAI 课件中包含了大量的文字信息,是学生获取知识的重要来源。教师在设计时要做到以下几个方面。

(1) 文字内容要简洁、突出重点,文字内容应尽量简明扼要,以提纲式为主。有些实在舍不去的文字材料,如名词解释、数据资料、图表等,可采用热字、热区交互形式提供,阅读完后自行消失。

(2) 文字内容要逐步引入。对于一屏文字资料,应该随着讲课过程逐步显示,这样有利于学生抓住重点。

(3) 要采用合适的字体、字号与字形。文字内容的字号要尽量大,选择的字体要醒目,对于文字内容中关键性的标题、结论、总结等,要用不同的字体、字号、字形和颜色加以区别。

3.3 声音的设计

在 CAI 课件中,合理地加入一些音乐和音响效果,可以更好地表达教学内容,同时吸引同学们的注意力,增加学习兴趣,但需注意以下几个方面。

（1）声音效果不能用得过多，否则反而是一种干扰信息，效果适得其反。

（2）背景音乐要舒缓，不能过分的激昂，否则会喧宾夺主。

（3）要设定背景音乐的开关按钮或菜单，便于教师控制，需要背景音乐就开，不需要就关。

3.4 图形、图像、动画、视频的设计

在 CAI 课件中，图形、图像、动画、视频图像占较大比重，设计得好，可以起到事半功倍的教学效果。对于图形、图像、动画、视频的设计有以下几方面要求。

（1）图的内容要便于观察，图形、图像等画面设计要尽可能大，图的主要内容应处在屏幕的视觉中心，以便于学生观察。

（2）对于动画和视频图像，若只播放一次，有的学生可能会无法看清，最好设计重复播放按钮，教师可以根据教学实际，重复播放。

4. 网络教学

国际互联网的出现将信息时代的社会细胞联为一体，创造出全新的网络文化，全球信息数字化、学习网络化的时代已经向我们走来，发展网络教学势在必行。

网络教学（Elearning）是指利用计算机进行教学。我国的网络教育始于 1994 年，现在有了很大的发展。我国已经建成四大计算机网络，即公用计算机互联网（Chinanet）、中国教育科研计算机网（Cernet）、中国科学技术网（Stnet）和中国金桥信息网（Chinagbn），其中中国教育科研计算机网由教育部主办，是专供教学使用的网络。此外，我国不少高校和重点中学也开通了网络学校。目前，我国基于互联网基础上的网络教学方式主要有三种，即远程教育、网校和学习网站。

网络教学系统以其信息资源的丰富性、时空不限性、人机交互性等特点，在很大程度上克服了传统教学的不足，使它在教育过程中的应用越来越普遍。网络教学的发展必将引发中小学教学的巨变，这是不以人的意志为转移的。但是现实情况却是大多数中小学教师面对这一新的教学环境时显得准备不足，缺乏现代教育的思想观念和迎接时代挑战的心理准备，敢于尝试网络教学的教师寥寥无几。所以对广大教师来说，面对正在来临的网络教学浪潮时，应该全面地认识其在教育中的作用，认清教育改革的大方向，懂得如何利用信息技术来支持教育改革和促进教育发展，更新教育思想、教学观念、教学模式和教学方法，促进现代信息技术与学科教学的整合。

【思考题】

1. 中学数学教学的基本方法有哪些？它们各有怎样的适用范围？

2. 启发式教学的内涵是什么？为什么说启发式教学思想是数学教学的根本指导思想？

3. 比较布鲁纳的"发现法"与传统的"讲授法"，说明它们各自的特点。你认为"发现法"的优点、缺点各有哪些？

4. 数学教学方法的发展趋势表现在哪些方面？

5. 通过本章的学习，结合自己所受数学教育的反思，你认为我国中学数学教学方法中存在的主要问题有哪些？应当如何进行改革？

6. 什么是多媒体技术？

7. 试述当前在中学数学教学中应用多媒体技术的主要优势。

8. 什么叫"几何画板"？试举一个用"几何画板"教学的实例，并作出简要分析。

9. 试述网络教学发展的现状及特点。

第七章　中学数学教学实践与研究

【导语】　教学技能是教师的职业技能,它是教师钻研教材、研究学生、进行创造性教学的基础。教学技能具有明显的实践性、可观察性和可操作性,可通过培训逐步形成。数学教师要注重数学教学实践与研究,形成扎实的教学技能。

第一节　中学数学教学技能

1. 教学技能概述

教学技能是指教师运用已有的教学理论知识,通过练习而形成的稳固、复杂的教学行为系统。教学之所以被称为一门艺术,是因为课堂教学给予教师充分自由创作的余地,教师不仅以独特的个性来发挥和施展自己的才能,还必须与学生配合。学生既是这种创作活动的对象,也是这种创造活动的积极参与者和主要的受益者。优秀教师的课总是不断地教育人、鼓舞人、启发人、塑造人,总是让学生爱听、爱看,能给学生留下深刻的印象,其原因就在于优秀教师具备扎实的教学技能。

教学技能是教师的职业技能,它是教师钻研教材、研究学生、进行创造性教学的基础。教学技能具有明显的实践性、可观察性和可操作性,因而教学技能可以通过培训逐步形成,能为广大教师所掌握和利用。

教学技能大致可以划分为以下几种类型。

1.1　导入技能

导入技能是指在新的教学活动开始时,教师引导学生进入学习的行为方式。导入技能有旧知识导入、实例导入、直观导入、故事导入、情境导入、问题导入和实验导入等多种形式。

1.2　提问技能

提问技能是指教师通过提出问题让学生回答,来检查学生的学习效果或帮助学生巩固知识的教学行为。提问一般包括提问设计、含蓄提问、学生思考、明了总结四个步骤。提问技能包括回忆提问、理解提问和运用提问等多种形式。

1.3 设计问题情境的技能

设计问题情境的技能是指教师充分掌握学生的心理特征,通过熟练运用教育原理,预见或假设学生探索问题可能出现的困难,从而事先准备好对策的行为方式。设计问题情境的技能包括把问题设计在趣味故事中或生活实际中。

1.4 吸引学生的技能

随着现代生活水平的提高,学生的学习生活中高强度的诱因刺激也在增加。课堂上如何吸引学生,变"要我学"为"我要学"是教师需要思考和加强的技能之一。教师吸引学生的主要方式有联系现实生活、安排思考和探究具有挑战性的问题、善于改变教学方式、增强自身的人格魅力等。

1.5 启发的技能

启发的技能是在经过学生积极思考,想弄明白而没有弄明白的状态下,教师才引导学生把问题弄懂的方式。启发包括以下步骤:明确方向、铺路架桥、设置疑难问题、精简揭晓。

1.6 讲解技能

讲解技能是指教师运用语言及各种教学媒体,引导学生理解知识和形成概念、原理、规律的教学行为方式。讲解技能有事实性知识讲解和抽象性知识讲解等形式。

1.7 板书、板画技能

板书、板画技能是指教师利用黑板以精炼的文字语言、图表等形式传递教学信息的行为方式。板书、板画技能有提纲式、词语式、表格式、线索式、图示式和简笔画等多种形式。

1.8 演示技能

演示技能是指教师通过运用各种教学媒体把事物的形态、结构和变化过程进行示范性演示来帮助学生理解知识、传递教学信息的行为方式。演示技能有实物、标本、模型演示、幻灯、投影演示、电视演示、多媒体动画演示和实验演示等多种形式。

1.9 反馈与强化技能

反馈技能是指教师通过获得来自学生的有关信息来反思、调节自己的教学行为的方式。强化技能是指教师增强学生动机,促使学生的行为向最佳方向发展的教学行为方式。反馈技能有观察、提问、考查和实践操作等形式。强化技能有语言强化、符号强化、动作强化和活动强化等。

1.10　结束技能

结束技能是指通过知识的归纳和总结，帮助学生巩固知识并形成知识系统的教学行为方式。结束技能有归纳式、比较式、活动式、练习式和拓展延伸式等多种形式。

1.11　组织教学技能

在任何情况下，教师都能把学生有效地组织起来，使每个学生的力量和积极性充分发挥出来。组织教学技能一般指教师组织学生的注意力、管理纪律、引导学习、建立和谐的教学环境，以及指导学生尽心学习的行为方式。组织教学技能包括管理性组织、指导性组织和诱导性组织等形式。

1.12　变化技能

变化技能是指教师利用表情、动作等体态语言，辅助口头语言传递信息和表达情感的教学行为方式，包括动作变化、表情变化、眼神变化、声调变化等。

1.13　与学生交流、沟通的技能

教师在教学情境中与学生交流是师生之间的教学信息传递与反馈的行为过程，良好的师生交流能建立并保持高度互动的课堂气氛。师生交流包括对话交流和非语言交流。非语言交流包括课堂倾听、面部语、体态语、服饰语及作业评语等。

1.14　指导学生"学会学习"的技能

新课程改革要求学生从被动的学习到"会学习"、"主动学习"。怎样教会学生"会学习"是教师面临的新技能。

1.15　教学经验反思的技能

教学经验反思是促进教师进步的重要手段。反思要求教师既关注自己的实践，又关注实践的外在环境中加强和阻碍学习的各种方式和因素，并把经验的反思上升到理论层面或应用于后继的教学中。

1.16　把握教学节奏的技能

如果教师对教学内容的安排与处理富有弹性，有起有伏，根据学生在课堂上的反映及时调节讲课的节奏，就能适当减轻学生的身心劳累度，使学生的情绪具有弹性。交接重要知识点时，学生兴奋点、注意力应集中些，但大脑如果连续处于这种紧张的状态，就会因为负担重而转为抑制状态，兴趣也会跟着降低。因此教师在教学内容的安排中，要适当穿插与教学有关的一些有趣的、新颖的、生动的内容，同时要给学生静心思考和单独练习的时间，使学生的情绪有张有弛。

2. 中学数学基本教学技能

一个优秀的数学教师一定能够深刻地理解教学技能的意义,并能娴熟地、创造性地运用。数学教学技能是教师在数学教学过程中为完成某项教学任务而采取的一系列教学引导方式,是形成数学教学能力的重要组成部分。数学教学技能的形成要以数学专业知识以及教育学、心理学、数学教育学、数学教育心理学的理论为基础,也是教师思想风范、职业道德和教学艺术的综合体现。

下面结合中学数学教学的特点,着重介绍几种数学教学的技能。

2.1　数学教学语言技能

语言是完成教学任务的主要工具,教师的语言美在很大程度上决定学生的学习效率。课堂教学语言是教师在课堂教学中阐明问题、传授知识、组织学生学习、激发学生学习热情所运用的语言。数学教学语言技能是教师在完成数学教学任务的过程中运用教学语言的行为方式,是数学教师应该掌握的最基本的教学技能。

教学语言包括口头语言、书面语言(主要指板书)和体态语言等三个方面,这里专讲口头语言,其他的语言后面再涉及。

数学课程的教学语言要为数学的教学目标服务,要适应数学课程的教学规律。数学教学语言应该具备以下特征。

(1)鲜明的教育性和目的性

不带有任何思想的语言是不存在的。由于中学生缺乏社会经验,对教师有一种崇拜心理,并会有意无意地模仿教师的语言、形态等,所以教师的语言对学生有着潜移默化的影响。加之数学教学语言在计划安排表述的内容和方式时要受控于教学目标,这使得教学信息传输过程中的每一个语言信息都应带有鲜明的教育性和目的性。

(2)专业知识的准确性

这是指数学教学必须使用数学专门术语和数学符号语言,由于数学教材中的每个概念、符号、法则、性质、定理、公式以及各种数学表达式都有准确的含义,因此对于数学专业教师的教学语言的第一位的要求就是准确与规范。

教学中,有些教师"除"和"除以"不分,"约去"与"消去"混淆,将"a^x"读成"ax",将"$\dfrac{1}{x-y}$"念成"x 减 y 分之一"等等,这些都是表达错误不准确的表现。有的教师把分式的分子和分母说成"上面"与"下面",有些教师表达当 $\alpha \in \left(-\dfrac{\pi}{2}, 0\right)$ 时,称 α

为"负锐角"。诸如此类用生活语言代替数学术语,生造概念,随便引用教材系统中没有定义的概念和符号等行为,都是语言不规范的表现。

(3)叙述的连贯性和严谨性

教师在课堂教学中讲述时层次要清楚,说理要充足,尽量词简意明。教学中出现的"大边对大角"、"两直线平行,则斜率相等"、"这个定理的逆定理不成立"等等说法都是不严谨、不科学的。教学中,语言不准确、不规范、不严谨、不科学都会人为地造成学生概念模糊、思维混乱,严重影响学生对教学内容的理解和接受。

(4)针对性

由于教学对象不同,年龄特征不同,知识水平和心理状态不同,教师的教学语言应有所不同。如低年级学生对于生动形象的语言易于接受,教学语言应当具体、明朗、亲切;高年级学生的抽象思维能力增强,他们追求对事物的理性把握,因此教学语言应带有更多的理性色彩,应注意语言的深刻性和哲理性。

(5)启发性和灵活性

教师的语言在某种程度上要能启发学生思维,起到调动学生自觉性、主动性和积极性的作用。教师要根据教学内容、教学方式和思维规律,合理安排表达的方式,排列语言的程序,采用分析讲解、点拨提示、质疑问难等多种方法,使用灵活多变的教学语言,不断点燃学生智慧的火花。

(6)逻辑性

数学知识本身具有很强的系统性、逻辑性。若推理不正确就会造成错误,因此例题的讲解一定要起到逻辑示范性。

教学语言除了要把握它的上述个性特征外,还要反映它的审美特征,注意它的形象美、科学美、情感美和语声美,即教师要用生动形象的语言去激发学生思考;把自己的情感融于对教材内容的深入理解之中,与学生产生情感的交流;发挥数学美、思维美和逻辑美的强大说服力,使学生掌握事物的内在规律;讲究语音的旋律和节奏,使学生的优势兴奋中心随着教师教学语言的声波与音调不断转移和强化,使学生在深入理解和掌握知识的同时,受到美育教育,获得美的享受。有的教师上课总是有或多或少的"废话",形成与课堂教学不协调的语调或语境,如"现在啊"、"请同学们啊"、"看到黑板啊"、"今天啊"、"我们学习啊"、"一个新公式啊"、"这个问题啊"、"主要啊"、"要解决啊"、"作业啊"、"错误啊"、"比较多啊"等等。青年教师一定要注意自己的教学语言美,不能养成随便的习惯。因为一旦形成这种对教学不利的语调或语境,教师就很难改掉。

2.2　板书技能

板书是课堂教学微观技术的重要组成部分，也是呈现教学思想的重要载体。板书是一种视觉语言符号，它运用文字、图形、线条和色彩等构成图文并茂的空间语言信息，它是与口头语言密切配合传递教学信息的媒介。一般情况下，我们所说的板书包括文字、数字和字母，各种形式的线条、示意图，用于文字下方起标记提示作用的符号等。从逻辑上来分，板书可分为总分式板书、对比式板书、线索式板书、阐述式板书、阶梯式板书、对称式板书、联系式板书和启发式板书。从表现形式上来分，板书又可分为写意板书、投影板书、课件板书和网络板书。

板书对突出教学重点，强化直观形象，启发学生思维，帮助他们理清教材脉络，加深记忆都有重要作用。板书是教师应该具备的基本功，每个教师都要重视板书技能，使自己的教学板书具有直观性、合理性、简洁性、启发性和示范性。

（1）直观性

教学板书以文字、符号、图标等形象性手段将教学内容直接诉诸于学生的视觉，丰富了学生的感知表象，有助于学生吸收和掌握知识信息。实践证明，视觉不仅是人类获得外界信息的重要手段，而且是使信息最容易被人们接受和理解，印象也最深刻的途径。

（2）合理性

做到布局合理，主次分明，详略得当，脉络清楚，并使板书的结构与讲课内容大体一致，这样就能起到提纲挈领，揭示知识内在规律的作用。

（3）简洁性

教学板书应是经过精心提炼的、科学的语言、符号与图像的组合，展现出的应是概括精练而又准确适当的、能够反映教学内容本质的。

（4）启发性

教师应从方便学生观察和探索知识的内在联系的角度出发安排板书。板书应富有弹性和张力，不做一览无余的交代，给学生留下思考和想象的空间。比如把容易混淆的概念并列，把有联系的知识串在一起并以恰当的形式和不同的颜色表达出来，这样就有利于启发学生的思维。

（5）示范性

教师的板书对学生的影响很大。教师板书时的字形字迹、论证推理、演算步骤、解题方法、作图技巧、板书态度与作风、习惯动作与语言等，往往会成为学生模仿的对象，能够对学生产生深刻的影响。

教学中对板书的恰当运用,可以帮助教师提高学生的学习兴趣,启发学生的思维,培养学生良好的学习习惯,提高学生的审美情趣,有助于建立良好的师生关系。

2.3 体态语言技能

体态语言就是说话者在说话时以一定的身体状态和面部形式辅助口头语言表达的独特的语言,具体有表达思想感情的眼神、表情、姿态和动作。从信息论系统和控制论的角度看,体态语言首先表现为一种可输出的有效信息,经过说话者的加强、减弱或调控后,使之成为一种能更好地被人接受的表达语言,它的发生或有效界域是说话者和听话者之间,即说话者的眼神、表情、姿态、手势、动作要能让听话者感知到。从社会心理学的角度来看,这是人们使用一种非语言符号系统所进行的交际,它作用于人的视觉-动觉感知系统,并建立在人们对这种非语言符号有着共同理解的基础上。体态语言分为两大系列:以眼神变化为中心的表情系列,除特别生动的眼神外,它包括眼帘的开闭、眉毛的展缩、鼻翼的动静、下巴的收放、嘴唇的张开和笑、怒、悲、喜等面部肌肉的变化;以手势动作为中心的体态系列,除千变万化的手势外,它包括身体的倾仰、肩头的耸放、胸脯的起伏、腰部的扭曲、腿部的行止等。就体态语言的运用划分,体态语言有一个动作或姿态的单一式,多个动作或姿态配合的复合式。体态语言具有动作性、微妙性、感染性、辅助性等特点。

美国心理学家艾帕尔·梅拉别思通过许多实验,总结出公式:信息效果=7%的文字+38%的音调+55%的面部表情。这个公式反映了以面部表情为代表的视觉语言在信息传递中的重要作用。

在教学信息的传递过程中,如果只有听觉信息,而没有视觉信息,教学效果就会明显打折扣。对于数学这样相对来说比较枯燥、抽象的学科,如果这两种信息同时齐备,接受效果就会更理想。教师只有既注重口头语言,又重视体态语言,才能给学生形象具体、生动传神的审美感受,才能与学生实现心灵碰撞、情感交流的情景经验,才能使教师的语言丰富多彩、教学效果锦上添花。

体态语言技能分为以下几类。

(1) 手势表达

手是人体中强有力的表情器官。不同的手势可以描摹复杂的事物状貌、传递丰富的内部心声、表达特定的含义。在教学中能有效指挥学生的一举一动,把课堂组织成一个节奏分明的有机整体,把教师和学生的思维连接起来。手势表达的潜力是很大的,教师要熟练巧妙地使用这一表达工具。手势按其构成方式和功能的不同分为象征性手势、会意性手势、指示性手势、强调性手势、描述性手势、评价性手势等。一只手做的手势叫单式,双手共做的叫复式。复式比单式力度大,更富有加强的气势。教师一般可根据所讲的内容和学生的多少决定用单式或复式,课堂教学通常用单式。

（2）面部表达

面部是思想的荧光屏,它以最灵敏的特点,把具有各种复杂变化的内心世界最迅速、最敏捷、最充分地反映出来。教师应将微笑带进课堂,实施愉快教学,即微笑肯定、微笑批评、微笑启发、微笑辅导。面部表情是人内心情绪的晴雨表。教师要学会控制和运用表情来教育学生,同时要善于察言观色以获得学生的反馈信息。

（3）眼神表达

眼睛是心灵的窗户。眼神是面部表情中最富于表现力的部分。一个人的眼神变化是反映其心理情感状态的寒暑表与思维认识活动的脑电图。研究表明,眼神的运用经常涉及教师行为效果的问题,凝视的形式和次数减少时,学生注意力分散的情况就增加。大多数教师都能意识到,盯着学生会引起学生的注意,从而使他们参与课堂活动并注意听老师讲课。国外研究发现,与老师对视较多的学生成绩相对要好些。日本教学论专家吉本均教授认为,对于初上讲台的教师来说区分"眼睛"与"眼神"是极其重要的。

2.4　导入技能

无论新授课、复习课或习题课,都有一个如何导入的问题,好的导入不仅可以引起学生的认知冲突,激发学生学习的兴趣,而且可以使学生从中获得情感体验和美的享受。

数学课堂教学中用于导入的方法很多,较普遍使用的有以下几种。

（1）直接导入

开门见山直接介绍课题,阐明学习目的和要求,提示各部分的主要内容及教学程序。这种方法适合于学习能力较强、有一定意志力的高年级学生。

（2）复习导入

以旧知识的复习为基础,将问题发展、深化,从而引入新的教学内容。这是教师在教学中常用的一种导入方法。

（3）直观演示导入

在讲授新知识之前,让学生观察实物、模型和观看投影、录像、电脑动画等,引起学生学习的兴趣,并从观察中提出问题,使学生从解决问题入手,自然而然地过渡到新课题的学习。

（4）问题导入

这里的问题可以是实际问题，也可以是数学问题。

实际生活和生产实践中有许多现象、问题，学生一般能够感觉到但不能够很好地理解、认识它们，一旦把它们上升到理论的高度，使其得到科学的解释，便能引起学生浓厚的兴趣。教师利用学生的这种心理因素，许多问题都可以从身边讲起，通过对实际问题的解释，分析问题中各种量之间的关系，建立数学模型，从而引出新的教学内容。

通过纯数学问题也可导入新课，与新的教学内容相关的数学问题可以直接给出，也可以从学生已有知识入手，逐步深入，通过思考而得出，还可以从简单的个例出发，通过观察、归纳、猜想其一般性结论而将其问题引入。

（5）类比、对比导入

有些新知识与旧知识在结构和特征上有共同点或相似之处，在讲授这些新知识时，就可采用与旧知识类比或对比的方法引入。

（6）数学故事导入

数学发展史中有许多动人的故事，适当地选讲其中与教学内容相关的某些故事或片段，不仅有助于创设良好的学习情境，还可以引起学生学习的兴趣。

（7）活动导入

教师先讲清活动的形式、步骤、所需材料和活动目标，然后让学生进行相应的教学活动，通过活动使学生探求规律，概括结论，进一步发现问题，从而进入新的学习内容。

（8）归纳式导入

通过列举一些实例让学生观察、思考，从中捕捉共性，从而形成概念，发现性质、定理、公式的一种引入课题的方法。

（9）发现式导入

通过引导学生观察、操作、探究、发现数学知识和规律引入课题的方式。

（10）练习式导入

安排一组习题让学生练习，通过对习题或解答结果的讨论、引申、推广引入课题。

不管采用以上哪种方式，一般来说，导入都要满足以下要求。

（1）目的要明确

导入是为了使学生顺利而自然地进入新知识的学习，应根据新课内容规定导入的目的,导入方法要与教材内容和学生特点相适应。

（2）要有趣味性

设计导入要做到引人入胜,讲究关联性和趣味性,使学生以主动、积极地心理状态投入学习活动。

（3）要有启发性

任何导入方式都要适应学生思维,引导他们去发现问题,激发学生解决问题的强烈欲望。

2.5　提问技能

提问在数学教学中有十分重要的作用。通过提问,不仅有利于培养学生的思维能力,发展学生智力,培养学生的语言表达能力,发挥学生的主体作用,增强学生学习的自信,更有利于教师及时获得教学的反馈信息。

（1）提问的作用

提问有以下几方面的作用。

① 启发思维,主动学习。在讲授新课中穿插提问,能调动学生思维的积极性,刺激的程度和效果远远超过一般的讲解。

② 引起注意,激发兴趣。布鲁姆说过:"教会学生独立思考,我们就给了他们自我教育的能力。要使学生在课堂上敢于阐述自己的观点。我们不能要求学生放弃一切活跃的思考,盲目地相信某种结论。"适时有效地课堂提问就是体现该思想的重要手段。课堂教学提问有利于激发学生积极地、独立地思考。学生为了准确回答老师提出的问题,必须集中注意力,加快思维活动,迅速处理信息并积极探索该问题的答案。

③ 反馈教学信息,促进教学交流。教师在讲授新课之后进行提问是教学反馈的一种渠道。教学过程不应是直线式的,新课之后的提问是必要的,通过提问,教师可以了解学生对教材的理解、掌握和运用程度,然后根据获得的信息,对本节课的教学内容进行调整或弥补。

（2）提问的类型

提问的类型大致有如下几种。

① 回忆性提问。回忆性提问要求学生回忆所学过的数学知识或生活中的现象、事实等,对问题作简单的思考、回答。

② 理解性提问。理解性提问要求学生用自己的语言对概念、事实、结论或解题过程等进行叙述或解释说明。

③ 应用性提问。应用性提问由教师建立一个简单的问题情境,让学生运用学过的知识和技能解决新问题。

④ 分析性提问。分析性提问要求学生识别条件与原因,或找出条件之间、因果之间的关系,有效地组织自己的思想和已有的知识,对问题进行分析。

⑤ 创造性提问。创造性提问要求学生根据自己已有的知识,对问题进行分析综合、推理论证,提出创新的见解或预见事物的发展方向,意在促进学生创造性思维发展。

⑥ 探究性提问。探究性提问主要用来发展学生的探究能力,给予学生一定的材料,让学生通过探究归纳出某一结论。数学教学中对数学定理的推导一般属于该类问题。

⑦ 评价性提问。评价性提问要求学生对结论或解决问题的思想、方法作出评价,对有争议的问题给出自己的观点。

(3) 存在的问题与误区

在目前的教学中,教师的提问存在以下问题与误区。

① 提问过于频繁,问题数量过多。有的数学课一节多达七、八十个大小问题,学生根本没有时间去思考,有时甚至还没弄清问题教师就讲过去了。特别是数学公开课,有的老师为了体现自己的启发性教学,就不断地提问,但又怕影响教学进度,因此问题一提出来教师就给出答案完事。

② 重复问题和学生的回答。教师常犯的错误就是习惯性重复问题和问题的回答。这种习惯会导致大量有意义的时间丢失,降低课堂教学效率。当然,问题本身较复杂,有多个层面时,就有必要重复问题。大多数情况下,教师应避免这种无意义的重复。

③ 不会倾听学生正在回答的问题。教师不仅要会问,而且要会听,教师要注意两个方面——肯定的态度和听的技巧。在学生回答问题时,不管答得对还是错,教师都要将全部注意力放在学生身上,给予对方最大的、无条件的、真诚的关注,要明显表示出教师对学生的兴趣和尊重,让学生从教师的这些行为中得到积极的情感反馈。

④ 控制问题的答案。有的教师为了赶进度,虽然提出了问题,也形式上请同学回答了,但一见学生犹豫或吞吐,便马上叫学生坐下,自己回答。

⑤ 忽视学生的提问。有专家调查分析认为,学生在课堂上不愿提出问题,主要是学生的提问、表达受到各种限制,可能还会招致教师的指责甚至挖苦、批评,学生怕给自己惹麻烦而不愿提问。

（4）教师的提问应该满足下述要求。

① 提问要有目的性。课堂提问要围绕引入新知、分散与解决难点或训练思维等目标进行。

② 提问要注意对象。课堂提问要符合学生的认知特点，用不同层次的问题提问不同水平的学生，提问的难度和信息量应与学生的认知水平相适应。

③ 提问要有启发性。提问中要注意学生的心理特点，通过诱导性材料和启发性语言给学生以引导和启迪，鼓励他们通过积极思维和主动探索回答问题。

④ 提问要注意难易适度。问题太容易就不能引起学生的重视，问题太难又启发不了学生思考。所以教师要根据学生的实际水平，对学生的学习能力做出正确的估计，并在此基础上把握提问的难度，根据学生的个别差异、有的放矢、恰到好处地提出问题。教师要防止出现问而不动、启而不发的局面。

⑤ 提问要给学生以思考时间。提问的主要目的是培养学生的思维，如果教师不给学生思考的时间，学生就不能学会思考，也不可能形成逻辑思维，更不可能学会"主动学习"。

2.6　教学经验反思的技能

记教学后记（或写反思日记）是反思教学行为、提高教学技能水平的有效途径。写后记时，教师要把自己的感受和领悟实实在在地写出来，可以写成功的经验、失误的疑惑；可以进行原因分析，进行例行思考；可以就教学内容的呈现、教学方法、技巧艺术、学生情绪调动、板书、语言、表演的动作等方面加以记录。写的文字要简练，不要写空话。后记可以写在备课教案的后面，也可以做成卡片，分类整理，时刻提醒。具体来说，后记要重视以下几方面的记录。

（1）总结教学中的精彩片段

在教学实践中，每个教师在课前的备课阶段都对课堂教学结构、教材处理、教学方法、学法指导做了充分的设计，但是这些教学设想只有在师生互动合作的过程中才能体现它的精彩之处。教师把教学过程中自己受到深刻感染和刺激的地方、引起学生强烈反响的解法和做法记录下来，相当于记录下许多成功个案，日积月累就成了一笔宝贵的教学财富，为以后的教学和撰写教研论文准备了丰富的素材。

（2）记下教学中的失误或缺憾

教学中的疏漏与失误在所难免，课前的完美设计可能在课堂教学中暴露出诸多问题，与我们的期望相差甚远，因此特别需要对教学中的缺憾总结和反思。如果每一次教学后，教师都仔细查找教学中的不足和失误，多积累"病因"、"病例"，同时有的放矢地寻找解决的"办法",那么,他的综合教学技能自然就会提高。

（3）记录课堂上自己的灵感和学生冒出的思维"火花"

教学中师生共同的积极活动可能诱发教师的灵感,也可能使学生产生一些意想不到的看法、见解和言语,它们有的给课堂增添色彩,有的给教师增添了驾驭课堂的难度,教师应善于捕捉学生的这些思维的火花,并把它们记录下来,实现教学相长。

在重视后记的记录和整理的同时,必须加强对后记的使用,记是为了用,不仅自己要利用它们不断改进工作,开展教学研究,促使自己学理论、写文章,还要注意与同事交流,使教学体会共享。

2.7 课堂调控技能

课堂教学是千变万化的,不论教师做了多么充分的准备,课堂上仍会不可避免地出现一些意外的事情。课堂教学是有目标的,但学生的兴奋点往往与教学目标不一致,因此教师应具有驾驭课堂的能力。

（1）课堂失控与调控

课堂失控亦即教学失控,而教学失控是指课堂教学中由于教师主观因素的影响,使教学机制不能正常运行,导致课堂教学没能达到预期的目标。课堂失控会使教学气氛变得不融洽,影响教师教学活动的进行,甚至使学生产生反感情绪,不利于学生的发展。所以教师要及时调控课堂。

课堂调控就是指教师对以上的课堂失控行为进行调控的行为。为了避免其他因素影响教学,教师就需要平时多问、勤学,不断总结教育、教学经验,提高自身的业务素质和教学艺术技巧,加强教学中应变能力的培养。所以课堂调控需要教师经验的积累和自身素质的提高。

（2）课堂教学失控的类型

① 因教师在教学内容的数量安排的密度过大或过小,习题的质量超越本节课的目标要求或太容易解答或使学生无法解答或感到乏味等,而导致影响教学。

② 因教师教学速度太快或太慢,训练的强度太大或太小,使学生无法承受或太轻松,导致学生掌握新知识不扎实,囫囵吞枣,巩固练习处处卡壳。

③ 教学中因个别学生违纪、教师教育方法不当,使学生产生消极对抗情绪,师生矛盾阻碍教学。

④ 因教学方法不当,该演示的没有演示,学生对新知识掌握不熟;因操作时间过长影响巩固练习;因传导信息地媒体单调使学生厌学。

⑤ 教学中教师因教法单调、枯燥,缺乏教学艺术、技巧使学生情绪低沉。

⑥ 因教师课前心情不佳,使学生情绪受到极大压抑,在伴随着"急风暴雨"随时而来的特定环境中,提心吊胆地度过短暂却漫长的 45 分钟,学生无法安心学习。

⑦ 教师在教学中对教学信息加工、处理的失误和教学演示及操作的失误将会导致课堂教学的严重失控。这类失控对教学的危害极大,后果严重。这类失控主要是教师对教材理解不充分、课前准备不透,导致临场应变能力较差的后果。

（3）课堂调控的方法与技巧

新课程打破了传统单一学科课程的封闭体系,教师必须不断充实和完善自己的知识结构,在教学控制上要有新观念。全局性、灵活性、合作性的教学控制要求将对学科性、单一性、习惯性的独自主导的教学控制形成冲击。新课程所倡导的探究性学习为教学控制带来了极大的不确定性,静态和确定性的教学控制将被动态和多变性的教学控制所取代。

教学控制是一个激发学生创造性的过程。在新课程中,教师将是学生的朋友、引导者和促进者,教学控制的原则是体现平等、引导。所以在新课程中,教师进行课堂调控要讲究方法。

① 表情示意法。当教师授课时,发现某个学生讲话或做小动作,可用自己的目光或严肃的表情示意,从而使学生意识到老师已发现他没有专心听课,并警示学生把注意力集中到学习上来。

② 走动示意法。教师上课时注意到有的同学在低头看其他书籍或什么东西,用表情示意又不能起作用时,可以边讲课边走到这个同学跟前突然站住,这样,学生便会发现并迅速意识到老师在提醒自己要注意听课或积极思考问题。

③ 手动示意法。有时课堂上个别或几个学生昏昏入睡,甚至自觉或不自觉地睡着了。教师可以边讲课边轻轻拍拍这个同学的肩或头,提示学生进行自我控制,克服睡意并集中注意力到学习上来。

④ 变音示意法。众所周知,教师在课堂上的音量不宜过大或过小,以全班每个同学都能听清楚最为适宜,语速的快慢和音量的高低要根据实际授课的需要来确定。当发现学生走神或看向窗外,或受到窗外的噪音影响时,教师可结合表情示意,放慢或加快语速,或突然停顿 1—2 秒,或用提高音量压住室外噪音等方法,示意注意力"分散"的同学。

⑤ 提问示意法。在实际教学中,教师经常会注意到这样一些现象,有的学生看样子是在听课而心思根本就不在课堂上,有的学生没听懂或根本不懂却装出清楚的样子,有的"南郭先生"在集体回答问题时善于蒙混过关,甚至有极少数学生不

耐烦,心神不安等。为此,教师在讲解过程中应及时提出一些简单问题,让上述这些学生复述或解答教师讲过的个别简单的内容或重复教师刚提出的问题,使学生专心听讲,提高教学效率。

⑥ 情绪调控。教师的情绪是影响学生注意力最敏感的因素之一。学生学习情绪的高低,课堂气氛活跃程度,很多时候是与教师的情绪同步的。因此,教师在课堂教学中,要注意将自己的情绪调整到最佳状态。

教师在课堂上始终应该情绪饱满,精神抖擞,目光有神,满怀激情,对上好课充满信心,这样,学生势必就会潜移默化地受到教师这种激情的感染,精神振奋,情绪高涨。如果教师上课无精打采,情绪低落,两眼无神,学生也会情绪低落,甚至睡意蒙眬,对于教师的讲授听而不闻。教师在讲解不同的教材内容时,应该表现出不同的神情,这样,学生就会情不自禁地与教师的喜、怒、哀乐发生共鸣,达到"未听曲调先有情"的境界。

⑦ 反馈调控。在教学中,教师要改变唱独角戏,满堂灌的做法,重视学生的主动参与意识,师生共同活动,做到有启有发、有讲有练,善于创设信息反馈的教学情境,开辟多种信息反馈的渠道。通过提问、讨论、练习等多种方式,及时从学生那里获得反馈信息,并做出见解、精辟、深刻的分析,从中了解学生对教师输出的知识信息接收和理解的程度,哪些已达到了目标,哪些还有差距,及时调控教学进程,调控时还要善于及时捕捉学生的听课情绪、神态等间接的反馈信息,透过学生的眼神、情态去识别他们那丰富的表情语汇,透视出他们那灵活跳跃的思想火花,从中推测和判断他们对教师输出的知识信息是否理解、满意、有兴趣、有疑问,进而迅速调整教学措施,并将教学继续引向深入。

⑧ 机智调控。在课堂教学中,往往会发生来自自身、学生和外界的意想不到的偶发事件。对于这些偶发事件,若教师处理不当,就会影响正常的教学秩序,甚至会导致一堂课教学的失败。因此,教师应具备一定的教学机智,做到临"危"不乱,处变不惊,快速作出反应,当机立断,及时采取适当的处理措施,化被动为主动,有效地调控课堂教学。

另外还有"借机导航"法、因势利导法、旁敲侧击法等,在这里不详细叙述了。总之,课堂调控艺术的主动权在教师手里,教师是课堂的主导。一堂课上得好与不好,不在学生,而在教师。

8. 多媒体教学技能

教学课程的设计与实施应重视运用现代信息技术,特别要充分考虑计算器、计算机、幻灯等对教学内容和方式的重大影响,大力开发并向学生提供更为丰富的学习资源,把现代信息技术作为学习知识和解决问题的强有力的工具,并借助这些工具改善学生的学习方式,提高学生的学习兴趣和学习技巧。

关于多媒体教学的作用与优势,几种常用的数学软件及 CAI 课件制作的内容在本书第六章 6.3.1 中已有讨论,在此不再赘述。这里只叙述多媒体教学中存在的误区和多媒体教学的原则。

(1)多媒体教学中存在的误区

在长期的教学实践中,无数教育工作者经过实践总结出了传统的教学模式,这是一种行之有效的模式。无数实践证明传统教学模式尽管或多或少有一定的缺憾,但仍有着顽强的生命力。

随着计算机辅助课堂教学的不断深入,有的教育工作者片面认为“传统模式”已经过时,计算机辅助课堂教学完全取代“传统模式”的时代已经到来,因而一味追求每节课都用多媒体,忽略其必要性,不管课堂效果,一味地追求表面“秀”。这会造成以下结果。

① 表面上课堂内轰轰烈烈,热闹非凡,而实际金玉其外,败絮其中,中看不中用,要么分散了学生的注意力,要么使学生在课堂上顾此失彼,反而降低了课堂效率。

② 为了使课堂充满“现代意识”,将课本上一些没必要用多媒体的知识也“秀”到计算机上,哗众取宠。

③ 在一些城市级的评优课中,有的在评比细则中还专门将“是否采用现代多媒体教学手段”作为评比的硬杠杠,甚至采取“一票否决”方式作为衡量标准,仿佛有了计算机就是高科技,才算得上现代化的教学。

④ 漏洞百出,可操作性差,缺乏真实性,甚至存在科学性错误。

⑤ 变相“满堂灌”。教师讲台上卖力操作多媒体,学生静静地囫囵吞枣,“全盘”接受,食而不化。

⑥ 抛弃教学重点,过度追求多媒体的运用。

(2)多媒体教学的原则

怎样恰到好处地运用以有效提高教学质量和效率的问题,特别是根据不同年级的学生特点有选择地使用适量的多媒体手段来适应学生的特点,以达到最佳的教学效果,是更应该引起我们重视的问题。多媒体的运用不能违背下面几条原则。

① 适用性原则。传统的教学就是教师凭一本教材、一本教学参考书、一支粉

笔、一张嘴完成,由于其课堂容量小,一节课下来,学生所得并不多。因为形式单调,学生往往会产生厌倦情绪,难免产生"少慢差费"的结果。因此,传统教学方法是陈旧的,效率是低下的。而多媒体的使用,从很大程度上解决了此问题。多媒体手段的最大特质是可以化静为动,化抽象为具体,化呆板为生动,图、文、音并茂,交互呈现,信息量大,形象生动,色彩逼真,可以对人的视觉、听觉甚至心理触觉产生全方位的刺激,这很合适学生的接受特点,可以给学生留下深刻的印象,从而优化教学效果。

② 适量性原则。多媒体教学手段虽然能给我们带来意想不到的诸多好处,但也并不是越多越好,因为它只是一种辅助性的教学手段,不能过分夸大它的作用,更不能让它代替教师应有的创造性工作,因此教师不能抛弃传统教学法中合理有效的东西。教师在课堂教学中的主导地位是多媒体所无法取代的,但是多媒体作为一种辅助性的教学手段,不能代替一切,不能滥用,但有些教师对它缺乏足够的认识,要么整节课全然不用,要么仅靠它来帮助板书,这都是不妥当的。

③ 适当性原则。使用多媒体虽然好,但不能不用,更不能滥用,那么,何时用才是恰当的呢?一般认为,一是可以用在调动学生积极性的时候,多媒体的使用能全方位调动学生听课积极性,使之全身心投入,这样就既保证了学生积极参与的可能,又保证了学生的课堂主体的地位;二是用在弥补教师素质本身的不足;三是用在弥补学生生活阅历不足或延伸学生思维空间处。

总之,多媒体教学是一种辅助手段,不能不用,但也不能滥用,要将它与有效的传统教学方法结合起来,根据课堂需要,从学生的实际出发,适量、适当地运用它,以达到提高教学效率的目标。

3. 微格教学简介

3.1 微格教学概念

微格教学(Microteaching)是一种过程为"讲课—观看—评论"的教学技能培训方法,又是一种通过缩减的教学实践。它是20世纪60年代美国斯坦福大学艾伦博士等首创的一种建立在现代教学理论和现代教育技术基础上系统培训师范生和在职教师基本技能的教学方法。微格教学建立在视听技术的基础上,以受训者掌握某一特定教学技能为目标,以微型班为教学对象,通过上微型课的练习来形成教学技能的训练系统。微格教学是把综合的、复杂的课堂教学简化分解成一个个教学片断,使综合的、复杂的、受多种因素制约的教学能力的培养,变成有清晰目标的,可观察、可描述、可操作的单一的教学技能的训练。它借助现代化的电教设备,在一个装有电视摄录设备的特殊教室里,组成微型课堂,针对某一两个教学技能进行试教。试教的实况由录像机记录下来,课后反馈时,指导教师与试教者一起观看,共同分析教学过程的优缺点,并反复训练,以达到最终目的。由于班级小、内容少、课时短、目标单一,曾被译为"微型教学"、"微格教学"、"小型教学"等多种名称,其实,它就是一种微缩教学。该方法被发明后很快在世界各地推广,并广泛运用到各行各业的各种技能训练之中。现在,微格教学已成为一种国际性的语言,国外对微格教学的研究与实践已经相当普及,它被许多国家列为师范生在教育实习之前的必修课程,也是教师职后进修课程之一。20世纪80年代初,我国开始引进微格教学。近几年,微格教学在我国中小学教师培训中得到了广泛运用。

微格教学的主要程序如下面图框所示。

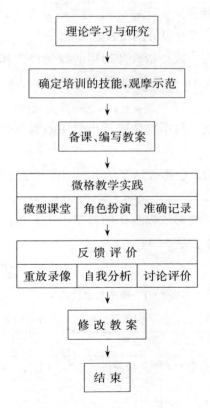

3.2 微格教学的特点

（1）微观性

微格教学的课堂规模小,由教师、学生地扮演者与导师、摄像师组成训练小组,每组学生一般为 5—8 人,一堂课的时间一般为 5—10 分钟,故称为微型课。

（2）针对性

在一堂课的微格教学中,一般是对一两种教学技能进行训练,具有较高地针对性。

（3）反馈的时效性

受训者通过重放录像,可以及时观察自己的教学行为,反馈及时,效果明显。

3.3 微格教学的设计

利用微格教学专题训练某项或某几项教学技能时,受训者对教学过程中相互联系的各个要素作出计划和安排,并对预期的结果进行分析,这种用系统方法设计微型课的过程叫做微格教学设计。微格教学教案设计的基本内容由下述六个部分,教案格式如表 7-1 所示。

（1）教学目标。这是课堂设计的出发点。

（2）教师的教学行为。这是指教师运用的教学技能和进行的相关教学活动。在教学中教师要把教学进程、提问的问题、演示的实验、师生的活动及教师的行为作出简要设计和说明。

（3）应用的教学技能。教案要明确指出使用的教学技能,以及运用技能的方法和步骤。

（4）学生的学习行为。教师要结合学生的实际对学生的学习行为作出分析和预测。

（5）设计教学媒体。教师依据具体的教学内容和运用的教学技能,设计需要的教学媒体,并简述使用方法。

（6）时间分配。

表 7-1 微格教学教案格式

主讲人_____ 课题名_____ 实习年级_____ 训练的技能_____ 日期_____

教学目标				
时间分配	教师的授课行为	授课技能	学生的学习行为	备 注

第二节　中学数学教学实践专题

1. 数学概念的教学

1.1　数学概念教学的意义

数学概念是反映数学对象的本质属性和特征的思维形式。数学公式、定理、法则都反映了数学对象和概念之间的关系。如果数学概念没掌握好,就不可能理解相关的数学公式、定理、法则。所以,数学概念是数学基础知识的基础。

从课程论的研究观点看,数学课程的结构单位是数学概念,数学概念形成数学课程的知识结构,这个知识结构又是应有数学知识与进一步学习数学知识的基础。概念形成的主要渠道是教学,通过数学教学促进学生形成良好的数学认知结构,并为进一步学习新概念创造条件。

数学思维的主要形式和活动过程是数学概念、判断和推理,思维活动的核心与基础就是概念。数学概念教学的质量直接影响学生数学思维能力的形成,深入理解数学概念的过程也会促进抽象逻辑思维的发展,同时也促进了数学思维能力的提高。

数学概念教学是素质教育的重要内容,不容忽视。概念教学贯穿于数学教学过程的始终。复习课、新授课、练习课的教学都离不开概念教学。因此,随着新一轮课程改革的推行,概念教学不仅不能减弱,而要更自觉地、有意识地、科学地进行。

1.2　数学概念教学的一般要求

数学概念的学习既在原有认识结构的基础上进行,也在数学概念本身的逻辑联系中进行。因此,对数学概念的教学必须从掌握数学逻辑体系的总体出发。具体达到以下要求。

(1)让学生了解概念的由来和发展。在数学概念的教学中,应让学生了解该概念的由来和发展变化。数学的抽象可以表现为在已有的数学概念的基础上进行多级抽象,形成具有层次的体系。如函数→连续函数→可微函数。这就是一个函数概念体系的抽象体系。随着概念的多级抽象,所得到的概念的抽象程度也越高。所以,教师要让学生认识到,对数学概念的学习是分阶段逐步进行的,这些概念也随之不断发展与深化。如 $|5+6|=11$,而 $|5+6i|=\sqrt{5^2+6^2}=\sqrt{61}$。

(2)让学生掌握概念的内涵、外延及其表达形式。掌握概念,主要要明确概念的内涵与外延。学生作业中的许多错误，都是因为概念不明而产生的。例如，由于算术平方根的概念不明确，就会出现 $\sqrt{(-3)^2}=-3$，$\sqrt{(x+5)^2}=x+5$ 的错误结果。学生先前学习的概念没有弄清楚，对后继学习将会产生负面影响。在数学教学中，必须让学生对每个概念都有明确的认识，包括掌握概念的定义、名称、符号、内涵、外延等。原始概念的教学也不容忽视，原始概念是一切其他概念定义的出发点。应该通过实际事例或直接经验让学生把握它们的意义。

（3）让学生了解有关概念之间的关系，会对概念进行分类，从而形成一定的概念体系。例如，几何中有关角的概念体系，特殊四边形的概念体系，复数的概念体系，方程和不等式的概念体系等，都应该让学生在一定的阶段学习之后逐步形成并归纳掌握。

（4）让学生能正确运用概念。学习概念的主要目的是运用概念。在运用概念的过程中，又可促进学生对概念进行更全面、更深刻的理解，从而有利于更牢固地掌握概念。因此，在数学概念教学中，应经常注意引导学生运用概念去判断数学对象的属性，判断某一数学对象是否属于某个概念的外延以及运用数学概念去解决各种数学问题。

1.3 数学概念学习的形式

数学概念的学习有两种基本方式：一是概念形成；二是概念同化。

（1）概念的形成

概念的形成是指让学生通过概念所反映的事物的不同例子发现其本质属性，从而形成新概念的方式。概念形成的心理过程如下。

① 辨别同类事物的不同例子，根据事物的外部特征在直观上进行辨认。

② 假设它们各种共同的本质属性并检验，进而抽象出各例子的共同属性。

③ 把概括出来的本质属性与认知结构中的合适观念结合起来，扩大或改组原有的数学认知结构。

④ 将本质属性推广到同类事物中去，明确新概念的外延。

（2）概念同化

概念的同化是由学生主动地将新概念与自己认知结构中原有的相关概念比较、联系并领会它的意义，从而获得新概念的方式。从本质上说，概念同化是利用已经掌握的概念去获得新概念，或者将它们加以修改、改造后使之适应新的学习需要的过程。

概念同化有两个必备的前提条件:一是新学习的概念必须具有逻辑意义;二是学生原有的认知结构中要具备同化新概念所需要的知识经验。

概念同化的心理过程如下。

① 辨认。辨认定义中的新观念,即辨认哪些是已有概念,新旧观念之间存在哪些关系,这个过程包含了回忆与知识的重现。例如,学习棱形的概念,在给出棱形的定义之后,学生必须对"四边形"、"平行四边形"、"相邻两边的长度"等概念进行回忆与辨认。

② 同化。在新概念与原有概念之间建立联系,把新概念纳入到原认知结构中,并赋予新概念一定的意义。如上述关于棱形概念的学习,学生将棱形与平行四边形比较,发现新概念是已学的旧概念的组合,于是通过建立新旧概念的联系去获得棱形的概念,获得新概念后又扩大和改组了原有的数学认知结构。

③ 强化。通过将某些反例与新概念相联系,使新概念与原有概念进一步分化。

概念同化的本质就是利用已经学习并掌握好的概念去获取新概念,所以概念同化的学习方式必须具备一定的前提条件。

1.4 影响掌握概念的因素

(1) 经验与抽象概括能力

概念的获得依赖于学生对有关感性材料的经验和抽象概括能力。如果抽象概括能力差,就抓不住事物的本质属性,不能明确概念的内涵与外延。如出现 $\sin(A+B)=\sin A+\sin B$,$\lg(M+N)=\lg M+\lg N$ 等情况。

(2) 概念的本质属性与非本质属性

概念的本质属性越明显,学生学习时就越容易掌握。概念的本质属性越抽象,学生就越难以掌握。

(3) 学生已有的数学认知结构

学生原有的认知结构状况在数学概念的学习中极其重要。一是由于各种方式的概念学习都是在原有认知结构的基础上进行的,顺利开展概念学习的根本动力就是学生对原有的认知结构与新概念之间的矛盾。当学生原有的认知结构与新的数学概念不相适应而产生矛盾时,就会引起学生产生解决这种矛盾的心向,就会形成积极、主动的思维活动。

(4) 感性材料和知识经验

概念的形成主要依赖于学生对感性材料的抽象概括,而概念同化主要依赖于知识经验的概括。故感性材料和知识经验是影响概念学习的重要因素。

（5）变式

要理解某类事物的共同本质属性，可通过列举具有该本质属性的事物（对概念的肯定的例证）或不具有该本质属性的事物（对概念的否定的例证）来获得。如对曲线的切线这一概念，可通过"曲线 $y=x^3$ 与 y 轴只有一个交点，但 y 轴不是它的切线"来说明"只有一个公共点"不是曲线的切线的本质属性。

1.5　数学概念的教学

深刻理解并系统掌握数学概念是学习数学公式、法则、定理、性质、方法及提高能力的基础。因此，数学概念教学是数学教学过程中的重要环节。数学概念教学的根本任务就是通过正确揭示概念的内涵与外延，让学生深刻理解、牢固系统地掌握概念，并能灵活运用。为了实现这个目标，可从以下几方面进行概念教学。

（1）重视数学概念的引入

每个数学概念都有它的具体内容。在进行新概念的教学时，既要善于从学生接触过的具体内容引入，又要灵活地从数学问题中提出。

引入新概念的过程包括了解该概念的必要性和合理性、初步揭示它的内涵和外延、给概念下定义等过程。教师的主要任务是设法帮助学生完成由感性认识到理性认识过渡，或者是帮助学生将新材料与原有认知结构发生实质性的联系。

并不是所有数学概念的引入都必须全面经历上面提到的过程，而是各有侧重。对于较简单的数学概念，引入的过程也可简单。如在学习"方程"概念体系中，当给出了"方程"的定义以后，可以直接给出"方程的解"和"解方程"的定义。对于较抽象而十分重要的数学概念，则必须重视引入过程。一般来说，有下面几种引入概念的方法。

① 以感性材料为基础引入新概念

在概念教学中，应尽量做到密切联系现实原型，引导学生分析生产、生活、科技中常见的事例，观察有关的实物、模型、图表、图形等，在感性认识的基础上升华为理性认识，建立概念。由于提供了感性材料，不仅有利于学生接受新概念，概念的存在性也会很自然地被学生所认识。在立体几何教学中，关于空间元素之间的位置关系的许多概念，都可以用这种方法引入。但在引入实例时也要注意以下几个方面。

第一，通过实例引入数学概念时，教师选择的感性材料应当是那些能够充分显示出概念的本质特征属性的实例。因为只有在事物的本质特征属性能从实际事例中分析出来时，引入的新概念才容易被学生所接受。

第二，所呈现给学生观察的材料应该是正例。否则，学生难以观察和分析出事物的共同属性,而且呈现的例子应是学生能够分辨和理解的。

② 在学生已有知识的基础上引入新概念

数学学科中的所有概念,按一定的逻辑联系构成若干概念体系,各个概念体系中的概念之间的逻辑联系,为我们引入新概念提供了条件。分析概念之间的逻辑关系,也就揭示了引入新概念的必要性和合理性。在具体教学时,有下面一些做法。

第一,通过与原有概念类比引入。数学中的有些概念它们的内涵有相似之处,我们常把这些概念进行类比,从原有概念自然地引入新概念。例如,不等式可类比方程引入,分式可类比分数引入,平行平面可类比平行直线引入等。

第二,通过对原有概念的限制或概括引入。对原有概念进行限制引入,即增加原有概念的内涵,引入外延较小的新概念。对原有概念进行概括引入,即减少原有概念的内涵,引入外延更大的新概念。用这两种方式引入概念显得很自然,明显存在新概念,学生也容易接受。例如,在"等式"概念的内涵中,加入"含有未知数"这一本质属性,就得出了"方程"的定义。这是通过概念限制引入新概念的。"全等三角形"有"三内角对应相等"和"三边对应成比例且比值为1"等属性,去掉"比值为1"这一属性,就得到"相似三角形"的概念。这是通过概念概括引入新概念。

第三,根据运算间的关系引入。数学中有些与运算相关的概念,常与另一些与运算相关的概念存在着互逆或互反的关系。对于这类概念,一般是通过讲清两类概念之间的关系来引入新概念的。例如,有理数的减法与除法,分别是有理数的加法和乘法的逆运算。所以,我们可以在分别复习小学学过的"加法"与"减法"、"乘法"与"除法"的关系的基础上,直接引入有理数的减法和除法的概念。又如在教对数概念时,可以先举出形如 $a^b = N(a > 0$ 且 $a \neq 1)$ 的具体例子,引导学生复习:在上式中存在 a, b, N 三个数,已知 a, b 求 N 时是乘方运算;已知 b 和 N 求 a 时是开方运算。再提出问题:如果已知 a 和 N 求 b,这又是什么运算呢? 在此基础上再给出对数的定义。

第四,通过揭示事物发生过程的办法来引入。例如,平角、周角、椭圆、双曲线、圆等概念,都可以通过直观演示实验或画图说明的方法,揭示其发生过程。这种引入的方法生动、直观,在引入过程中同时还阐明了概念的客观存在性。

此外,在概念引入的过程中,对有些概念定义的合理性应作出特别说明,才能使学生对这些概念有较好的理解。例如,在定义负整数指数幂时,要说明 $a^{-m} = \dfrac{1}{a^m}$ $(a \in \mathbf{N}, a \neq 0)$ 的规定与原有的正整数指数幂的除法法则的一致性;在定义异面直线所成的角时,要说明所定义的角的唯一性;在定义平面的斜线与平面所成的角时,要说明斜线与它在平面上的射影所成的角是这条斜线与平面上所有直线所成的角中最小的一个等。

(2) 抓住本质讲清概念

通过引入,学生初步掌握了概念的定义,但不一定完全掌握和理解了概念的本质。还必须在感性认识的基础上,对概念作全面的分析,采用不同的方法,从不同的角度全方位揭示概念的本质,逐步建立起概念体系。

① 突出概念的本质属性,理解概念的定义

任何概念都有各自独有的本质属性,要采用各种手段,分析其本质属性,以促进学生对概念的全面理解和掌握。在概念教学中,切忌浮于形式地讲解定义,务必使学生清楚地了解定义中被定义对象的本质属性。例如,"切线长"的定义是"经过圆外一点的切线上,这一点和切点之间的线段长叫做这点到圆的切线的长"。学生往往能叙述出这个定义,但对其本质属性却并不了解。教学时教师要讲清"切线长"是一条线段的长,这条线段在过圆外一点所引圆的切线上,并且是以这一点和切点为端点的线段,并且最好画出图形加以说明。

在概念教学中,还要抓住定义中的关键词语,突出交代。对概念的名称、符号也要作透彻的讲解,有时恰当的反例更能突出概念的本质属性。

② 充分揭示概念的内涵与外延,认清概念之间的关系

概念彼此之间的联系构成数学知识体系,教学中必须让学生逐步认清概念之间的关系。一般采用比较概念的内涵和外延或采用概念分类的办法来帮助学生找出互相联系的概念的共同点和不同点,从而正确认识这些概念之间的各种关系。

学生是否真正形成了概念,往往表现为是否能把概念的内涵与外延统一起来。概念的定义是揭示概念内涵或外延的一种方式,但掌握了概念的定义还不等于全面地掌握了概念,应使学生懂得,概念的定义仅突出了被定义概念的最特殊的本质属性,一些重要概念的其他本质属性却以性质定理的形式给出。在教完这些定理以后,必须引导学生认真总结,让他们全面认识概念的内涵。另一方面,概念所反映的对象常常表现为不同的形式,因此,对某些概念,在给出定义之后,还要学习一系列的判定定理,使学生能从不同的方面确定概念所反映的对象。

③ 注意对比容易混淆的概念

有比较才会有判别。对于容易混淆或难以理解的概念,利用分析对比法,容易找出异同,有利于抓住概念的本质,形成正确的概念。有些概念,由于形成的

过程相似(如方根与算术根),或表达概念的语词基本相同(如无穷数列与无界数列),或内容上有共同因素(如矩形与菱形),或表达概念的符号相似(如 log 与 lg)而使学生混淆不清,在运用它们时容易产生负迁移,错误地把上述两类概念中的一类概念的全部属性用到另一类概念上去。因此,在概念教学中,教师要有意识地引导学生去对比容易产生混淆的概念,防止产生负迁移。同时对于一些用式子表示的比较抽象的概念,还必须逐一揭示每一词、句的真实含义,这样,比较起来就方便得多。

④ 讲清概念的确定性及某些概念的发展与深化

概念的确定性是在一定范围或一定条件下的确定,是相对的。在教学中,一般情况下,讲清了概念的定义,概念的确定性也就不言而喻了。但有些概念,却有必要在给出定义前后,单独讲概念的确定性。例如,二面角的平面角的定义是"以二面角的棱上任意一点为端点,在两个面内分别作垂直于棱的两条射线,这两条射线所成的角叫做二面角的平面角"。由于角的顶点是二面角棱上的任意一点,学生可能对上述定义的确定性产生怀疑,因此,教材作了这样的安排:在讲定义之前,先画图说明在二面角的棱上任取两点为顶点,分别在两个面内作棱的垂线,所得的两个角是相等的。这就为定义二面角的平面角打下了基础,让学生懂得角的顶点的任意性并不影响概念的确定性。

概念的发展性又叫概念的灵活性。在中学数学中,许多重要概念将逐步发展与深化。它包括以下三个方面。

第一,概念发展以后会与原概念有不同的含义。如指数概念,初一学习自然数指数幂,到初二发展到有理指数幂和实指数幂,意义上有了变化,就不再适用自然数指数幂的定义。

第二,概念经过发展显得更抽象化、一般化,但后者仍包含了前者。如由实数的绝对值概念发展到复数的模概念,显然,$|a+bi|$ 比 $|a|$ 更抽象,更一般化,但当 $b=0$ 时,这两者又是一致的。

第三,随着学生知识的增加,概念的外延不断扩大。如角的概念,开始限于 $0°\sim180°$ 的角,以后发展到 $0°\sim360°$ 的角,再发展到任意角。这时角的概念仍然指平面角,而到了高中,它又扩展为空间的角,包括空间两直线的夹角、直线与平面及平面与平面的夹角等。

在教学中,对于概念的每一次发展,都应联系原概念说明概念发展的必要性和合理性,以及概念发展以后它的内涵与外延的变化等。

（3）运用多种形式,巩固深化概念,实现灵活运用

为了使学生牢固地掌握所学概念,并能灵活地运用概念。在教学中,应采取多种形式,引导学生不断地复习巩固已学概念,并多渠道地引导学生发挥数学概念在运算、推理或证明中的理论指导作用。为此,可以从以下几个方面着手。

① 当堂巩固所学概念。为了使学生能当堂巩固所学概念,在概念教学中,教师在给出了概念的定义后,可以举出正、反两方面的例子,来帮助学生加深对概念的认识。

采用变式教学也是帮助学生巩固所学概念的好办法。所谓变式,就是在表面上给予一定的变化而改变概念的非本质属性,保持其本质属性不变,这样就可以排除非本质属性的干扰,帮助学生正确理解概念。

② 及时复习、整理所学概念。要使学生牢固地掌握概念,经常复习巩固已学概念是十分必要的。同时,前面已经指出,概念的掌握必须在概念体系中才能完成。所以,在某一类概念教学到一定阶段时,特别是在章末复习、期末复习及毕业总复习时,要引导学生了解同一概念体系中诸概念之间的关系,还要了解不同的概念体系中可能存在的关系。如复数概念的教学,可通过复习将数的概念进行从自然数到分数到有理数到实数,最后到复数的扩充。进一步比较各种数集及其运算性质,从而指出数的概念的扩充原则以及各种数集之间的关系。这样学生可以清晰地掌握数的相关概念。

③ 引导学生广泛地运用概念。引导学生广泛运用概念是使学生牢固掌握概念和加深对概念的理解的必由之路。在教学中,除了及时布置一些检查概念的作业题以外,其他类型的习题中,要选择一些巧妙地插入了数学概念的题,促使学生在运算、作图、推理、证明中去灵活发挥数学概念的理论指导作用,培养学生的概念思维能力。

1.6 数学概念教学设计

（1）概念形成的模式

① 理论基础

概念形成模式的理论基础是概念形成的心理学理论。

② 操作程序

阶段 1 由教师提供一组概念的正例供学生观察和分析。所谓概念的正例,指在所要学习的概念的外延中的特例,这些例子存在共同的本质属性。

阶段 2 学生处理资料,他们可以以小组讨论的形式或通过个人的观察,概括出这些例子共同的、本质的属性。在这一过程中,学生会首先提出一些假设,然后

经过比较、分析去验证、修正这些假设。

阶段 3　教师和学生共同归纳、概括和抽象出该组实例的本质属性。

阶段 4　教师给出概念定义，或者由学生自己给出定义，教师给予评判和修正。

阶段 5　采用由学生举出更多概念的正例，教师举出反例让学生判断的方法，强化学生对概念的理解。

阶段 6　概念的应用，包括概念的直接应用和讨论概念的性质，而讨论概念的性质就转入了命题学习阶段。

阶段 7　形成概念域或概念系，这一阶段往往要经历概念的多次应用（在思维水平上的应用）后方能实现，它不仅与已学过的概念相关，而且还可能与今后将要学习的概念相关，因此概念的表征是一个不断深化、不断完善的过程。

（2）概念同化模式

① 理论基础

皮亚杰的认知发展理论，奥苏泊尔的认知同化学习理论。

② 操作程序

阶段 1　教师呈现"先行组织者"，为新概念的引入作铺垫。先行组织者与所要学习的概念之间可以是上位、下位或并列关系，它是学生已经习得的观念。

阶段 2　教师给出概念的定义。

阶段 3　教师引导学生仔细辨认概念与已经学过的有关概念的异同，剖析概念的结构，揭示概念内涵，明辨概念外延，充分利用已有观念同化新概念。

阶段 4　强化概念。

阶段 5　概念的应用。

阶段 6　形成概念域，概念系。

后三个阶段同概念形成模式的相应阶段。

（3）问题引申模式

① 理论基础

布鲁纳的发现学习理论，萨其曼（R. Suchman）的探究学习理论。

② 操作程序

阶段 1　教师创设一个问题情境，把待学习的概念设置与一个问题之中。

阶段 2　教师引导学生解决问题。

阶段 3　在解决问题的过程中引入概念。

后面的各阶段同前面模式的相应阶段。

2. 数学命题的教学

2.1　数学命题教学的一般要求

数学命题教学包括定理、公式、法则和公理的教学。

（1）数学定理、公式、法则教学的一般要求

① 使学生明确定理、公式、法则的条件和结论，定理、公式、法则所说明的事实，以及定理、公式、法则的表达形式（包括文字语言表达形式、符号语言表达形式和图形语言表达形式）。

② 使学生掌握定理、公式、法则的证明方法，特别是某些重要定理、公式、法则的证明及一些特殊的证明方法。

③ 明确定理、公式、法则的应用范围，并能灵活自如地运用定理、公式、法则解决有关实际问题。

④ 了解相关定理、公式、法则之间的内在联系并尽量推广使用范围，与有关概念一起构成数学知识体系。

（2）数学公理教学的一般要求

① 在初中平面几何学习阶段，由于学生的抽象逻辑思维能力还不强，讲授公理时宜采用直观教学和通过学生的活动来展开。

② 到高中立体几何学习阶段，讲授公理可借助事物的表象来促进学生的思维，着重提高演绎推理能力。

2.2　数学定理、公式及法则的教学

（1）恰当地引出定理、公式、法则。

按照现代教育原理和心理学原则，教定理、公式、法则时，不宜由教师先提出定理、公式、法则的现成内容，而应该是有目的地提出一些供研究的素材，并作必要的启示或引导，让学习者自己进行思考，通过演算、实践或观察、分析、类比、归纳、作图等步骤，自己探索规律，建立猜想，发现定理、公式、法则。这种引导探究式的教学方法，不仅能调动学习者的主动性和积极性，而且能有效地提高学习者的能力，并使学习者对定理、公式、法则理解深刻，记忆牢固。至于提供何种素材，怎样组织学习者研究，则要根据具体定理、公式、法则灵活处理。一般说来，可以从以下几方面考虑。

① 先进行实践，然后观察结果，导出定理、公式、法则。例如，教"三角形内角和"定理时可以布置学生把其中的两个内角剪下来，与另一个内角拼在一起，然后

引导学生观察三内角之和,从而发现这个定理。这样做,不仅能使学生自己发现定理,也为定理的证明铺平了道路。

② 先组织学生进行演算和推理,然后归纳出定理、公式、法则。例如,在教"商的算数平方根的性质"时,可以先组织学生演算 $\left(\sqrt{\dfrac{2}{5}}\right)^2 = ?$, $\left(\dfrac{\sqrt{2}}{\sqrt{5}}\right)^2 = ?$;然后提问:"演算结果表明 $\sqrt{\dfrac{2}{5}}$ 和 $\dfrac{\sqrt{2}}{\sqrt{5}}$ 都是 $\dfrac{2}{5}$ 的算术平方根,而 $\dfrac{2}{5}$ 的算术平方根只有一个,你由此可以得到什么等式";接下来由特殊到一般,以 $\dfrac{a}{b}(a\geq 0,b>0)$ 代替 $\dfrac{2}{5}$,逐步引导学生得到商的算数平方根的性质: $\sqrt{\dfrac{a}{b}}=\dfrac{\sqrt{a}}{\sqrt{b}}(a\geq 0,b>0)$ 。

③ 通过对图形的量的关系分析、计算和作图,得出定理、公式、法则。例如,教"两数和的平方公式"时,可以布置学生作出如图 7-1 所示的正方形,引导他们分析其面积与组成这个正方形的四块面积之间的关系,使学生自己获得公式:

$$(a+b)^2 = a^2 + b^2 + 2ab$$

a^2	ab
ab	b^2

图 7-1 边长为 $(a+b)$ 的正方形

④ 在已知定理的基础上构造逆定理。一般说来,凡是原命题和逆命题都成立的一对定理,在学过其中一个定理后再学习另一个与之互逆的定理时,都可以采用这种方法引出定理。例如,教过线段垂直平分线的性质定理以后,在教判定定理时,就可引导学生把已学的上述性质定理作为原命题,要求学生构造其逆命题,再加以证明,就得到了线段垂直平分线的判定定理。

(2) 引导学生明确定理、公式、法则的条件和结论。

让学生弄清定理、公式、法则的条件和结论,既是研究它们之间关系的基础,也是应用它们解决实际问题的需要,这对于定理、公式、法则的深化与发展来说尤为重要。目前,许多中学生由于没有很好地掌握定理、公式、法则的条件,以致应用起来张冠李戴,产生严重错误。例如,对定理"在同一个三角形中,大边对大角",由于忽略了条件"在同一个三角形中",因而在应用中出现"在两个三角形中,大边对大角"的错误。

分清定理的条件和结论,要特别注意如下两类定理、公式。一类是简化式定理、公式,条件和结论不十分明显,初学者往往难以掌握。解决的办法是将这类定理、公式、法则恢复成命题的标准形式"P→Q"。例如,定理"对顶角相等"用一句话写出了定理的条件和结论。教师要引导并帮助学生认识到它的条件是"两个角是对顶角",结论是"这两个角相等"。另一类是有多个结论的定理,实际上是若干命题的合成。初教时,最好把它按结论的个数分解成若干个定理。例如,三角形的中位线定理最好分解为"三角形的两边中点的连线平行于第三边"和"三角形的两边中点的连线等于第三边的一半"两个定理。

通常情况下,教材中已经列出所学的定理、公式、法则,教师要及时指导学生分析这些定理、公式、法则的条件和结论。必要时,介绍它们的来龙去脉,有条件的学校,还可引导学生探究,让他们身临其境地去猜测,发现定理、公式、法则。这样一来,学生就会牢牢掌握定理、公式、法则的条件和结论。

(3) 教会学生理解定理、公式、法则的意义,并能用不同的数学语言形式正确叙述或表达。

在定理、公式、法则的表达方式上,教材中有的只有语言叙述,有的只有公式表达,有的配有图形直观说明,有的三者兼有。凡是三者都有的,都应要求学生掌握;只有一种或两种表达形式的,一般地说,应要求学生尽量掌握另外的表达形式。几何上的大部分定理都只有语言叙述,应当告诉学生结合图形用数学式去表示它们。例如,梯形的中位线性质定理,应当结合图形,把它用数学符号语言表示出来。

(4) 帮助学生掌握定理、公式、法则的证明。

定理、公式、法则的证明往往能揭示定理、公式、法则的来龙去脉。中学数学定理、公式、法则的证明一般都是用具有代表性和普遍性的方法。学生掌握这些方法,对于提高他们的推理论证和解题能力会有很大帮助。例如,相交弦定理的证明,通过找四条线段所在的两个三角形相似来证明两线段的积等于另外两线段的积,这是证明这类问题一种极为常用的方法。

为了让学生掌握定理、公式、法则的证明方法,教师应着重分析、理清证明的思路和方法,至于证明过程,原则上可以交给学生独立完成,要注意防止学生简单地、走马观花似地浏览一遍课本就完事的现象发生,要让他们的脑子转起来、手动起来。可通过检查课堂练习、请学生到黑板上板书或口述来督促学生整理定理、公式、法则的证明过程。

（5）及时指出定理、公式、法则的应用价值和适用范围，并通过适量的练习进行巩固。

掌握数学定理、公式、法则的目的是为了应用他们解决实际问题。定理、公式、法则一般都有较为广泛的理论和实际方面的应用。除了通过例题、练习题、习题的教学使学生初步掌握定理、公式、法则的应用，教师还要在实际应用中引导学生归纳、总结定理、公式、法则的适用范围、使用时的注意事项、所能解决问题的类型，最终使学生能熟练、灵活地应用定理、公式、法则。这对帮助学生形成有意注意，提高学习积极性、目的性以及运用知识的准确性都是十分必要的。

例如，教师在教余弦定理时，应向学生指出，它不仅在以后解三角形中有广泛应用，而且在解有关测量问题，在解其他平面几何问题、解析几何问题时都要用到。

对于定理、公式、法则的应用，学生顺着使用的方法较易掌握，逆用、变形后使用的方法较难掌握。教师在教学过程中要注意引导学生对定理、公式和法则的逆用。这样做一方面可以加深学生对定理、公式、法则的理解，另一方面可以让学生认识到定理、公式和法则的广泛的应用性。如学生能够掌握对数的运算法则 $\log_a(MN) = \log_a M + \log_a N$ 已经很不错了，但如果不进一步拓广到该法则的逆用，就会出现 $\log_a M + \log_a N = \log_a(M+N)$ 的错误。教材中逆用定理、公式的习题也不多，教师应适当补充这方面的例题和习题，注意培养学生逆用、变形定理、公式、法则的能力。

（6）认清定理、公式、法则的内在联系，使学生的知识系统化。

中学数学中的许多定理、公式、法则不是孤立零散的知识，他们彼此紧密联系，是一个有系统的知识体系。但有些知识在教材体系中，前后相距甚远；有些虽相距不远，但教材没有阐明它们之间的逻辑联系。在教学中，当教完这些定理、公式、法则之后，教师要通过单元复习、每章复习、总复习，系统地梳理学过的定理、公式、法则，并注意及时揭示它们之间的内在联系，使学生的知识系统化。这有助于学生牢固掌握定理、公式、法则，对培养他们的辩证思考也是十分有利的。例如，教师在教了余弦定理以后，应当指出勾股定理是它的特殊情形。平面几何中的相交弦定理、割线定理、切割线定理、切线长定理之间是紧密联系的，在章末小结时，可以运用运动变化的观点，巧妙地阐明它们之间的内在联系，如⊙O 的两弦 AB,CD 相交于圆内的 P 点时，则有 $PA \cdot PB = PC \cdot PD$，这是相交弦定理；设想弦 AB 不动，移动弦 CD，至两弦相交于圆外的 P 点时，仍有 $PA \cdot PB = PC \cdot PD$，但此时 $PA，PC$ 已成圆的割线，因而叫割线定理；若 CD 继续运动到与 $C，D$ 重合，此时 PC 成了圆的切线，但仍有 $PA \cdot PB = PC \cdot PD$，这是切割线定理；再固定 PC，使割线 PA 同样运动至其变为圆的切线 PA 时，导出 $PA = PC$，这是切线长定理。

引导学生对某些定理作适当的推广，这不仅是使学生认识定理间关系的好方法，也有利于培养学生的创造才能。例如，把两数和的平方公式推广到 n 个数的和平方的计算，由三角形内角和定理推广到凸 n 边形的内角和计算公式，由勾股定理推广到"以直角三角形的斜边为直径的半圆的面积等于以两直角边为直径的两个半圆的面积之和"，再进一步推广到"以直角三角形三边为对应边的一切相似形，斜边所在的图形的面积等于其他两边所在的两个相似面积的和"等等。

2.3 数学公理的教学

在中学的任何学习阶段，尽管抽象逻辑思维逐步发展成思维的核心，但仍然需要感性经验和具体形象的支持，不能脱离形象思维。何况公理是不能用演绎推理来证明的，公理的建立尤其要依赖直观因素和学生的生活经验。因此，在公理的教学中，教师必须注意下列几个方面。

（1）每次提出一条公理时，应引用社会和生产实践中的实例来说明该公理的含义和现实来源，使学生体会到公理不是人们任意杜撰的或无根据地捏造的。例如，对于公理"两点确定一条直线"，用步枪射击的瞄准来讲就很合适。枪上的照门（缺口）和准星两点确定一条直线，当视线沿这直线对准目标时，就能打中目标。另外一个例子是用标杆测量直线。要沿一条直线栽一行树，先立两根标杆，再用目测，要栽的树苗恰好被两标杆遮住了视线时，树苗就在直线上了。几乎对每条公理教师都可以举出这样的例子。

（2）演示教具、学具，或让学生作图，根据公理来做某些判断，不仅可以加深学生对公理的理解，还可提高他们对公理的现实感。例如，提问："怎样检查你的直尺的侧棱是否成直线？"可要求学生按如下方式作图：把直尺的侧棱接触两点 A 和 B，用铅笔画一条线，然后把直尺翻到另一侧，再画一条线，如果画成的两条线重合为一条，则侧棱是一条直线，否则不是。还可以要求学生通过作图回答：过三个点可作出多少直线？过四点可作多少直线？

（3）在任何教学阶段，直观教学只是手段，它追求的目的在于生动地、直观地引导学生运用积极的抽象思维。在公理的教学中,更重要的方面是要使学生懂得公理是演绎推理的依据,有了公理,对某些事物就可用公理、推理来做判断,不必凭直接经验去观察了。特别的是,根据公理作出的判断是具有普遍的规律性的。例如,在讲解问题"两条直线相交有几个交点"时,学生绘图,得出只有一个交点的结论,但要确信这个结论是普遍规律,一两次作图不能令人信服,必须经过证明,以公理作依据来判断。

2.4 数学命题教学设计

(1) 发生型模式

① 理论基础

布鲁纳、萨其曼、兰本达(L. Brenda)的发现——探究学习理论,情境认知学习理论。

② 操作程序

阶段 1 构造问题情境。教师可以采用将问题开放化,将问题特殊化、将问题进行变式等多种手段创设问题情境。

阶段 2 在问题情境中,教师引导学生感知、体验,从而归纳出命题。

阶段 3 分析证明思路,写成证明过程。

阶段 4 命题的应用,转入解题教学。

阶段 5 在命题应用的基础上,逐步使学生形成命题域或命题系。

(2) 结果型模式

① 理论基础

奥苏伯尔的有意义接受学习理论,加涅的累积学习理论。

② 操作程序

结果型模式是广大教师经常使用的命题教学模式,应当强调的是,整个教学必须要有学生的积极参与、积极活动,通过启发、协商和交流建构知识,否则会使教学过程变成完全地被动接受,甚至是机械地学习。

(3) 问题解决模式

① 理论基础

杜威的实用主义教学思想,情景认知理论。

② 操作程序

阶段 1 教师创设问题情境,其基本思想是将命题还原为一个问题,这个问题既可以是现实生活中的问题,也可以是学生已经熟知的数学问题。

阶段 2　由问题情境直接引入命题,或者对现实问题建立数学模型从而产生数学命题。

后面的三个阶段同前面的模式。

由问题情境到引入命题阶段,要经历提出猜想→反驳→修正猜想→证明一系列心理行为,这是问题解决模式的核心思想,它对于发展学生的直觉思维,提高合情推理能力,培养学生的创新意识有促进作用。

3. 数学问题的教学

3.1　问题与问题解决

(1) 数学问题的分类

按现代认知心理学的观点"问题是指那些对于解答者来说还没有具备直接的解决方法,对于解答者构成认知上的挑战这样一种场面"。波利亚在《数学的发现》中将问题理解为"有意识地寻求某一适当的行动,以便达到一个被清楚地意识到但又不能立即达到的目的。解决问题是这种寻求的活动。"1988 年第六届国际数学教育大会上,"问题解决、模型化及应用"课题组的报告指出"数学问题是对人具有智力挑战特征的、没有现成的直接方法、程序或算法待解决的问题情境"。该课题组主席奈斯还进一步把"数学问题解决"中的"问题"具体界定为两类:一类是非常规的数学问题;另一类是数学应用问题。随着数学教育研究的蓬勃发展,这些界定已经逐渐为人们接受。因此,这里将数学问题分为两大类。

一类是常规的数学问题。通常是一些常规算法或数学方法的运用与组合。包括中学课本中传统的练习题与习题。

另一类是问题解决中的数学问题。可以划分为两个子类。

① 非常规的纯数学问题。这类问题一般不能通过模仿或直接套用数学算法和法则来解决,而必须经过探索、灵活运用各种数学知识和数学方法才能求得问题的答案。它的解决常伴随着新方法、新理论、新思想的产生。

② 数学应用问题。这类问题一般反映现实领域内的问题情境,主要包括来自现实生产与生活中的问题和来自其他学科而需要运用数学来解决的问题。一个比较详细的界定是将这类问题描述为:对学生来说不是常规的,不能靠简单模仿来解决;可以是一种情境,其中隐含的数学问题要学生自己提出、求解并作出解释;具有趣味和魅力甚至还具有一定的障碍性,学生很难直接看出问题的解法、程序和答案,必须深入研究与思考,能向学生提出智力挑战;不一定有终极答案,各种不同水平的学生都可以运用已掌握的知识和方法由浅入深地开展探究后才能作出回答;

解决它往往需要伴以个人或小组的数学活动。

（2）数学问题解决

"问题解决"是数学教育的热门话题。它是对"新数运动"以及"现代数学教育改革"的反思和调整后，美国全国教师联合会于 1980 年首先提出的，他们指出"必须把问题解决作为 80 年代中学数学的核心"。1983 年，美国又进一步提出应向学生提供运用算术和数学解决各领域中的实际问题的机会，诸如可以通过数学来分析自然科学问题、社会科学问题、消费购买问题和日常生活中可以遇到的各种其他问题。1982 年英国的 *Cockcroft Report* 提出应将问题解决作为课程论的重要组成部分。目前日本数学教育的两个研究焦点问题是"问题解决"的教育与适应性教育。随着我国新一轮课程改革的推行与实施，"问题解决"也常被数学教育界提及并研究。相信"问题解决"仍然是 21 世纪初的重要研究课题。

关于数学问题解决的含义，众说纷纭，一个比较令人接受的说法是数学问题解决指综合地、创造性地运用各种数学知识去解决那些包括实际问题和源于数学内部的问题。

数学问题解决是在一定的数学问题情境中开始的。所谓问题情境包括三方面的含义：一是个体试图达到某一目标；二是个体与目标之间存在一定的差距；三是能激起个体积极的心态，即产生思考和达到目标的心理。数学问题解决是从新的数学问题情境开始，运用已知的知识寻求解决问题的方法途径，并达到问题目的状态的探索过程。

问题解决在数学学习中具有十分重要的作用。它不仅可以得到问题的结果，而且有利于强化对数学事实、数学概念、数学原理以及数学技能的掌握；不仅有助于培养学生数学应用意识和运用数学解决实际问题的能力，特别是创造性思维能力，而且可以培养他们学习数学的兴趣，增强数学学习的内在动机。数学问题解决已成为我国数学教育研究的重要课题。

3.2　数学问题解决教学

需要说明的是这里讲的"问题"是指问题解决中的问题。

（1）问题的类型

问题解决中的问题分为四种类型。

① 综合题

这是教科书中常见的问题，涉及的知识包含数学中的多个单元或几何、三角、代数等各个学科，是各知识点的综合运用，在解题的策略方面常需要某些独特的思想方法。

② 数学模型

这是以自然和社会为背景的实际问题。在中学数学教科书中常见的数学模型大多与相关的学科知识有关,如路程问题、自由落体问题、人口增长率问题、浓度问题等。

③ 开拓探究问题

这类问题一是将原问题的某些具体条件用更一般化的条件代替,或是转化为逆问题,使问题能够推广或扩充到各种情形;二是这类问题的解决策略通常不包含在问题的陈述之中,需要学生去思考、探索,寻求解决的方法;三是某些隐含的条件需要挖掘。

④·开放性问题

开放性问题是相对于数学课本中有明确条件和明确结论的封闭型问题而言的。这类问题不必有解,答案也不一定唯一,所给的条件也可能有多余的。但是开放型问题并不等于随意性的问题,结论仍然要求确定、精确。如要在一个长 5 m、宽 4 m 的矩形荒地上,开辟一个花坛,使花坛的面积是原荒地面积的一半,问应如何设计? 这个问题紧扣教材,运用一元二次方程的知识和技能可以解答,但它的答案并不唯一,学生可以充分发挥自己的想象力进行各种设计。如果变换题目中的条件,也可以编制出解法类似的新问题。

(2) 数学问题解决的模式

我国学者整合国内外有关"问题解决"过程的各种看法,提出了问题解决的一般模式,分为 5 个阶段。

① 问题识别与定义

问题识别与定义是指学生必须意识到自己面临着一个问题,并正确地定义它。因为只有在有准备工作的基础上,才有可能着手解决问题。

② 问题表征

对问题合理识别后,必须对问题进行表征,表征方式是多样的,可以是语义的也可以是表象的,可以在头脑中编码也可以利用纸笔等工具编码。表征方式会影响问题解决的难度。

③ 策略选择与应用

问题解决策略一般分为两大类,一类是规则系统,保证某一特定问题解决的一种方法或程序;另一类是发现问题解决方案的程序,是一种为获得创造性系统阐述而作为工具运用的技术。

④ 资源分配

合理地分配资源是有效解决问题的关键,资源使用不当会影响问题有效地、合理地解决,它是有效解决问题的能力高低的一个标志。

⑤ 监控与评估

监控可以理解为问题解决者对问题解决全过程的把握与关注,而评估则是对问题解决进程及其结果的质量作出评定。

(3) 数学问题解决的教学

第一,紧扣教材的教学内容,按照教学大纲(或课程标准)的要求,精心选择和编制问题。

第二,注意归纳提炼问题解决的思维策略,注意培养学生的创造性思维能力。

数学不是解题,但学数学必须学会解题,学会做数学,仅仅会解题,不注意归纳提炼,掌握数学思想方法,那只能把学生训练成"解题机器"。问题解决的思维策略主要有以下几个方面。

① 目标策略

这种策略要求学生根据题设的条件或提供的问题情景,有目标地进行思维活动。在思维活动中,要善于抓住问题的关键及难点,有目的地予以突破,使未知的问题转化为已经解决或易解决的问题来解决。例如,解线性方程组时,可以设法逐步消元,最后化成一元一次方程求解。

② 模式识别策略

使用这种策略的关键在于会辨别题目的类型,使已有的知识、技能发生联系。善于识别、辨认问题的情景,选择有用的信息加以应用,则是采用这种策略的前提。

③ 特殊化策略

这种策略主要遵循从特殊到一般,从简单到复杂,从具体到抽象,从部分到整体的思维规律。

④ 转化策略

当碰到难以下手的问题时,可以通过某种转化过程,将其归结为另一个比较熟悉,较易解决的问题,或转向问题的反面,以达到解决原问题的目的。在数学中,这种转化过程经常使用的方法有映射方法、数学模型方法、换元法、RMI 原理等。

(4) 数学问题解决教学的途径

第一,要精心设计问题情境。问题教学的首要工作是设计恰当的问题情境。

数学来源于生产与生活的实践,数学中的一切概念和原理的产生与发展都与社会实践紧密相连。在数学教学中,由学生熟悉的现实问题引入新的教学内容,不仅有利于创设生动的问题情境,激发学生的兴趣和求知欲,而且有利于使学生较自然地获得数学的知识与技能,同时也有助于培养他们的探索精神和创造性思维能力。

第二,要精心设计"问题"。实行问题解决教学,需要提供"好问题"。那么什么是一个好的数学问题呢? 好问题具备以下五个特征。

① 问题是非常规的,具有挑战性。

② 学生可以动手做,具有参与性。

③ 问题引人入胜,具有趣味性。

④ 问题能够推广或扩充到各种情形,具有探索性。

⑤ 问题有多种解法,多种答案,多种解释,具有开放性。

下面举一个"好"问题:

小红坐在公共汽车上观察车到每个站点时乘客上下车的情况,依次是上 4 人,下 8 人;上 3 人,下 5 人;上 2 人,下 1 人;上 6 人,下 2 人,请问车上的乘客是多了还是少了? 若多了,多几人? 若少了,少几人?

一个办法是将"上"的人求和,$4+3+2+6=15$;"下"的人求和,$8+5+1+2=16$;然后比较大小,就可判定。

另一个办法就是根据题意直接列式计算,用正号表示"上",用负号表示"下",有 $4-8+3-5+2-1+6-2=-1$,即车上少了 1 人。

由这个运算过程可以看到,引进负数不仅有助于表示"上"、"下",又有助于列式计算,更重要的是允许"小数减大数"了,否则,进行第一步 $4-8$ 时就无法进行了。

由运算结果可看到,引进负数可以同时回答两个问题。这比将"支出"看成"负收入","减少"看成"负增加"自然、深刻多了。

第三,使学生掌握问题解决的策略。教学中要帮助学生归纳、总结问题解决的策略和方法,对于基本策略应逐步形成自主意识。问题解决的策略有以下几方面。

① 列表分析数据,或通过图形研究规律。

② 构造使用数学模型。

③ 尝试解决相关的简单问题。

④ 做一般化或特殊化的处理。

⑤ 变换问题,使之简单化。

第四,组织学生合作学习。较为代表性的做法就是安排"一星期问题解决"的教学计划,开展小组合作探究活动。这种组织学生开展合作探究的设想对于培养和发展学生的问题解决能力无疑大有裨益,因而很值得研究和推广。具体做法是:

① 把学生分为若干组,按学生的智力、学习状况、语言表达、操作能力等搭配,每小组 3—5 人。

② 教师每星期布置一个与教学内容密切联系的探究性问题,由小组内的学生集体研究解决,并轮流写出解题报告上交。

问题解决教学从某种意义上讲,就是通常所说的解题教学。我国解题教学的研究与实践的历史源远流长,形成了独特的优良传统。在引进国外的"问题解决"教学形式时,我们既要发扬在解题教学中,重视概念、命题的教学和必要的技能训练的优良传统,又要注重培养学生解决未解决过的问题以及非常规问题的能力,以达到树立数学观念,培养学生创造性思维能力的目的。

3.3　数学解题教学

(1) 解题的意义

数学问题就是数学中的疑难和矛盾。数学问题分为常规的数学问题和问题解决中的数学问题两大类。我们已经探讨了问题解决中的数学问题的教学。这里,我们探讨常规数学问题的解题教学。

所谓常规问题就是指那些在已有理论框架内可以解决的问题,如教科书里的定理、公式及例题、习题都是常规问题。它的产生和解决可以起到使数学知识稳步增长的作用,具体表现为为形成数学理论积累资料,完善现有理论体系,揭示数学理论间的内在联系,促使数学不断向整体化方向演进。常规的数学问题具有接受性、封闭性和确定性等特征。常规的数学问题的内容是熟知的,学生通过对教材的模仿和操作性练习,基本上是能完成的;其结构是常规的,答案确定、条件不多不少,可以按照现成的公式或常规的思路解决。常规的数学问题的主要目的是为了巩固和变式训练,题目具有一定的挑战性,但不很难。数学常规题的教学是培养学生基本能力,提高学生独立分析问题和解决问题以及创造能力的主要途径,也是学生加深巩固所学基础知识、启发学生积极思考的必要手段,更是培养学生进行"问题解决"的必要条件。

数学解题就是求出数学题的答案。这个答案在数学上也叫做"解",解题就是找出问题的解的活动。其实质是根据数学定义、定理、法则并使用适当的数学思想方法从题设推导结果的过程。学生算出作业的答案、教师讲完定理的证明、数学课题得出肯定或否定的结论、数学技术应用于实际构建出适当的模型等都叫做解题。在数学教学中，"解题"是一种最基本的活动方式，无论是概念的形成、数学命题的掌握、数学方法与技能的获得，还是学生能力的培养与发展，都要通过解题活动来完成。同时，"解题"也是评价学生认知水平的重要手段。波利亚说过"中学数学的首要任务就是加强解题训练"、"掌握数学就意味着善于解题"。解题不仅对数学研究是必要的，对学习者来说也是至关重要的。学习者在解题过程中不断获得新的思想方法、新的知识进而提高自己的理论修养和增强"问题解决"的能力。从一定程度上说，"问题解决"也是"解题"，它是高级的、高层次的、高难度的解题。评价学生是否会解题应从解题的正确程度、解题的速度、发现错误的多少及改正的速度、一题多解的能力、解题时所达到的抽象程度几方面考虑。

（2）波利亚的解题策略

波利亚认为中学数学教育的根本目的就是"教会年轻人思考"。为了回答一个令人困惑的问题"一个好的解法是如何想出来的"，波利亚专门研究了解题的思维过程，并把研究所得写成了《怎样解题》一书。该书被翻译成 17 种文字，仅平装本就销售了 100 万册以上。1952 年著名的数学家范·德·瓦尔登说："每个大学生，每个学者，特别是每个老师都应该读读这本引人入胜的书。"这本书的核心是他分析解题的思维过程得到的一张怎样解题表，并以例题表明这张表的实际应用。

表 7 - 2   波利亚的"怎样解题"表

	理 解 题 目
① 你必须理解题目。	未知量是什么？已知数据是什么？条件是什么？条件有可能满足吗？条件是否足以确定未知量？或者它不够充分，或者多余，或者矛盾？ 画一张图，引入适当的符号。 将条件的不同部分分开。你能把它们写出来吗？
	拟 订 方 案
② 找出已知数据与未知量之间的联系。如果找不到直接联系，你也许不得不去考虑辅助题目。最终你应该得到一个解题方案。	你以前见过它吗，或者你见过同样的题目以一种稍有不同的形式出现吗？ 你知道一道与它有关的题目吗？你知道一条可能有用的定理吗？ 观察未知量，并尽量想出一道你所熟悉的具有相同的或相似未知量的题目。 这里有一道题目和你的题目有关而且以前见过，你能利用它吗？你能利用它的结果吗？你能利用它的方法吗？为了有可能应用它，你是否应该引入某个辅助元素？ 你能重新叙述这道题目吗？你还能以不同的方式叙述它吗？ 回到定义上去。

	如果你不能解所提的题目,先尝试去解某道有关的题目。你能否想到一道更容易着手的相关题目? 一道更为普遍化的题目? 一道更为特殊化的题目? 一道类似的题目? 你能解出这道题目的一部分吗? 只保留条件的一部分,而丢掉其他部分,那么未知量可以确定到什么程度? 它能怎样变化? 你能从已知数据中得出一些有用的东西吗? 你能想到其他合适的已知数据来确定该未知量吗? 你能改变未知量或已知数据,或者有必要的话,把两者都改变,从而使新的未知量和新的已知数据彼此更接近吗? 你用到所有的已知数据了吗? 你用到全部的条件了吗? 你把题目中所有关键的概念都考虑到了吗?
③ 执行你的方案。	执　行　方　案
	执行你的解题方案,检查每一个步骤。你能清楚地看出这个步骤是正确的吗? 你能否证明它是正确的?
④ 检查已经得到的解答。	回　顾
	你能检查这个结果吗? 你能检验这个论证吗? 你能以不同的方式推导这个结果吗? 你能一眼就看出它来吗? 你能在别的什么题目中利用这个结果或这种方法吗?

　　这张表集解题程序、解题基础、解题策略、解题方法于一身,融理论与实践于一体。教师可以有效地利用这张表指导学生进行解题学习,发展他们独立思考和进行创造性活动的能力。在这张表里,波利亚把解数学题的全过程分成四大步骤:理解题目、拟订方案、执行方案、回顾。把完整的解题过程程序化,使解题者遇到困难时,能明确目标、及时定向、做到有的放矢地展开思维活动,使解题活动达到最好的效果。在每个步骤中,对于如何引导和启发学生,他都提出了合理、细致而有效的建议并提供了具有启发性的问题。

　　这四个步骤中,"理解题目"是认识问题并对其进行表征的过程,是成功解决问题的必要前提。"拟订方案"是关键环节和核心内容。"执行方案"是解题的主体工作,较为容易,是解题思路畅通后实施信息资源的逻辑配置。"回顾"是最容易被解题者忽视的一个步骤,它是成功解题的必要环节,一来可以检验解题是否正确;二来可以通过用不同方法来解题,培养学生的发散思维能力;三来可以帮助学生归纳小结解题方法,合理迁移、借鉴和利用解题的结果和解题的方法。这是提高解题学习效率的重要的环节。

　　特别是"拟订方案"这个步骤分析得引人入胜。波利亚把寻找和发现解法的思维过程分解为5条建议和23个具有启发性的问题。他阐述的5条建议实际上就是解题的策略,并进行资源的提取与分配,其基础就是"过去的经验和已有的知识"。提出的 23 个启发性问题非常有火候,顺乎自然,合乎学习者当时的心理特点,让学习者容易接受和借鉴运用。教师可以有效地利用这张表指导学生进行解题学习,发展他们独立思考和进行创造性活动的能力。

波利亚的"怎样解题"表中的精华部分就是通过一系列的建议和启发性的问题不断启发学习者联想。通过这些问题和提示来促使学习者产生灵感和顿悟,从而产生求解问题的好念头。

（3）解题原则

在探索解题途径的教学中,教师要结合例题的解题过程,让学生领悟并掌握以下解决数学问题的常用原则。

① 熟悉化原则,即尽量把问题转化为与之有关的熟悉问题,以便用熟悉的方法来解题。

② 简单化原则,即尽量把较复杂的问题转化为较简单的问题,使问题易于解决。

③ 具体化原则,即尽量使问题中多种概念之间的关系具体明确,有利于把一般原理、一般规律应用到问题中去。

④ 正难则反原则,即注意思维的双向性,在探索解题途径时,从正面解决困难时要考虑从反面解决,直接解决困难时要考虑间接解决,顺推困难时考虑逆推,"进"不行时要考虑"退",探讨可能性发生困难时,要考虑探讨不可能性。

⑤ 多途径化原则,即注意将数学问题置于不同系统中,尽量用不同的意义、不同的解释、不同的方法描述,从而通过不同途径求解问题。

（4）数学解题的教学

① 引导学生弄清问题,理解题意

数学解题的第一步就是弄清题意,分清题目的已知条件和求解目标,弄清题目的结构、特征、类型等,简单地说就是审题。对一些简单的基础题,只要认真审题,弄清题意,一般来说求解是不困难的。对于某些要求较高的综合型和需要灵活处理的题目,审题的要求也相对较高。这类题目的特点是条件比较复杂,甚至隐蔽而不外显。在审题时,既不能遗漏已知条件,也不能随意想当然地增加条件。在众多的条件、线索、关系中要很快理清头绪,形成逻辑严谨的解题思路;要多角度、多方向、多层次地深入挖掘题目中隐含的对解题有用的信息,然后一一转化为显性的条件,为探索解题途径、确定解题计划提供决策依据。审题主要是培养学生分析隐蔽条件,化简、转化已知和未知条件的能力。

② 引导学生探索解题途径,拟订解题计划

把条件和结论分析透彻明确后,接下来就是探索解题途径,拟订解题计划,这是解题过程中最关键的一个环节。根据波利亚的解题思想,在这一阶段,解题者需着重考虑和解决以下几个问题。

第一,面临的问题是否可以归结为自己熟悉的某种类型问题?

第二,根据题目的特点,应向哪种类型的问题靠拢?

第三,当觉得直接归结为某种类型的问题有困难时,如何变化问题的形式,促使其向有利于解决问题的方向转化?

第四,转化过程中,遇到困难或缺少条件时,应怎样沟通,才能将问题归结为自己熟悉的类型?

具体地说就是审题滞后要回顾题目中涉及的主要概念,在题目的条件与结论中,与哪些定理、公式、法则有关,能否直接应用,题目所涉及的基本技能、方法是什么?主要想考查什么方面的知识、能力?若这样还找不到解决问题的方法或思路,不妨再思考是否有类似的原理、方法,或者是否有类似的结论或命题?还可大胆猜想,由一般想到特殊,特殊想到一般。从问题的正面无法下手,从侧面或反面思考又如何呢?经过这样的深入思考后,解题方案将会逐渐明朗,解题计划也会随之形成。

③ 实施解题方案

实施解题方案就是验证探索阶段所拟订的方案,并判定探索阶段所形成的猜测过程。这个过程实际上就是进行严格的逻辑推理和周密运算,并用确切的语言进行表述的过程。表述时要考虑问题的所有条件和细节,每一步推导都必须有理有据。在这一阶段,准确、清晰、简洁的语言表述很重要。这要求教师做到恰当选用标准的数学符号表述;准确使用关联词;正确使用数学语言。

④ 总结、回顾解题过程,促使知识的深化、提高和迁移

数学对象与数学现象具有客观存在的成分,它们之间或多或少有事实上的关联。加之在数学学习过程中最重要的是理解。所以,我们提倡解完题后再检验、探索和开拓总结。这一阶段主要要做三件事:一是解题检查,及时发现和纠正错误,使解答正确、完整;二是总结解题经验,进行开拓引申,提高解题能力;三是推广结论,激发创造精神,促使知识正迁移。

解题检查包括:检验解题的思维有无逻辑错误;条件是否充分、必要;推理是否严密有据;题意要求的是否求完、答完整,要求证明的是否有结论等;已知条件是否

用得合理、恰当;隐含条件是否合理推导出来;是否有需要特别注意的其他特殊情况;是否有需要讨论的;作图是否正确,有无特殊情况;引用的公式、法则、定理、推论是否准确;所用的单位前后是否一致;运算结果是否有误,答案是否符合实际等等。

总结解题经验,进行开拓引申主要是在确认解法完整、正确后进行进一步的思考。可以从解题方法、解题规律、解题策略等方面进行多角度、多侧面的总结。无论哪种解法,都应及时归纳总结解题方法,特别是把问题"改头换面"变成多个与原题内容或形式不同,但解法类似或相似的题目,扩大视野,深化对知识的理解与运用,这样才能举一反三,触类旁通,提高解题能力。解题者可以思考以下问题。本题采用的是哪种基本方法? 关键点在哪里? 这种解法还可适用于哪些类型的问题? 这种解法能否再简化? 是否还有别的、更好的、更简洁的解法? 去掉或增加某个条件,问题又如何解决? 本题结论能否推广、变化? 条件能否削弱、改变?

推广结论是指解完题之后,试着将命题中的某些特殊条件一般化,看能否推得更为普遍的结论。进行推广所获得的不只是一道题目的解法,而是一组题、一类题的解法。这有利于培养学生深入钻研的良好习惯,激发他们的创造精神。

第三节　教育见习与实习

1. 目的与基本要求

1.1　教育见习的目的

教育见习是教育类专业学生进行实践教学的重要组成部分,是指师范生掌握一定的学科专业知识和教育学、心理学等基本理论知识后,有计划、有组织地到中小学课堂内外参观、听课、学习。教育见习是教育理论联系实际的一个重要环节,是顺利开展教育实习的重要前提和基础。

一般可利用中学开学早、放假晚,高校开学晚、放假早的时间差,在4—6学期寒、暑假,结合学生实际,因地制宜开展教育见习工作。学校把握宏观方向,为见习生提供必要的条件、指导和帮助。学生自主组队,自主开展教育见习,在教育见习的过程中寻找自主学习、自主工作的方式、方法,并在全过程中实现自我管理。

通过数学教育见习,让师范生对中学数学教育教学的各个环节进行观察了解、调查研究和分析探讨,从而获得丰富的感性认识。师范生通过观察教师的教态、语言、板书、板画、演示和实验,感受数学教学,初步体会数学教师职业的专业性、艺术性及数学教师工作的意义和作用；观察学生的年龄、兴趣、爱好、原有知识水平、认知能力、学习方式、生活习惯等了解数学教学的一般规律，了解中学生的年龄心理特征、智能水平与学习困难；观察教师对教学内容的感知、理解、认识、记忆、想象、思维以及教学方法的运用，了解中学数学教学的内容、过程、方法和规律，使师范生能从一个新的角度系统地观察中学教育、教学，获得对中学数学教育、教学的新感知，了解班主任工作的内容与基本环节，对教育工作有初步的认识。

1.2 教育见习的主要工作及要求

（1）听课。

通过随见习班级听课，师范生要了解学校、教师、教材的基本情况，要以一名教师的身份去听课，进入课堂后要集中精力，做到认真听、仔细看、勤记录、多思考，要注意观察学生的学习情况，在既不干扰学生学习，又不影响教师组织教学的前提下，了解课堂的教学实情。

师范生在教育见习中主要是学习教学方法和教学技能，感受任课教师的课堂教学艺术，体验见习班级课堂中的活动规律，并做好听课记录。

听课要以听、看为主，记录次之，要把主要精力、注意力都放在听课、观察师生活动和思考问题上。记录应详略得当，重点突出，文字简洁。记录的内容一般包括板书、教师的重点提问、教学过程、学生的典型发言、师生活动情况、有效的教学方法和手段等。教学过程可以简明扼要地记录，要注意分辨所观察到的现象哪些是符合教育规律的，哪些是违背教育科学的，哪些是需要进一步研究的，讲课中符合教学规律，有创新、有特色的做法或不足之处及对一些问题的思考或自己的见解、建议都可以详细地记录下来，以免遗忘。

听课的同时要思考，思考内容主要包括教师教学的基本环节与时间分配；讲授者是怎样开始教学的，为什么要这样处理教材；换一种方式、换一个角度行吗；教师是怎样以多向、宽泛的思维向学生提出问题，学生是怎样回答的，教师怎样纠正（或请学生纠正）；进行换位思考，假如自己来上这节课，应该怎样上；把自己放在学生的角度去思考，学生是否掌握和理解这节课所学的内容，老师的教法能否吸引学生，是否激发学生探究问题，获取知识的欲望；如何在日常的课堂教学中体现新课程的理念；教师是以怎样的语言进行教学的，哪些地方表现得特别流畅，清楚。

（2）跟着见习班的班主任全程参加班级的教育活动，包括早读、早操、课间活动、课外活动、个别教育和接待家长来访等；观察并协助教师开展班会课及课外活动；注意了解学生的心理与学习困难，并尝试辅导学生。

（3）参加见习学校教师的教研活动。

（4）协助指导教师批改部分作业。

（5）到教务处、学生处进行行政见习。

（6）至少听课 6 节，并要有听课记录。

（7）完成一篇 3000 字以上的教育见习总结。见习总结是学生对整个见习过程的思考，是内化为自身素质的必要环节。应重点写听课和见习班主任的体会。通过见习总结，学生可以把自身的所见、所感、体会进行融合和升华，为进一步学习教学理论形成积极的态度。

1.3　教育实习的目的

教育实习是高校师范类专业的学生教育与教学工作学习的重要组成部分，它是检验与锻炼学生理论与实践相结合能力的重要教育过程，也是师范生向中学教师过渡的一条重要途径。

教育实习的目的是让师范生将在大学所学的基础理论、基本知识和基本技能综合运用于教育和教学实践，进行有关中学教育、教学工作的实际锻炼，初步掌握中学教育、教学工作的基本技能，熟悉教育和教学方法，了解中学教育的实际情况。进一步锻炼师范生与人合作共事的能力、从教能力、组织协调能力、应变能力、说教能力以及沟通能力，增强其毕业后从事教育工作的适应性。通过体验中学教师的工作，让师范生学习优秀教师的经验，激发实习生对教育事业的热爱，进一步巩固专业思想，深刻认识和领会党的教育方针政策，提高教师职业道德修养，进一步树立忠诚于党的教育事业并为之而奋斗终生的理想。指导教师要引导师范生认真学习和研究教育科学，探索教育规律，培养他们从事教育科学研究的基本能力，为从教后从事教育科学研究打下坚实的基础。

通过组织师范生教育实习，也可全面检查高校的办学思想和培养规格，及时获得教学反馈信息，总结经验教训，肯定成绩，发现问题，不断改进高校教育教学工作，提高高等教育教学质量。

1.4　教育实习的基本要求

教育实习采用校内集中实习与分散实习相结合的形式进行，校内实习以微格教学形式为主。这里主要介绍校外实习的相关要求。

（1）师范教育类的学生必须参加教育实习，教育实习不及格的同学不能毕业。教育实习每一届安排一次，时间约 6—8 周，具体时间段一般在大四的第一学期中 10—11 月份，或大四的第二学期中 3—4 月。实习包括跟班见习、正式实习、实习总结、评定实习成绩等阶段。实习地点一般是各高校建立的实习基地学校。

（2）教育实习必须在教师指导下进行。校内指导教师由高校中具有较高的思想政治水平、较好的专业修养、较强的工作能力的教学人员和专业工作者担任。校内指导教师负责介绍中学教学的基本情况，指导学生研究中学数学教材，指导学生备课、审查学生的备课教案，组织评议和评定学生实习成绩。校内指导教师与实习学校的校外指导教师配合，共同指导学生完成教育实习的全过程。

（3）教育实习主要包括跟班见习、课堂教学实习、班主任工作实习、教育调查研究等。

① 跟班见习的要求

第一，请实习学校领导、老师介绍学校工作和班级基本情况，了解并学习实习学校的教育改革经验，熟悉实习学校的各项管理模式。

第二，请优秀班主任和经验丰富的任课教师介绍经验，组织观摩有经验的教师上课，并组织讨论。

第三，随原班主任和任课教师深入了解所带班级学生的学习、思想情况，制定好个人教学和班主任工作实习计划。

第四，认真进行试教，反复修改教案，充分做好讲授每一堂课的各项准备工作。

② 课堂教学实习的要求

第一，课堂实习包括课堂教学、课外辅导、批改作业和指导开展课外活动等内容。

第二，在校内指导老师和原班级任课教师的指导下，实习生按年级同进度成立备课小组，进行集体备课。实习生必须认真钻研教学大纲、课程标准和教材，明确教学目的，合理分配时间，把握重点、难点，确定教学方法并认真编写教案。

第三，实习生的每一节课的教案需经原任课教师审核签字后方可进行试教。试教合格后，才能正式上课。课的类型力求多样，以增加锻炼的机会。

第四，教学内容要坚持四项基本原则，概念要清楚，传授知识要正确，板书要规范、端正、有条理。一律用普通话教学，语言力求生动流畅。教学要做到思想性、科学性、艺术性的统一，绝不允许出现原则性的错误。

第五，上课必须严肃认真，努力完成教学任务。课后要主动向原任课教师请教，尊重任课教师，虚心听取意见。不断改进教学方法，提高教学水平。每节课讲完后应补充教学后记。

第六，积极参加实习学校组织的有关教改、教研、备课等相应的教学活动。认真对待课后辅导、作业批改与讲评。

第七，同一实习学校的实习生必须相互听课，听课要做好详细记录和分析评价。每周以实习小组为单位，定期进行评课，评课前先由教课者进行说课。评课最好请原任课教师参加，每位同学都要大胆发言，虚心听取指导老师和同学的意见。

第八，认真批改作业，实习生应批阅本人布置的全部作业或测验试卷，批改作业要尽量避免出错，评语要以促进学生积极学习为目的，反复斟酌修改。

第九，经常及时下班辅导，热情耐心地回答学生提出的各种问题。实习结束前，要组织学生测试一次，检查实习效果，同时全面向原班指导老师汇报。

第十，实习结束前，实习小组争取安排一定数量的教育实习汇报课，邀请有关指导教师和实习学校教师参加。

第十一，每位实习生必须在指导教师的指导下，完成各个教学环节的实习。实习期间每个实习生听课一般不得少于 20 节；争取至少上 10 节课，其中新课不少于 8 节；至少编写 10 个教案。

③ 班主任工作的实习要求

第一，班主任工作实习目的是使实习生初步掌握班主任工作的内容与方法，初步了解对中学生进行思想政治教育的规律，班主任实习与教学实习同步进行。

第二，每个实习生担任实习班主任工作 2—4 周。

第三，根据所带班级的情况，在原班主任的指导下，拟订一份切实可行的班主任工作计划。实习期间，实习生应充分尊重原班主任，随时向原班主任请示汇报。

第四，每个实习班主任必须进行至少 3 次家访，家访要有目的、有计划、有成效；找学生谈话至少 15 人次；组织开展有意义的班级活动 1—2 次（如召开主题班会，团队活动、知识竞赛等）。

第五，实习生应坚持做好班主任工作，坚持"十到班"，即早操、晨读、升旗、课间操、眼保健操、读报、自习课、课外活动、晚自习和就寝检查。

第六，加强与任课教师的联系，及时了解课堂纪律和学生情况。

第七，实习结束前，要向原班主任全面汇报班主任工作实习计划执行情况，并做好移交工作。

④ 教育调查研究工作的实习（教育调查、撰写教育科研论文）要求：

第一，调查前要有详细的调查计划，调查数据，研究材料必须真实客观。调查可单独进行，也可以实习队或小组为单位合作进行。

第二，调查要结合本专业或师范教育特色，联系基础教育实际，运用教育理论及有关规律,主题要紧密结合中小学教育教学改革的实际。

第三,每个实习生必须根据调查情况撰写至少一篇调查报告或教育教学小论文,要求字数不少于 3000 字,要保证所涉及的有关材料的真实性。

(4)学生在见习或实习结束一周内要写出见习或实习报告。实习报告的内容应包括:实习学校的一般情况,实习内容,备课教案样例,实习体会和建议。实习报告的字数要求不少于 3000 字。

2. 教育实习的主要工作

教育实习工作主要包括教学实习、班主任实习、教育调查等工作。

2.1 教学实习工作

实习期间,要求实习生在实习指导教师的指导下,完成听课、备课、编写教案、试教、上课、评课、批改和评讲作业、课后辅导等教学程序。

为了培养实习生的教学工作能力,要求实习生尽可能实习数学课程。本科生以实习高中数学课程为主,在高中班级偏少的情况下,可实习初中数学课程。实习主要有以下工作。

(1)听课。实习生在实习期间要听四种课,一要听原科任教师的课,大体了解本班数学教学和学生的情况,了解原科任教师的教学风格;二要听实习学校其他指导老师的课,学习他们驾驭课堂的能力、处理教材的能力、引导设问的能力等;三要听实习队中其他同学的课,学习他们的优点和讲课技巧;四要听实习学校的公开课,在实习期间,各实习学校会有计划、有针对性地举行一些公开研讨课或示范课等教学活动并举行评议会,这对实习教师来说是难得的学习机会。

(2)备好每一节课。俗话说:"磨刀不误砍柴工"。只要实习生认真、精心地准备每一节要上的课,搜集相关的资料,理清教学思路、设计好每一节课,写好教案,想好处理课堂突发事件的预案,并请指导老师审阅指导,虚心听取指导老师的意见,那么上的课就不会差。随着现代化教育技术手段在教学中的运用,每位实习生可准备 1 学时的多媒体教学教案,自主用多媒体课件开发工具制作,在有条件的学校还可开展多媒体教学。

(3)试教。试教是实习工作重要的一环。实习生必须在实习学校指导教师的指导下,认真钻研教材和大纲,认真备课,认真编写教案(每堂课都必须编写教案),认真试教。试教之前,实习生首先要自己试讲,独自想清、理顺自己打算要讲的内容,包括要讲的每一句话、每一个动作、每一个表情,如果怕记不清,最好把上课的讲稿写详细、具体;然后在本小组试教,听取本组同学的意见或建议,再修改,最后到指导老师处试教,听取指导老师的建议后,继续修改教案,直到指导老师满意、同意上课为止。有些实习生嫌麻烦,认为这样一来,一节课至少要试着上三遍后才能正式与学生见面,感觉很累。但是随着社会对教师素质的要求逐年提高,师范生如果不能很好地掌握教育、教学技能,是无法在教坛立足的。俗话说:"台上一分钟,台下十年功。"这句话用在教育教学中也是非常贴切的。所以,要想让自己尽快成长为合格的数学教师,对实习生来说多次修改教案和试教是正常的。

(4)培养教学技能。教学技能的高低在某种程度上可以左右整个课堂的进程。我们要努力提高自身的各项教学技能,提高教学效率和质量。

(5)上课。上课是实习教学工作的重点。讲课要贯彻讲练结合的原则,克服满堂灌的现象。有些实习生上课时,觉得问题简单,一路讲过去,结果,学生一片茫然,而更叫人着急的是很多实习生的课堂很呆板,即使课堂反馈信息已经表明学生对自己的这套教法比较吃力,但就是干着急,不知道怎样调整和驾驭课堂。这就需要实习生多钻研教育、教学技能,掌握学生的心理特征,及时调控好课堂。

(6)努力做好课后辅导工作。这是整个教学实习的一个不能忽视的方面。这要求我们在紧张而活跃的教学后,要认真检查学生的课后作业情况,了解学生的学习情况,及时调整教学方案和教学策略,让学生真正掌握所学的知识,改好考试试卷,帮助学生分析并解决学习中出现的各种困难和问题。

(7)做好实习日记,记录实习期间的主要活动(如听讲座、授课、组织开展的具体活动和各种实习心得、总结等),并写明活动时间、地点、对象,活动评价(成效)、指导老师意见等,为实习总结和论文写作提供素材。

2.2 班主任实习工作

在校内实习指导教师和校外原班主任指导下,每位实习生要运用教育科学理论知识,结合学校的要求和实习班级的情况,进行班主任工作的实习,培养独立从事班主任工作的能力。

(1)做好熟悉学生的工作。请实习学校班主任介绍工作,查阅学生学籍卡和学生手册、考试成绩等资料,深入到学生中去,了解学生的思想、学习和心理健康情况。

(2)在原班主任老师的指导下,学习、掌握班主任工作的原则、内容、特点和方法,走访优秀班主任,根据实习学校班主任的工作计划,结合学校的中心工作及本班实际情况,拟定《班主任工作实习计划》,经原班主任审批后执行。

(3)抓好班级的行为规范,杜绝迟到、早退、旷课等现象,抓好自修课纪律,提高学习效率。

（4）定期开展丰富多样的学习活动,向学生介绍良好的学习态度和方法,帮助学生适应转型期的学习生活。

（5）努力创建班级文化,实习生可通过提高板报、墙报质量,营造良好的学习氛围,开展有益身心的文体活动,教会学生劳逸结合,做到学习、娱乐两不误,促使学生的身心健康发展;通过组织班级活动和组织学生积极参与学校的各项活动,力争在各项活动中取得好成绩;培养学生的集体观念,增强班级凝聚力。

（6）正常开展班级日常工作,对学生进行思想政治教育,定期与学生谈心交流,了解学生的思想动态,及时疏导、解决学生中存在的问题。做好个别学生的转化工作,进行家访。协助原班主任处理好班内或学校临时发生的重大事情。

2.3　教育调查工作

（1）认真做好前期的准备工作,定好调研题目,调研内容可以包含。

① 研究教育对象的心理与生理特点、学习态度与方法、知识结构与能力水平及德、智、体诸方面状况的调查报告。

② 素质教育、创新教育及中学教育理论、教育方法的情况。

③ 优秀教师先进事迹的调查。

④ 教育教学经验及教学改革情况调查等方面的内容。

⑤ 实习学校的情况及办学经验的调查。

当然,教育调查内容选题可根据实习计划中的参考选题选取,也可自立课题。实习生在定好选题后应积极搜集相关资料,与队友共同商量,编写一份有质量的调查问卷。

（2）做好调查问卷的印制、派发、统计等工作。队员之间注意工作分配的合理性,尽量做到各司其职,互相配合。

（3）定期开会汇报调查的进度,可以提出自己的意见、疑问,商量下一步工作如何执行等问题。

（4）认真撰写调查报告,初稿完成后可以拿给老师和队友过目,听取他们的修改意见,进一步完善自己的调查报告。

（5）如果所调研的题目与实习学校相关,调查结束后应该及时向实习学校反馈调查所得的情况,并感谢实习学校的大力配合和支持。

3. 实习过程中的注意事项

3.1　要注意培养自己敢于在公众场合说话的胆量

有些实习生在上课前虽然做了精心准备,但由于平时锻炼不够,胆子小,站到讲台上,面对一个个求知似渴的学生时,就会不知所措。原来预设的方案甚至试教修改了好几遍的教学内容全都忘记了,有一种不知道说什么、怎么说的感觉,只好照着教案念出所有教学的内容。有的实习生甚至不敢面对学生讲话,要么总是侧着身子对着门或窗户,要么就一直耷拉着脑袋从不抬头看学生。由于是照本宣科式的教学,不能吸引学生的注意力,也无法激发学生的学习兴趣,学生就会开小差、讲话、走神、甚至造成纪律混乱。而这些信息反馈给实习生后,实习生要么就越来越快地讲完要教授的内容,要么就会停下来"整风",这样恶性循环。一节课下来,学生累,实习老师更累。

作为师范专业的学生,要有意识地锻炼自己在公众场合说话的胆量,不管说的效果怎样,首先要有敢说的勇气和胆量。如果到实习前还感觉自己胆量小,就要着重强化培训这方面的素质。一是找几个玩得较好的同学形成一个训练小组,每人每天当众讲话 10 分钟以上,需要强化训练的同学可以尽量说久些,最好讲完后大家当面点评一下,这样更有利于共同进步。二是每天坚持自己对着镜子中的自己讲话,这样一来不但可以锻炼自己的口才和说话的胆量,而且还可以培训自己讲话的神态。在有胆量说话后,再进行语态、神情、表情、手势等精加工。

3.2 要注意学会处乱不惊

实习老师的一个通病就是,一见学生乱套,就神情慌张、手忙脚乱,不知怎么办。而学生见老师不知所措时,就会更乱,甚至想看实习老师的笑话。所以,当出现特殊情况时,要冷静思考,以静制动。有时教师静静地站着要比使劲地拍桌子叫停的效果好很多。

3.3 要注意站在学生的"最近发展区"位置来讲课

部分实习生由于没有掌握学生的认知规律,总是以自己对教学内容的认知水平来考虑学生,所以很多实习生总觉得自己要讲授的内容很简单,有时稍微做个变形或添一条辅助线就可以解决的问题,学生不会做;有时明摆着的成立的结论,学生也不会。因此,实习教师要运用教育原理注意站在学生的认知水平来理解学生、认识学生,帮助学生走出对教师来说是显而易见的而对学生来说也许就是难点的误区。

3.4 要注意训练板书技能

实习生在备课时,要注意进行板书设计,可在白纸上把自己要板书的内容详细写出来。这样,一来可以帮助大家熟悉教学内容;二来也可训练自己的板书技能。一般来说,实习生的板书,且不说内容的合理性与逻辑性,写的字经常会出现"一行白鹭上青天"、"飞流直下三千尺"、"山路绵延十八弯"等现象。

备课时要注意区分教学内容的重点、难点、关键点,板书时,学会用彩色粉笔把这些重点、难点、关键点、易混淆点标出来强调,便于学生理解和记忆。

对于数学实习生来说板书时还要注意运算式、数学符号的书写要标准、正确,作图要规范。实习生在实习之前是学生,但是实习时身份发生了变化,是为人师表的教师。所以,板书一定要起表率作用,不能像做学生那样随便写、随便画。对数式、指数式中的底数、真数、指数的位置、大小都要规范、标准。作图时,要考虑图形的位置、大小是否适合学生观察。写字时要注意力度和字的大小、位置,避免学生看不清楚。

3.5 注意讲话的逻辑性

初上讲台的实习生由于没有经验,经常会想到哪里就说到哪里,前后没有逻辑性、连贯性,有时一激动还会卡壳。实习生要精心准备每节课的讲稿,讲稿和教案不同。要把自己想说的每一句话都写出来,每个表情或手势都要标注出来,并且在上课或到班上讲话之前还要好好操练几遍。

3.6 注意用爱心教学生,尊重学生

学生需要老师的关爱,实习生要用爱心教学生。尽管实习生活很短,但既然担任教师的角色,就要让它成为最崇高的工作,要以主人翁的态度对待实习学校的人和事,处处都体现教师的爱,处处都给学生爱。没有爱的教育是失败的教育。

实习生要注意课堂上不能闹情绪,不可挖苦、讽刺学生,不可体罚或变相体罚学生。要尊重学生,耐心细致的教育学生,进行说理教育。但要注意与异性学生保持一定的交际距离,避免与异性学生产生感情纠葛。

3.7 注意团结协作

一般来说是 2 个实习生带一个班级,两人要密切配合,团结协作,共同搞好实习班级的各项工作,分工要明确,轮流上课和担任班主任。担任班主任的实习生要密切配合上课的同伴搞好教学工作,可以帮助批改学生的作业及进行课外辅导,这便于掌握学情,有利于自己自然接课。负责上课的实习生要担任副班主任,协助实习班主任管理班级,为自己自然接手班主任工作铺平道路。遇到大事、班级活动,两人要商量好齐心协力完成。

3.8 注意勤动手做题

实习生要注意勤做题,并且钻研一题多解和一题多变,为顺利教学打下坚实基础。实习生在备课之前,必须要把教材和基础训练书中与本节教学相关的内容的

题目从头到尾做一遍。这有利于实习生掌握该节课的知识体系及在教材中的地位和作用,对帮助实习生确定教学重点和难点也很有用,同时也可对学生的提问来个"有备无患,万无一失"。何况,现在社会上招聘数学教师时首先就是笔试,笔试的内容基本上是高考试卷或高考模拟试卷,实习生多做习题也为以后找工作奠定笔试基础。

3.9 要有时间观念

上班做到不迟到,不请假。不论住多远,每天早上至少提前 10 分钟到办公室,如果是统一坐班车,至少提前 5 分钟赶到候车点。每天工作开始前,应花 5 至 10 分钟时间对全天的工作做一个整体的安排,特别要注意前一天没完成的工作要先处理。上课至少提前 5 分钟到教室,利用这 5 分钟的时间与学生进行简单交流,了解学生的学习状况,或作上课的准备工作,切忌匆匆忙忙上讲台。

第四节 中学数学的教学研究

1. 说课

近年来,在数学教学研究、数学教学观摩比赛、学校考察、引进新教师等活动中,出现了一种新颖的形式——说课。目前,说课已成为数学教学研究活动的一种重要形式。本节扼要阐述说课的意义、内容和要求,并介绍典型说课案例。

1.1 说课的意义

说课,是教师在独立钻研数学课程标准(或教学大纲)与教材的基础上充分备课,在没有学生参与的情境下,系统地分析教学任务和学生的认识基础,阐述教学目标、教学思路、教学设计与意图及其理论依据,是一种有计划、有目的、有组织、有理论指导的教学研究与交流的形式。

教师的说课与上课虽然都属于教学的范畴,但又有着本质的不同。其一,实施对象不同。上课的对象是学生,说课的对象则是同学科的教师、教学专家及学校的领导。其二,实施时间不同。上课是在课内完成的,说课则既可以在课前进行,也可以在课后进行。其三,活动的性质不同。上课是师生共同参与的课堂教学活动,说课则是教师之间的教学研究和教学交流活动。

开展说课的意义主要有以下三个方面。

(1) 有利于加强教育理论的学习研究

长期以来,我国的教学是以"传道、授业、解惑"为根本宗旨,以传授知识为根本目的,这种教学思想在世代沿袭中形成。在当前的数学课堂教学中,这种传统教学思想仍然有着较为广泛的市场。例如,课堂教学活动以教师和教材为中心,把教学过程设计为"传授+接受"的形式,只注意教师的教法而不研究学生学习数学的心理规律,表现为抹杀学生主体地位的重教轻学倾向。又如,片面强调智育,特别是片面强调知识教学,在片面追求分数和升学率的思想指导下,形成了以讲、练、考为基本步骤的课堂教学程序,表现出重知识、轻能力,特别是轻创新意识与创新能力培养的倾向。再如,把数学教学停留在现成知识即数学活动结果的教学上,既不注意展现知识的发生过程和师生的思维活动过程,也不注重归纳、揭示教材中的数学思想方法,形成了重结果、轻过程的"概念+例题"、"定理公式+例题"的数学教学模式。至于教学中无视非智力因素对学习活动的定向、激励、维持和强化作用,以分数、名次、纪律等外在手段代替激发学生内在的学习动机等问题就不一而足了。这些现象不仅与现代教学思想相差甚远,而且严重违背了党的教育方针和教学促进发展的原则。

在说课活动中,教师不仅要依据学生认识发展的水平和数学学习的心理规律阐述教学目标、分析教材的重点与难点,还要从现代教学思想和教育理论出发,科学地设计教学过程、教学模式和教学方法,特别要对学生的学法进行周密的安排,这一切都需要以先进的教育理论和现代教学思想为指导。为了说好课,教师不仅要研究教学大纲(或课程标准)、教材和了解学生,更需要学习和研究现代教育理论,以更新教育观念和教学思想。因此,说课活动的开展将促使教师加强教育理论的学习和研究,从而提高广大教师的教育理论水平。

(2)有利于推动数学教学的改革

近些年来全国各地开展说课活动的经验证明,说课活动有效地推动着数学教学的改革。事实上,自1996年举办全国初中数学说课观摩比赛以来,各地迅速掀起了初中与小学数学课堂教学改革的热潮。不仅大众数学思想、建构主义理论、问题解决策略、强化数学应用和计算机辅助教学等先进的教学思想和教育理论得到了迅速的推广和普及,而且广大教师在运用现代教学思想指导说课的实践中创立了许多新的教学模式和教学方法,大大推动了初中和小学数学教学的改革。2000年举办的全国首届高中数学说课观摩比赛,又开创了我国高中数学教学改革的新局面。

(3)有利于推动教研活动的开展

在应试教育的影响下,多年来我国许多中学的教学研究活动基本流于形式,教研组、学校甚至教育行政部门下属的教学研究室不搞教研的问题也大量存在,这种现象已严重制约了中小学教育教学质量的提高。进一步更新教育观念与教学思想,从我国基础教育向素质教育转变的实践中充实研究内容,改革研究方法与形式,无疑是突破这种困境的重要途径。

说课是当前学校教学研究工作的重要内容。通过开展说课活动,研究改革教学模式和教学方法,确立以学习者为中心,构建以学生活动为主的课堂教学环境,对于实施素质教育和创新教育以及从根本上提高教学质量都具有重要的作用。

说课也是当前学校教研工作的重要形式。通过开展说课活动,不仅有利于调动广大教师从事教学研究的积极性,有助于提高教师的业务水平和教学能力,而且通过说课及评课形式的互相交流,可以培养互帮互学、相互切磋、共同提高的研究风气和优良的校风。

1.2 说课的内容

说课的时间一般限定为 15~20 分钟,由于时间的限制,只要求教师简要而概括地就教材的地位与作用、教学对象、教学目标、教学过程、教学方法、教学评价等内容作出阐述,并说明各项设计的指导思想与理论依据。说课内容应重点解决"教什么"、"怎样教"、"为什么这样教"三个问题,即重点说明教学中如何根据教学内容选择恰当的教学方式和方法,如何发挥学生的主动性和积极性,如何激发学生的学习兴趣,如何引导学生自主活动与独立思考,如何搞好"双基"教学,如何提高学生的数学能力,如何较强创新精神、实践能力以及进行数学文化熏陶。

(1) 教材的地位与作用

① 阐述教材内容在本章、本单元乃至整个教材中的地位和作用,说明该内容在学科知识体系及前后逻辑关联中的作用,剖析教材编写的意图与特点,以及它对学生的学习与发展所起的作用。

② 从学科知识体系和逻辑结构方面着重考虑实现本节课教学目标的关键内容,考虑知识中所蕴含的思想方法及其智力价值,从而确定教材的教学重点。从学生的学习基础、心理规律及学生的认识水平方面的研究中找出教材的教学难点,并明确突破难点的关键。

(2) 教学对象

首先,要分析学生的认识基础,即与学习教材内容相关的知识的清晰性、稳定性和可利用性,以及学生的能力、思维方式等;其次,分析学生的生理与心理特征,即教材内容与学生的年龄及生理、心理特征是否匹配,以及教学中拟采取的措施;

第三,分析学生群体的个体差异,阐述分层教学或个别化教学的策略。

（3）教学目标

阐述教学大纲（或标准）对本节教材教学的要求,以及结合学生与教材的实际确定的教学目标,包括大纲（或标准）中规定目标的各个方面,要求尽可能具体化。一般情况下,教学目标包括知识目标、能力目标和情感目标。

（4）教法分析与学法指导安排

新课程倡导提供学习的机会与条件,让学生自主学习、探究学习、合作交流学习。因此,要围绕"自主、探究、合作交流"的学习方式展开教学设计。根据教材内容的特点,灵活选用教法和学法指导。对于那些具有生成性的数学知识如一些重要的概念、公式和定理宜选用探究式教学方法,指导学生进行探究式学习;对于那些比较抽象、学生缺乏必要的知识基础的数学知识如几何入门时的公理教学和一些数学概念的初始教学等,学生探究时有一定的困难,一般宜选择讲授式教学,让学生以接受式学习为主。

（5）教学过程的设计

教学过程的设计是说课的主体部分。一方面,要说明整个教学方案的设计思想;另一方面,要说明教学过程的设计程序,包括创设问题情境、引导学生探索新知;运用新知、反馈矫正;巩固练习、小结反思等教学环节。每个环节都包括教学设计与设计意图,以便让听众明了如何开展教学及进行这样教学的理由。在教学设计中要包括教学内容的选择与组织、教学活动的安排、教学媒体的使用、教学组织形式等内容。在设计师生互动环节时,注意坚持四个目标:活动内容符合学生实际;让学生积极主动地参与;学生在活动中能够得到充分的发展;在活动中师生共同促进,共同提高。

同时,对于重要的教学环节如操作、实验、探究、讨论等要说明其价值取向和理论依据。对于例题与课内练习,要说明其选择的必要性与实践价值。

（6）教学评价

教师要阐述课堂信息反馈与调节的措施,说明对学生效果进行评价的手段及补偿教学的方法。

1.3　说课的基本要求

（1）说课要具备科学性

说课的科学性要求包括以下四个方面。

① 教材分析要科学,不仅对教材的地位与作用的阐述要符合数学学科内在的

逻辑体系,教学重点与教学难点的确定也要符合教材与学生的实际。

② 教学目标的设计要全面和准确,符合数学大纲(或标准)的方向和其中关于教学目标的规定。

③ 教学模式与教学方法应当体现"教为指导、学为主体"的教学思想,并适合学生的认知特点和心理发展水平。

④ 教材的呈现与例题、习题的选择要与教学目标一致。

(2) 说课要有理论性

理论性是指无论教材分析和教学目标的认定,还是教学方案的设计和教学方法的选择,都要以现代教学思想和教育理论为依据。其中,教材分析要遵循数学科学的严谨性;教学目标的认定和教学重点、难点的分析要依据数学教学大纲(或标准)和学生的实际情况;教学过程的设计与师生双边活动的安排要有教育学和数学学习心理学的依据;教学模式的设计与教学方法的选择要以数学教学论为理论指导等。

(3) 说课要有实践性

实践性是指说课应当对指导当前的数学教学改革具有示范意义,其理论能接受实践的检验。具体要求包括三个方面。

① 教学过程的设计要具有可操作性,可以实施于课堂教学实践。

② 正确处理教与学、知识与能力的关系,注重培养学生的创新精神与实践能力,可以指导数学教学改革。

③ 要重视现代化教学手段的运用。

1.4 说课的注意事项

说课的重要表现形式是"说"。虽然说课内容组织得很好,但还需要"说"出来。这个环节很重要,"说"得不好,必会影响说课的效果,因此,在"说"课时要注意以下几点。

(1) 注意说课和演讲的区别

好的说课,语言精辟,内容详略得当,条理清楚,声情并茂,神采飞扬,给人以美的享受。但说课与演讲是有区别的。演讲侧重于演,它是一种表演形式,主要讲究声情并茂、感染人,以期引起观众的心灵上的共鸣。说课侧重于说理,是一种教学研讨活动,关键是把道理说清楚,应做到观点鲜明、目的明确、详略得当。

(2) 注意说课和上课的区别

上课的对象是学生,而说课的对象是同行教师或专家,说课应该说清教学设计的思路、具体实施方法和这样安排的理由，不能把说课理解成是上课全过程的压缩，那样达不到说课的效果。

（3）把握好多媒体使用的合理性和实效性

当前的说课稿通常会被制作成幻灯片多媒体课件，从而出现将多媒体简单地当成黑板的替代品现象。实际上，如果某些教学内容用多媒体处理更加直观、形象、生动的话，说课过程中应该说明的是如何使用多媒体，要达到什么目标，同时，为了说明这一点，可在说课时选择重点演示课件的片段，这才是说课活动质量的真正体现。

2. 中学数学教学论文的撰写

数学教学论文是数学教育科学研究成果的一种书面表达形式。它反映了论文作者所从事研究的内容、所讨论的某种问题及其获得的结论，是研究工作的阶段性总结，是评价数学教师学术水平科学研究能力和创造能力的重要标尺。撰写数学教学论文，既是时代的需要，又是信息交流的需要。对于一个数学教育工作者来说，通过撰写数学教学论文，能够不断提高自身素质，优化知识结构，为进一步发展自己的专业提供机会。

数学教学论文包括学术论文、调查报告、实验报告、经验总结等多种类型。数学教学论文质量的高低决定于研究工作本身的质量，决定于研究者分析综合的能力、逻辑推理能力、专业知识的深广度以及对数学教育实践的了解，决定于作者的写作能力。对于初入门者，还必须掌握教学论文撰写的基本知识。

2.1 数学教学论文的特征

好的数学教学论文应具有如下基本特征。

（1）理论性

理论性指论文对所论及事物的本质特征进行抽象、概括，要透过表象看本质，要揭示所讨论或所研究问题的内在规律。以理论为主要材料的学术论文，其核心和重心自然是理论。以实验为主要材料的实验报告，其所论实验应有某种理论依据，对实验的规律性的认识和评价也要突出理论性。以大量事实为主要内容的调查报告、经验总结等也应从事实、数据中找出规律，提炼出理论观点。总之，只有具体例子、事实、数据的堆砌而没有抽象、概括、提炼的论文不能算作好论文，也达不到撰写论文的目的。

（2）新颖性

新颖性指与同一学科领域中已发表的其他论文相比较，具有内容、方法、观点或层次方面的新意。学术论文要能够提出新认识、新思想、新理论,研究报告类论文应揭示出典型的、新颖的内在规律。缺乏新颖性的观点会使论文失去撰写的价值。

(3) 科学性

对于数学专题研究的论文,科学性指其内容论证的逻辑性、正确性。而数学教学论文主要是采用思辨的方式,广泛运用分析、综合、比较、抽象概括等思维方式进行论述,其科学性是指论文要论点明确、论据充分、论证合理,即观点鲜明、言之有理。实验论文还包括实验方法的科学性,实验数据的准确性,实验结果的可靠性、客观性以及重复实验时具有再现性。缺乏科学性的文章,其结果不可靠,再多的成果也是没有价值的。

(4) 针对性

针对性就是有的放矢。数学教学论文应切合教育科学理论建设的需要和数学教育改革实践的需要。具有针对性的数学教学论文或者对数学教育学科建设做出了贡献,填补了某一空白,充实了某一尚未完善的理论;或者对数学教育改革中遇到的尚未很好解决的某个实际问题有一定的指导意义,提供了一种可以操作的有效方案。缺乏针对性的论文是没有实际价值的。

2.2　数学教学论文的一般形式结构

数学教学论文一般由头,包括论文题目、作者姓名和工作单位及邮编、摘要和关键词、中图分类号、文献标识码及文章编号;主体,包括前言、正文、结论(或讨论);尾,包括致谢、参考文献和附录等几个主要部分构成。

(1) 论文题目

论文题目又称标题,它既能概括整个论文的中心内容,把握论文的基本论点和立意,又能引人注目,使读者可以初步判断有无阅读的价值。因此,题目要求确切、恰当、鲜明、简短,用词要精炼、中肯、醒目,一般不超过 20 个字,要以最恰当、最简明的词语反映论文中最重要的特定内容和逻辑组合。同时,还要考虑到所用的词语有助于选定关键词和编制目录、索引等二次文献,可以提供检索的特定适用信息。有时,为了更充分地表现主要内容,可以在题目后面加上个副标题。

(2) 署名

在标题下方必须标明作者的姓名及工作单位、邮政编码,这样做,既表明作者文责自负的态度,又反映研究成果的归属,也便于读者与作者的联系与交流。有多名作者时,署名先后以贡献大小为序。

（3）摘要

摘要又称概要、内容提要。摘要是以提供文献内容梗概为目的，不加评论和补充解释，简明确切地陈述文献重要内容的短文。摘要是论文基本思想的缩影，可作为论文的简要介绍，包括课题的意义、目的、方法、成果和结论的高度"浓缩"。

摘要的写作要求是：要写得完整、准确和简练；必须对原文作客观介绍，不加评论；不能出现图标、公式和非共知的符号、缩略语；要短小精炼，不超过 200 字，且要独立成文。

（4）关键词

摘要的下方还应列出 3—8 个关键词。关键词是反映文章主题和主要内容的术语，是现代论文的体例要求，必不可缺。关键词对文献检索有重要作用。它是用作计算机系统标引论文内容特征的词语，便于信息系统汇集，以供读者检索。关键词是从题名、层次标题和正文内容选取出来的，是反映论文主题概念、对表述论文的中心内容有实质意义的名词性术语。几个关键词具有共同反映主题内容的逻辑关系，在排列上，通常依概念的大小或论述问题的先后为顺序；关键词之间应以分号分隔，以便于计算机自动切分。关键词应尽量采用《汉语主题词表》提供的规范词。

注意：学术性强的理论期刊还要求将上述几项内容翻译成英文。

（5）中图分类号、文献标识码及文章编号

这部分内容一般由期刊编辑部给出，也可自己编出中图分类号、文献标识码。

（6）前言

前言又称引言、序言、导言、导论、引论，在学位论文中也称综述，是论文的开场白。前言包括以下几种写法：从写作的动机和目的着手，阐述试图解决什么问题；从选题的背景着手，强调选题的目的和意义；指出论文研究的内容和范围，给人一个全局性的整体印象；直接提出观点引人注目；概述研究的意义和价值等。

前言的撰写应开门见山，文字要简明扼要、短小精悍、紧扣主题，词意要朴素，特别要注意实事求是，恰如其分不夸张。一般要提出论点或论题，点明问题即可，不必多加铺叙。比较短的论文可以用一小段起到前言的作用。

（7）正文

正文是作者思想的集中体现，是论文的主体和核心。正文部分必须对研究内容进行全面的阐述和论证，包括整个研究过程中的观察、测试、调查、分析材料及由这些材料所得结论和形成的观点、理论等，必须充分展示论文中的论点、论据、论证。

正文的撰写应完整,要阐述取得研究成果所用的理论,通过由表及里、由此及彼的推理论证,现实研究结论的正确性。要有材料、有观点、有论述;概念清晰、论点明确、论据充分,论证严密而合乎逻辑;叙述条理要清楚,文字要通顺流畅,用词要准确、鲜明、生动。为了使论述条理清楚,正文部分一般又分为若干个小结,每个小节都要有一个明确的分标题。

(8)结论

结论是论文的结尾部分,是全文论证过程的总结,是论题被充分证明的结果。或是使中心论点进一步深化;或是归纳出论点;或围绕中心论点,对问题深入分析,提出解决问题的建议、设想;或是对某些实践行为的反思与启示;或是把研究结果与别人已有的同类研究结果进行比较,提出可供深入研究的问题;或是对一些教育教学问题提出不确定的看法或推测,引发进一步的讨论等。

结论必须起到总结全文、深化主题、揭示规律的作用。撰写结论应谨慎,文字要简明具体,措词要严谨,语句要明确,应前呼后应,逻辑严密,应根据论文的性质确定结论部分篇幅的长短。实证型教学论文的结论部分要稍长,分量要重,突出文章的重点和研究价值。经验型教学论文、验证性论文,对某文提出商榷、反驳或补充的论文以及结论不言自明的关于新理论、新方法、新概论等方面的论文在论证过程中已明确提出了结论,就可以简略地结尾。

(9)注释、参考文献、附录和致谢

参考文献是指作者在撰写论文时利用了的别人的资料,包括参阅或直接引用的材料、数据、论点、语句,必须在论文中加以说明或注明出处。这体现出作者严肃的科学态度和尊重他人成果的高尚文风,同时也为读者了解该领域的研究情况,查阅有关资料提供方便。

目前,引文加注已作为衡量教育期刊和教学类论文学术性的重要参数之一。引文加注的方法有多种,在论文中使用最普遍的主要有以下三种。

一是夹注,即在引文后直接加注说明出处。

二是脚注,又称页注,即在本页下方注明该页中所用的引文的出处。

三是尾注,即在全文末尾加注文章中曾使用的引文的出处。

采用脚注和尾注时,应按引文出现的顺序标明序号,即在引文右上角用小圆圈或其他标注符号标注。引文注释的内容应包括作者姓名、书刊名称、文献篇名、卷数、册数或期数、页码、出版单位和时间等。引文加注时要注意以下几点。

① 正文中出现的引文注码序号应与脚注或尾注的序号相一致，不能张冠李戴。

② 采用夹注时，先后两条引文出处相同时，可注"同上"或"同上书第 X 页"。采用脚注和尾注时，出处相同的引文可放在一起。

③ 引文是外文资料时，注释中的书名、篇名等可用原文，也可用译文。如果用译文，还要注明翻译者的姓名，以及译文刊载的书刊名称、期数或卷数、出版年月等。

④ 引文注释不但可以注明材料的出处，也可对所引用的材料加以解释或说明，还可用加注的形式对正文中的某个观点做进一步的阐述。但这种解释或阐述必须言简意赅，不宜在引文注释中展开过多的论述，并且一般采用脚注。

⑤ 参考文献是作者写作论著时所参考的文献书目，一般集中列表于文末；表上以"参考文献："（左顶格）或"[参考文献]"（居中）作为标识；参考文献要与正文中的指示序号格式一致，其序号用方括号标注。

⑥ 论文中引用的参考文献，应视具体情况把序号作为上角标或者作为语句的组成部分。作为上角标时一般放在引用部分的句子之后或放在引文作者姓名后，而整段内容须注明参考文献时则放在第一句话后。

在文后参考文献表中，各条文献按在论文中的文献序号排列，项目应完整，内容应准确，各个项目的次序和著录符号应符合规定的格式。

引文注释和参考文献的格式如下。

① 著作、专著、学位论文、报告

[序号] 编著者（多人时用逗号隔开）. 文献题名[文献类型]. 出版地：出版者，出版年：起止页码（选择项）.

序号要左顶格，并用数字加方括号。如[1]，[2]，…

独著的作者只列姓名，其后不加"著"、"编"、"主编"、"合编"等责任说明。

用单字母方式标识参考文献中所应用论文的类型（专著 M，论文集 C，报纸文章 N，期刊文章 J，学位论文 D，研究报告 R，标准 S，专刊 P，其他 Z）。不要引用未公开发表的资料。

外文引文著者姓名应把姓放在前，紧接逗号，名字可用首字母缩写，复姓通常用最后姓记入。

示例：

[1] 刘兼，黄翔，张明. 数学课程设计[M]. 北京：高等教育出版社，2003：

37—41.

[2] 莱斯利 P 斯特费,杰里·盖尔著,高文等译. 教育中的构建主义[M]上海：华东师范大学出版社,2002:35.

[3] Mousley J,Marks G. Discourse in Mathematics [M]. Victoia:Deakin University Press,1991:27–30.

② 期刊文章

[序号] 主要责任者(多人时用逗号隔开). 文献题名[J]. 刊名,年,卷(期):起止页码。

示例：

[4] 吴群志. 数学课程改革中的过程性知识及其实践问题[J]. 数学教育学报,2004(1):52—55.

③ 论文集中析出的文献

[序号] 析出文献主要责任者. 析出文献题名[A]. 原文献主要责任者(任选). 原文题名[C]. 出版地:出版者:出版年:起止页码.

示例：

[5] 朱永新. 对我国基础教育发展及几个相关问题的政策分析[A]. 袁振国. 中国教育政策评论 2001[C]. 北京:教育科学出版社,2001:38—39.

④ 报纸文章

[序号] 主要责任者(多人时用逗号隔开). 文献题名[N]. 报纸名,出版日期(版次).

示例：

[6] 陆效用. 质疑双语教学[N]. 文汇报,2002–4–29(9).

⑤ 国际、国家标准

[序号] 标准标号,标准名称[S].

示例：

[7] GB/T16159—1996,汉语拼音正词法基本规则[S].

⑥ 电子文献

[序号]主要责任者. 电子文献题名[电子文献及载体类型]. 电子文献的出处或可获得地址,发表或更新日期/引用日期(任选).

示例：

[8] 王宏高. 科研贡献视角下的研究生教育收费问题与对策[EB/OL]. http://www. cajcd. edu. cn/pub/wml. txt/980810–2. html,1998–08–16/1998–11–04.

[9] 万锦坤. 中国大学学报论文文摘(1983—1993). 英文版[DB/CD]. 北京：中国大百科全书出版社, 1996.

⑦ 各种未定义类型的文献

[序号]主要责任者. 文献题名[Z]. 出版地：出版者, 出版年.

示例：

[10] 中国教育年鉴(2001)[Z]. 北京：人民教育出版社, 2001.

附录是指因内容太多、篇幅太长而不便于写入论文但又必须让读者了解的一些重要材料。如调查问卷、座谈会提纲、测试题与评分标准、各类图表等。致谢是指对撰写论文时提供指导和帮助的人的感谢，一般放在文末。

（10）作者简介

在参考文献后面还要附上作者简介。内容包括：姓名、出生年、性别、民族（汉族可省略）、出生地、职务、职称、学位、简历及研究方向（任选）。在简介前加[作者简介]作为标识。

有时，为了方便编辑部与作者联系，最后还可附上作者的联系电话（包括固定电话和移动电话）及 E-mail 邮箱地址。

示例：

[作者简介] 周××(1982.2—　):女, 湖南××人, ××学院讲师, 硕士, 从事数学学科教学研究。

2.3　撰写数学教学论文的准备阶段

论文正式写作前的准备工作包括理论和素材的准备, 论文题目的确定和论点的形成, 撰写工作的计划的制订等。做好准备工作是顺利完成论文写作的关键, 是提高论文质量的关键, 必须认真对待。

（1）为研究论文积累教学素材

教师在撰写数学教学论文时, 往往会遇到两个困扰自己的问题：要么苦于缺乏材料, 感到无从下手；要么感觉材料太多, 不知道如何筛选有用材料。数学教师进行的教学实践活动、教学研究或学科研究工作是数学教学论文写作取之不尽、用之不竭的重要源泉, 在收集资料的基础上, 教师还要立足于实践, 总结, 积累。积累收集素材应注意以下几方面。

① 及时记录, 逐步积累

在教学实践中, 教师常会有许多教学心得体会。上了一节成功的课, 解决了教材研究中的一个疑难问题, 帮助一个后进生取得进步, 都能使教师感觉到成功的喜悦。如果不及时把自己的感觉和体会写出来，久而久之，就会忘记。所以，数学教师要养成写教学日记或札记的习惯，及时记下一时之得，日积月累，整理思索，前后对比，就会欣喜地发现自己在教学上逐步成熟，从中也可能悟出数学教学的许多道理，可能就会产生某个科研课题或成果雏形。如果再运用数学教育的有关原理使之升华提高，我们在科学研究的征途上就会迈出坚实的一步。

有些教师经常编制学生的学习档案，记录班内被研究的学生的学习行为、习惯，学生每天在数学学习中的表现、存在的问题，教师对他们的帮助，学生取得的进步等情况。把这些经验情况加以整理，很可能就是学生学习的精彩的个案。

② 分类安排，有序整理

教师对积累下来的材料要及时进行整理，如记录某学年、某年级、某班级的数学教学日记，某年级、某同学的学习个案，某类问题的教学经验，某个专题的研究心得等。对这些材料，要按时间或按专题分类整理保存。这些是数学教学论文宝贵的、生动活泼的原始材料，如果疏于经验积累，不注意材料的整理保存，时间一久就会忘记，即使没有忘记，也没有整体的清晰的印象。

③ 收集文献资料或其他素材

撰写论文一般都离不开查阅、收集有关文献资料，并加以合理利用。在准备阶段宜广泛查阅、收集文献资料，不一定集中于某一个专题。这么做的目的在于去发现和继承前人的成果，了解前人在相关领域做了哪些研究工作，进展如何，还存在哪些尚待进一步研究的问题，有哪些问题还没有人研究过，以便选择自己研究的课题。

查阅文献资料时应做好相关记录，最好用卡片做摘录，这样便于将资料分类整理，便于撰写论文时的查找和利用。

(2) 确定研究课题和论文题目

确定研究课题和论文题目简称选题。选题是数学教育研究中的首要环节，是撰写数学教育论文的关键性步骤，人们常说"科学论文的题目选择得当，等于完成论文的一半"，这种说法是很有道理的。

① 选题的基本原则

第一，必要性原则。必要性是指课题的现实意义和价值，选择的课题应该具有一定程度的理论价值或应用价值或发展价值，应该是与数学教学密切相关的，适应数学教育实践需要和本学科发展需要的课题。

第二，创新性原则。创新性是指所选课题具有新颖性，先进性，学术水平应有所提高,能推动某一学科方向向前发展。选择的课题必须有某种程度的新意,或是探索前沿,突破禁区;或勇于开拓,填补空白;或是填补前说,有所前进;或是纠正通说,正本清源。

第三,可行性原则。可行性是指符合主客观条件实际,是经过主观努力能完成的。选择的课题应该是在一定时间内可以完成的,不能好高骛远,贪大求全。选题时既要考虑自身的研究能力和经验,扬长避短,选择自己感兴趣的课题,又要考虑客观条件是否允许,特别是时间和经费是否有保障,是否有所需的文献资料。

② 选题的事项

第一,更新理念,与时俱进。选题要注意审时度势,正确把握大方向。所提出的课题应是符合当前国家教育改革的精神,应该抓住数学课程的重点、热门话题,论文应符合国家数学课程的新理念,反映国家学科教学改革的精神,对读者具有正面引导的意义。如何化解素质教育与应试教育的矛盾,就是广大师生渴望解决的问题。如何做到既使我国学生数学基础扎实,视野宽广,又能减轻学生的负担,使其学习生动活泼,这是具有挑战性的问题。

第二,注重实际,扬长避短。选题要注意扬长避短,充分认识和利用自己的优势,从而增大成功的概率。在选题时可以优先考虑自己在实践中经常遇到的问题、个人体会较深的问题。数学教学第一线的教师,优势就在于对教材内容和学生实际情况有深入的了解,有较多的机会进行教学研究。同时,数学教师教学工作繁忙,理论学习的时间不足,缺乏信息和资料,理论研究的条件相对较弱。刚开始入门搞研究的教师宜以具体的数学问题作为突破口。

第三,量力而行,轻重适宜。选题还要注意量力而行。刚做研究的教师,所选的课题宜小不宜大,宜具体不宜抽象。具体的课题容易切入,小口子的论题容易透彻论述。如果论题过大,写作时会分散注意力和精力,显得力不从心。所选的课题,多数要与个人的教学研究工作相联系,符合教学实际,应该是个人力所能及的。

第四,初步选好论文题目后,要查阅相关资料,根据文献检索的方法,尽可能多地博览群书,掌握国内外最新研究动态。经查阅资料后,若发现这是一个没有人研究过的课题,在得到鼓舞的同时,教师要在更大范围内查找资料,认真展开探讨和研究,仔细分析这个"空白点"的成因,进一步检查思考自己已经取得的成果,如果确实发现有新的突破,就要鼓起勇气,坚定自己的选择。如果经过查阅资料,发现自己的拟选题是个老课题,已有许多人做过探讨与阐述,也不要轻言放弃,冷静思考一下能否得到进一步的启发和发表新的见解,有没有必要写出综述,有无可能进一步开展讨论。事实上,当前多数热门的中学数学论文的选题有重复现象,虽然题目一样,但还是能从不同的方面,结合自己的实际感受,写出具有新意的同名教学论文的。

③ 选题的途径

有些论文题目是教师的实践体会的理论性升华;有些论文题目随着研究课题的确定而确定;有些论文题目是在查阅、收集文献资料的基础上分析,并结合个人的实际情况而确定。

第一,到文献资料中寻找课题。在大量查阅文献资料,掌握了大量信息的基础上,系统地研究已有成果,寻找前人刚刚开始接近而没有提出的问题,或提出了而未解决的问题,或在争论中的问题,或前人研究过但自己有不同看法的问题等。对于已有的理论成果,教师要敢于质疑,必要时作出更正与补充,发展或引申。

第二,到自己所学专业或担任课程的范围内寻找课题。面对大量的教学现象和平时积累下来的教学素材,多问几个为什么,就会发现许多值得研究的新问题。学生的学习状况和数学教育的有关规律是客观存在的事实。如果教师不关心它们,不开发它们,这些规律或事实就无人知晓,更无法利用。如果积极进行调查研究,这些规律或事实就能被挖掘出来,这对教师和学生都有很大的参考价值。

第三,到社会实践、教育实践中去寻找研究课题。注意观察教育现象和对象,特别是注意在自己的学科专业容易被人忽视的地方,这往往可以发现、找到研究课题。在实践中积累的经验材料,需要进行理论升华;对于在调查研究或实验研究中获得的素材,需要利用数学教育理论予以指导,并且努力揭示隐藏在日常数学教学中的规律。

第四,积极申报社会课题或参加他人申报主持的大型课题,在大课题中寻找子课题。

④ 选题的方法

第一,对比,即将平时陆续记录的材料和收集到的各种材料进行对比,从中发现差异,找出课题。

第二,追溯,即在文献中寻找事物在发展过程中的痕迹和线索,从而提出课题。

第三,捕捉,即捕捉自己在阅读过程中突然出现的新观点、新见解,捕捉文献中独有的新观点、新材料,这些创见的对象可作为自己研究的课题。

第四,寻找,即在文献中寻找提出的而没有解决的疑问,或者感到论据不充分的课题。

当研究课题取得了阶段性成果或最终完成时,就可以确定论文题目了。

（3）制订撰写计划

撰写计划相当于学位论文的开题报告,主要包括拟定撰写提纲,即论文的目的、意义、主要组成部分等,工作步骤、内容和进展规划。撰写计划要切实可行,便于自行检查。

2.4 教学论文的撰写阶段

撰写阶段的主要任务就是完成论文的写作,数学教学论文的基本内容,应该是凝聚作者在数学教育研究中的心血,至少在某一点上反映了作者较深刻的体会。

撰写阶段的具体工作有以下几方面。

（1）构思拟纲,查阅文献资料

这个阶段的主要任务是根据论文题目,确定论文的中心思想、主要论点、相关素材及其排列顺序,思考论文的主要论据及其展开的层次,研究各论点对论题的支撑作用,考虑首尾呼应和论点间的相互配合等。

一般来说,为了说明论文的中心思想,除了需要基本论点外,每个基本论点还需要若干个分论点支撑,分论点有时又需要若干个小论点支撑,每个论点都要有支撑的素材,而且论点之间必须相容。

在撰写论文初稿时,为了使论据充分有力、论证严密、论点突出,这就需要利用文献资料引用一些材料来证明或加强自己阐述的观点。要有针对性地重新查阅搜集补充资料,对某些方面缺少的资料,如果是尚未查阅的应从新的文献中继续查找,对已有的资料应重新有目的、有重点地精读,并进行去粗取精、去伪存真的分析研究。通过对资料的综合、比较、分析、概括、浓缩,取其精华,并结合自己的研究所得形成不同于他人的独特见解和论点。这需要反复地阅读和仔细地思索,把别人的意见经过自己的消化理解重新构思,用不同的材料说明自己的观点,有时还需要改变论述的角度重新组织材料形成自己的观点。

对这些材料的引用切忌简单地抄录、搬迁、堆砌和拼凑,应对材料进行再加工。被选作论据的理论材料应符合可靠性(力求与原作一致,能直接引用的就不转引)、正确性(要全面理解,正确运用,不生搬硬套,牵强附会)、权威性要求。被选作论据的事实材料应符合真实性(包括情况、性质、程度乃至具体数字的全面真实)、典型性、浓缩型、新颖性(最新的事实和典型)要求。引用或评价他人的观点时,应全面、准确地反映原作者的基本观点，不能断章取义，否则，据此作出的评价和得出的结论就难免有失公允、准确。为了说明某个观点，在具有同等说服力的情况下，宜选用国内的、校内的、自己的材料。现在，很多人引经据典时，总觉得引用国外的材料显得高档，有才气。殊不知我国很多数学思想方法都先于西方，但由于被丢弃和引用，很多重要的发明和研究成果已经被国人遗忘了，甚至总想着是外国人的功劳，这不利于继承和发扬我国传统的数学文化。

（2）进行必要的补充实验研究

有些论文需要用到某种实验或测验结果，如果事先没有现成的资料可以利用，则需要在撰写论文期间补做微型的短期实验或测验，并进行相应的统计分析，取得所需结果。

（3）写出论文初稿

撰写论文初稿时，一般情况下可以按提纲的思路顺序写下去，但提纲也并不是一成不变的。随着思路的不断发展，问题的不断深入，认识的不断深化，提纲也将随之调整。如果发现提纲有不妥之处，则应随时修改提纲，若发现提纲完全不适用，则需重新拟定提纲，然后再按修改后的提纲继续写下去，最终完成初稿。

有些教师在教学中积累了丰富的经验和素材，在撰写论文时，如果不注意精选、浓缩，则文章太长，中心不易突出。论文的素材来之不易，作者往往爱不释手，但为了使论文简洁集中，作者一定要舍得"割爱"。多余重复的材料，哪怕再好，也要舍去，可要、可不要的坚决不要，前面论述时使用过的事例，后面就不要在同一层次上再现。教师要认真思考、恰当取舍，力求使论文题文一致、紧扣学科、突显个性、简洁精练、重点突出、结构严密、图文准确、表达清晰、实事求是。

（4）修改、补充、完善论文

初稿完成后，一般还须反复推敲、修改、补充，使之完善。修改工作可在相隔适当时间后反复进行，遇到特殊情况，还可能要重新构思，动大手术。作者应反复审视论文稿，有关的数据、材料、事例要逐一核实；重新审读文章，纠正不恰当的论断；补充有关论点、论据和材料；逐步改正错字、别字；删除重复或相近的段落；修改病句、错句；力求论文通顺流畅、恰如其分地表达作者的思想。

论文最后定稿后，便可打印出来了。若要向某期刊投稿，最好按相应期刊要求的格式打印，以提高投稿的命中率。一些数学教学的论文具有很强的实效性，重要的教学研究或科学研究的成果应力求尽早在第一时间内发表，以扩大它在数学教学研究中的影响力。

【思考题】

1. 教学技能大致包括哪些类型？

2. 试叙述数学教学语言具备的特征。

3. 数学教师应具备怎样的板书技能？

4. 试叙述数学课堂导入的方法。

5. 目前课堂提问存在的问题与误区有哪些方面？

6. 如何进行课堂调控？

7. 试叙述多媒体教学的方法与技巧。

8. 试叙述数学概念教学的意义。

9. 数学概念教学一般有哪些要求？

10. 试叙述数学概念学习的形式。

11. 试叙述如何进行数学概念教学，请设计一个数学概念教学的案例。

12. 数学命题教学一般有哪些要求？

13. 试叙述如何进行数学命题教学，请设计一个数学命题教学的案例。

14. 简述问题与问题解决的关系。

15. 如何进行数学问题解决教学？

16. 如何进行数学解题教学？

17. 试叙述教育见习的目的及主要工作。

18. 试叙述教育实习的主要工作及要求。

19. 教育实习需要注意哪些问题？

20. 试叙述微格教学的作用及特点。

21. 教师的说课与上课有何不同？

22. 怎样说课？说课时需注意些什么？

23. 试叙述数学教学论文的一般形式结构。

24. 通过哪些途径寻找教学研究课题？

第八章　中学数学教学评价

【导语】　数学教学评价是数学教育必须经常面临的问题。数学教学评价是全面收集和处理数学课程与数学教学的设计与实施过程中的信息,从而做出价值判断,改进数学教育决策的过程。数学教学评价是一个连续的、动态的过程,要利用科学的方法,对数学教学的每一个环节持续地做出诊断、评价和指导,以具体对教学实践产生促进作用。数学教学评价与数学教育目标紧密相关,需要建立促进学生全面发展的评价体系,建立促进教师不断提高的评价体系,建立促进课程不断发展的评价体系。

第一节　中学数学教学评价概述

教学评价的过程就是搜集评价对象的发展信息,从而了解教育工作的进展,发现问题,做出价值判断和进一步改进的决策,以更好地促进教育中人的发展的过程。

数学教学评价是全面收集和处理数学课程与数学教学的设计、实施过程中的信息,从而做出价值判断,改进数学教育决策的过程。数学教学评价主要是指课堂教学评价(教师评价)与学习评价(学生评价)。

教育是指向教育对象的,教育评价当然也是指向教育对象的。数学教学评价直接和最终指向的对象是学生个人。学生的数学学习状况与学生数学能力的发展是数学教学评价的首要任务,而对学生学习与发展的评价当然要涉及教学评价。

数学教学评价是数学教育必须经常面临的问题,在我国数学教育改革的过程中,评价将伴随着改革的进程,并对改革的成败产生重要的影响。因为"评什么,教什么"、"教什么,学什么"的现象仍将存在。数学教育评价依托于教育评价的大背景,历史上对于我国教育评价影响较大的是美国教育心理学家布卢姆(B. S.

Bloom)的教育目标分类理论;其次是 1984 年美国教育评价专家枯巴(E. Cuba)和林肯(Y. S. Lincoln)在名为《第四代教育评价》的著作中提出了第四代评价的基本理论和构架,这一理论更加重视评价中对不同价值体系存在着的差异进行协调,认为评价结果并不依赖于其与客观实际情况的相同程度,而是很大程度上取决于所有评价者意见一致性的程度。教育评价的内涵是随着社会发展和变革不断变化的。

我国现代意义上的教育评价大致起步于 20 世纪 80 年代初,特别是 1986 年,布卢姆来华讲学,他的"掌握学习策略"、"教育目标分类学"在我国迅速传播,我国的现代教育评价也得到了更好的发展。

回顾我国的数学教育历程,对数学教学评价的认识可归纳为以下方面。

(1)认为数学教学评价就是数学考试和选拔。这是狭隘和简单化的认识,不能反映科学评价的实质。

(2)认为数学教学评价是达标评价。这种观点仅仅反映了被评价者对预定目标完成的程度,忽略了教育发展的动态过程。

(3)认为数学教学评价是教育的价值判断过程。这一观点反映了评价的实质,有重要的指导意义,具有一定的普遍性。

一般地,数学教学评价与数学教育目标紧密相关,评价离不开教学目标,评价需要对教学目标具体地分析,追求实现教学目标的过程,评价不只是为达标,评价的目的是为了更好的发展,通过评价,促进教学改革,调整教学目标。数学教学评价是一个连续的、动态的过程,要利用科学的方法,对数学教学的每一个环节持续地做出诊断、评价和指导,以具体对教学实践产生促进作用。数学教学评价不是学术鉴定,不是专家的意见,而是依据实际情况,按照科学的方法,对数学教学的价值作出的结论性判断,用以调控和调节教师的教与学生的学的活动。

《基础教育课程改革纲要(试行)》中明确指出:建立促进学生全面发展的评价体系,建立促进教师不断提高的评价体系,建立促进课程不断发展的评价体系。《全日制义务教育数学课程标准(实验稿)》中关于评价的理念指出:评价的主要目标是为了全面了解学生的数学学习历程,激励学生的学习和改进教师的教学,应建立评价多元化、评价方法多样的评价体系。对数学学习的评价要关注学生学习的结果,更要关注他们在数学活动中所表现出来的情感与态度,帮助学生认识自我,建立自信心。

《普通高中数学课程标准(实验稿)》提出了建立合理、科学的评价体系理念:现代社会对人的发展的要求引起评价体系的深刻变化,高中数学课程应建立合理、科学的评价体系,包括评价理念、评价内容、评价形式和评价体制等方面。评价既要关注学生数学学习的结果,也要关注他们数学学习的过程;既要关注学生数学学习的水平,也要关注他们在数学活动中所表现出来的情感态度的变化。在数学教育中,评价应建立多元化的目标,关注学生个性与潜能的发展。例如,过程性评价应关注对学生理解数学概念,数学思维等过程的评价,关注对学生数学地提出、分析、解决问题等过程的评价,以及在过程中表现出来的与人合作的态度,表达与交流的意识和探索精神。对于数学探究、数学建模等学习活动,要建立相应的过程评价内容和方法。

数学教学评价有以下方面作用。

(1) 有助于数学教学的常规管理

数学教育有自身的规律,有既有的目标。任何事项都要接受评价,数学教育是否沿着既定的目标发展,要靠评价的管理功能约束,数学教育评价充分发挥其检查、指导、鉴别、反馈等管理功能,促进数学教学的常规管理。宏观上,包括数学教学的理念,课程计划,方法,手段,设备条件等,都可以进行目标控制;微观上,每一个学生数学学习上的要求,每一部分数学知识、技能、数学思想方法的理解与掌握程度,数学教师的备课,上课,批改作业,课后辅导,与学生的沟通交流等各个教学环节,都可以通过评价实现要求的规范化。

(2) 有助于促进数学教学导向教学目标

数学教学应围绕教学目标实施,实现教学目的。教学实践表明,有什么样的评价,就有相应的内容和行为,就会导致符合评价要求的趋势或结果。如把升学率作为评价标准,势必把教学导向题海战术,导致的结果可能是高分低能。数学教育评价的导向作用可以避免数学教学中的一些矛盾:比如数学教育现状与社会经济发展不适应的矛盾,数学教学远离教学理念与教学目标的矛盾,数学教学面向全体与个性发展的矛盾等,上述这些矛盾在教学实践中是难以发现的,必须通过评价的手段,通过建立评价体系去正确引导。

(3) 数学教学评价可以调节控制教学,达到理想效果

通过数学教育评价,教师可以获得大量的有效信息。评价者按预先设定的评价目标,对教学进行调节控制,使之尽快地达到目标要求,获得理想的教学效果。这种调控可以表现在具体的教学内容上、教学进度上、教学难度上、教学观念上、教学方法上乃至教师的能力素质上。从调控的范围上,可以是个体、班级、学校、地

区等。

（4）数学教学评价可以激发教学热情

评价能够激发教师的教学热情与学生的学习热情，促使教学行为的反思，鼓励先进，鞭策后进。因为无论是教师还是学生，都希望自己的工作能够得到肯定，付出的劳动能够获得收获，取得的成绩能够得到鼓励，以增强教学过程中的主动性，提高工作与学习的自信心。教师即使通过评价发现了不足，也可以分析其原因，找到解决问题的办法，促使自己更快地进步。另外，学生的学习动机、学习情绪、求知欲望、学习态度、数学思维、情感兴趣均可以通过评价方式得到激发。

（5）数学教学评价可以诊断教学中的缺陷

通过评价活动，可以对教学过程进行检测，判断优劣，查出问题，总结经验教训，提高教育决策水平。在对数学教学的各个方面进行检测后，把所有可能提供的信息集中起来进行综合分析，然后对其结果的价值进行判断，得到比较科学的结论。诊断不是目的，诊断是为了发现教学行为远离教学目标要求的距离，然后找到缩短距离的办法，使教学行为与教学目标的要求统一。

第二节　对教师教学的评价

1. 评价内容

1.1　课堂教学评价参考指标

数学教学改革必然导致评价的变化，评价依赖于改革，评价对改革具有促进作用，评价内容与方法都在随时代发生变化，评价没有固定不变的模式。只有适合的评价，没有"科学真理"的评价。数学课程改革注入了全新的理念，要贯彻实施这些理念，必然要实现教学手段和教学方法的改革。面临课程改革实践，评价问题尤为突出，也是令广大一线教师及教育职能部门都较为困惑的现象，即如何评价一堂数学课，或者怎样的一堂数学课称为好课。数学课堂教学的评价不外乎关注两个方面：一是教师教的方面，一是学生学的方面。以下给出这两方面的评价参考指标。

教师"教"的方面包括以下几点。

（1）组织能力

对于教材的组织，要求教师能对教材进行合理的调整，充实与处理，能体现突出重点，分散难点，抓住关键的教学过程，教学目标全面、明确、恰当、落实好。教师要改进的方面是照本宣科，缺乏创新，重、难点处理不恰当，教学目标不符合要求，脱离学生实际,教学过程远离教学目标等。

关于教学活动的组织,要求教学程序安排合理,衔接自然,符合学生认知规律,教学节奏协调;课堂活动新颖实用,形式多样,重视学生的数学思考、引发学生积极思维;教学方法及教学手段运用自如,教学有个性,有特色,与现代信息技术自然整合,运用恰当,注重实效。需要改进的方面:教学过程设计不合理,时间安排不恰当,内容空洞,难度把握不好,过程节奏不协调,课内活动枯燥单调,片面追求形式,学生不能积极开展思维活动,实际效果差。

关于语言的组织,要求语言清晰生动,文明规范,教态亲切自然,语调、语素变换交替合理,语言富有启发性和感染力。需要改进的方面:语言平淡,缺乏激情,教态严肃呆板,不能感染和吸引学生,语言逻辑不强,口齿不清,普通话不标准等。

（2）教学态度

充分尊重和信任学生,保持热情和宽容的态度,适时地评价和激励学生,有足够的热心和耐心,对学生一视同仁。需要改进的方面:对学生冷淡,不耐烦,居高临下,显示权威,经常指责学生。

（3）教学中心

教以学生的学为中心,关注学生,充分调动不同层次的学生参与学习活动、思维活动的积极性,及时反馈与调节学生的学习活动。需要改进的方面:教师的注意力放在教案上、教材上或自己的教学思维上,课堂的主体为老师而不是学生。

（4）教学机智

能敏锐、及时地捕捉课堂中的教学信息,根据教学需要灵活地调整教学策略,保证教学目标的顺利完成。有效地处理课堂教学中的偶发事件,消除学生的暂时心理转移,把注意力重新吸引回来,使教学程序恢复正常。需要改进的方面:反映较迟钝,应变能力较差,不善于采取恰当的解决问题方法处理偶发事件,不善于及时调整教学思路及和学生沟通。

（5）教学境界

把握教学目标,正确处理基础和发展的关系,因材施教,使各种不同的学生的学习需要获得不同的发展,提供给每一个学生必需的学习活动时间和机会,促使学生数学学习的全面发展,对于知识,技能,原理的阐述具有科学性、准确恰当,提高学生的数学素养,重视学生数学思维过程的培养,让每个学生都获得情感态度的体验而主动参与到数学学习活动中来,充分考虑学生的自主发展,从学生实际出发,教学设计符合认识规律,注重学生自主获取知识的方法,主动参与数学实践,加强学生的个性与创造能力的培养。需要改进的方面:不能有效地调节学生的积极性,只注意面向少数学生,只注重知识与技能的教学,不重视良好的教学情境的创设,学生的个性特长没有得到表现。

学生"学"的方面包括以下几点。

(1) 参与学习状态

参与学习活动的形式多样,如师生对话,互助交流,动手实践,自主探索等;参与学习活动的积极态度与投入程度;参与学习活动的面是否考虑了不同层次的学生;学生是否达到了实质性的参与;学生参与学习活动是否实现了课内与课外相结合。需要改进方面:只有少数学生能按照教学要求参与到学习活动中来,学生参与学习活动的形式单一,质量不高。

(2) 学习情绪状态

保持活跃的学习气氛,学生在学习过程中具有适度的紧张感和愉悦感;及时调节学生的学习情绪,保持良好的注意状态。需要改进的方面:课堂学习气氛沉闷,学习情绪低落,注意力不集中,课堂教学秩序得不到有效控制。

(3) 学习交流状态

师生之间有信息反馈交流,生生之间有合作互助交流;有较充分的时间和空间开展合作讨论,合作讨论的问题有价值,合作过程中明确分工,人人有合作的任务;在合作的过程中注意个体的独立思考及在合作交流过程中个体的作用。需要改进的方面:师生配合不够,缺少民主气氛;生生之间合作讨论的内容肤浅,合作讨论流于形式,难以深入,无实际效果。

(4) 学习思维状态

创设适当的问题情境,引发大多数学生主动积极地参与思考,学生展现出了强烈的解决问题的愿望;关注学生思维的深层次发展,如学生提出问题的挑战性与独创性,学生尝试猜想和探索发现的结论的有效性等。需要改进的方面:学生的主动探索性缺乏,发表见解和提出质疑的机会少,没有给予深入研讨及自主独立思考的时间。

(5) 学习的生成状态

学生在学习活动中各尽所能,有自我满足感,有积极进取的心态,对学习有兴趣有自信;学生能有效控制自己的情绪与心理,克服惰性、畏惧、自卑、闭锁等不良心理。需要改进的方面:学生学习状态被动,缺乏上进心和自信,从学习活动中得不到成功的体验,容易受不良情绪的干扰。

1.2 教师授课过程评价指标

西方学者米斯认为评价教师授课过程的标准应包括下面 12 项指标。

(1) 教师能否在教学中激发学生的学习动机。

(2) 是否对照所制定的目标,构建了学习经验的结构。

(3) 教师授课内容是否有秩序和概括性,这个秩序性是否符合学生的学习能力。

(4) 教师对学习经验的干预,是否与学习经验的目标相一致。

(5) 上课时,教师是否留给学生充裕的时间以便学生更好地进行独立思考并作出相应的反映。

(6) 与学习经验的目标相对照,赏罚是否得当。

(7) 学生们是否充分理解自己在做什么,为什么这样做,会受到怎样的评价等。

(8) 是否十分明确学习目标的达成和所表现目标的成果。

(9) 是否明确评价的标准和评价的方法,对照目标检查这些标准与方法是否得体。

(10) 从学生学习成果看,是否反映了学习经验的目标。

(11) 为指导教学而准备的多种多样的不同类别的材料与学生的学习能力和他们对经验目标的理解程度是否协调一致。

(12) 从学习经验的目标和学生的学习能力来看,指导教学的方法是否合适。

1.3 如何评价一堂好的数学课

一堂数学课是否是一堂好课,按建构主义指导下的指标体系可概括为以下几个方面。

(1) 学生主动参与学习。一堂课的效果应当首先关注学生学得如何,知识必须通过学生的主动建构才能获得,而只有学生主动积极参与学习,才能保证对知识的主动建构。学生对知识的主动建构主要表现在学生参与目标或子目标的提出或确定,学生在“做”中进行学习,在活动中、在解决问题的过程中学习。

(2) 师生、生生之间保持有效互动。学生学习中的交流应该是多向的,知识是合作掌握的,学习是学习者、教师和其他学习者之间相互作用的结果。

(3) 学习材料、时间和空间得到充分保障。

(4) 学生形成对知识真正的理解。能否用自己的语言去解释、表达所学的知识;能否基于这一知识作出推论和预测,从而解释相关的现象,解决有关的问题;能否运用这一知识解决变式问题;能否综合几方面的相关知识解决比较复杂的问题;能否将所学的知识迁移到实际问题中去。

(5) 学生的自我监控和反思能力得到培养。

(6) 学生获得积极的情感体验。

教学实践中,对教师教学的评价通常是以听课打分的方式,即先确定一个评价指标体系,制定一套评价用表,组织某个群体(专家,同事,管理人员等)实地听课,以现场打分的方式确定某个老师的某堂课的分数,而这个分数常常就代表这个老师这堂课的教学水平,甚至于代表了这个老师的经常性的教学水平,因为这种机会对某个老师来说是很少的。为此,有必要在评价中关注以下几方面的问题。

(1) 评价指标体系的科学性问题

这种评价方式是以赖于评价指标体系的,从现有的评价实践可知,评价指标体系一般是由人制定的,必然带有一定的主观性和认识上的偏差,且评价的基础是以教师的教学技巧、教学行为作为主要依据,如教师的教态,语言,板书,提问的方式,内容的安排,课的组织,教学方法与教学手段的运用等,也就是说指标体系的设计是以教师的"教"而展开的,以"教"的好劣推导出课堂教学质量的优劣。然而,教学原则明确强调学生是课堂教学的主体,教师的教应围绕学生的学而展开,于是评价指标体系不关注学生的学的情况,显然是难以推导出课堂教学质量的客观实在。其实,对于数学教学,很大层面上是需要学生参与到数学活动中来的,尤其是对于新课程改革,评价指标体系如何与新课程理念相一致是一个很重要的问题。

(2) 数学课堂教学形式的多样性

按照现代认知心理学的知识分类理论,数学知识分为陈述性知识、程序性知识和策略性知识,而对于不同类型知识的教学应有不同的侧重点,有的侧重于讲解,有的侧重于练习应用,有的侧重于自主探索,这些侧重的方面正是体现教学的个性与特色。所以用同一个评价指标体系去评价不同类型的课堂教学,就像给不同知识层次的人上同样内容的课,评价的结果势必不符合公平的要求。真正意义上,不同的教学方式应有相应的评价指标体系,尽可能反映不同类型数学课的特点,鼓励教师进行数学教学改革的热情和积极性,充分发挥他们的主观能动性。

(3) 一堂课的评价不能代替一般性的评价

通常,某个老师参加某次比赛获得了好的成绩,这个成绩往往对这个老师的教学给予了一种定论,比赛成绩好变成了教学水平高。用客观的态度来看,一堂课的评价只能代表一堂课,或者至多能够部分地反映出某个教师的一般教学情况,不能够作为全面反映教师教学水平的标准。教学水平、教学质量的评价应将教师的教学从较长时间段的整体角度来评价,或者对教师教学水平的评价应设计为连续的、动态的方式,通过平时经常性的听课、录像、对话交流方式收集教师的教学信息,这些信息应包括教师的教学观、教育观、数学观、对数学学习的价值观,对教材的理解、教师与学生的互动交流、对新的教学理念认识和贯彻实施、对课程改革的态度等方面。

(4)数学教学评价的发展

实践表明,单一的评价方式,不论如何选择,都具有片面性,这是由数学教育活动的复杂性、不确定性及主观性所决定的,多种方式的综合考虑,才能互相弥补不足。评价方式的综合化可以考虑运用定量分析与定性分析、相对评价与绝对评价、主观评价与客观评价相结合的方法,当然,这样的评价指标体系的构建涉及理论研究问题。无论何种方式的评价,对于评价结果应作全面充分的解释和慎重的处理,评价涉及一个群体,评价的目的是为了更好的发展,促进教学质量与教学效率的提高,要充分显示出评价的积极作用,尽量避免评价带来的消极影响。评价是一个动态连续的过程,要用发展的视角对待评价,评价的重点不应放在结论或结果上,结果要与过程相关。比如数学学习的考试评价,不应过分看中分数这个结果,甚至不应只关注答案的正确率,对于获得正确答案的思维过程也应给予考虑,也就是要追求学习的知其然和知其所以然。

1.4 数学教学效率评价

数学教学活动的形式多种多样,但无论哪种形式都是为了达到一定的效率。因而对数学教学活动进行效率性评价很有必要,这是衡量数学教学活动合理性的一个重要标准。

活动的效率是从目的或目标的提出到通过一定的手段去实施、完成的全部过程所用的时间的比值。

数学教学活动是师生追求数学理解、数学认知、数学探索、数学创造、数学交流、数学审美等各种思维的、方法的、精神的需要活动。数学教学活动的效率就是追求这种需要的效率,在考虑上述效率的同时,必然涉及两个概念:数学教学活动的时间意识和成本意识。时间意识表现为能否在较短的时间内使一定数量的数学教学活动主体达到预期的数学教学目标。成本意识表现为能否从较少的数学教学投入,数学教学成本花费使一定量的数学活动主体达到预期的数学教学目标。一般而言,谈论追求数学教学活动的效率已认可主体具有了自觉的时间意识和成本意识。

数学教学活动既包括了问题、语言、方法、命题等客体内容,又包含着规范性、启发性等主体内容,对数学教学活动的效率性评价,不能用机械的、简单的方式,仅仅考虑时间和成本两个因素,而应当对数学教学活动的价值关系、时间意识、成本意识进行辨证的分析,综合地、动态地评价数学教学活动主体的数学活动过程及其结果。教师不仅要评价主体接受知识的最终表现形式的效率,而且还要评价数学活动主体掌握相关的数学问题语言和数学思想方法的效率,评价数学活动主体养成数学兴趣以及科学态度、内化数学精神的效率。

由上述分析,数学教学活动的效率性评价应包含三个方面的内容:一是评价数学活动主体掌握数学知识的速度,具体表现为掌握数学知识的量(如数学概念、数学定理、数学法则的数量)与整个数学活动过程所用时间的比值;二是评价主体内化数学概念、体验数学精神的效率,具体表现为主体内化数学观念、体验数学精神的正效果与数学活动全部投入的比值;三是评价主体可持续发展的数学活动的效益率,具体表现为主体离开当前数学教学活动后对主体进一步自主地、能动地从事数学教学活动的潜力与当前数学活动全部投入的比值。数学教学活动主体对效率性的追求应当在最大限度内争取数学活动发展的空间与时间。

数学教学活动的效率性评价有利于进一步认识数学教学内在的活动性,它不仅评价了数学活动主体对已有数学认知成果的全面整体把握,还评价了主体对数学活动经验的物质和精神形式的掌握,如数学活动中的技能技巧、数学思维品质、数学精神、数学情感态度、数学符号语言等。实践表明,数学教学活动效率性评价不能过分强调时间意识,比如强记与强化练习,可能主体在掌握知识的速度上具有明显优势,但效果率与效益率不一定相配比,可能导致缺乏应用意识、探索精神和创新能力。数学教学活动的效率性评价就是要激活数学活动主体的自主意识、能动意识与创造意识,促进主体自觉的审视、反思、改进数学教学活动的目标和效果,实现以学生发展为本这一根本目的。

数学教学效率评价应包括以下内容。

(1)数学活动主体的效率意识

富有效率的数学教学活动才会使师生双方的主体性得到发展和发挥,评价数学教学活动的效率首先要重视主体的效率意识,即数学教学活动过程中师生对自己数学活动的效率状态的自我认识和努力提高数学活动效率的主观倾向。提高数学教学活动效率必须增强师生双方主体的效率意识,这是主体进行积极主动活动的根本保证。作为数学教学活动的主体应努力使各种教学力量协调一致,共同朝着提高数学教学活动效率的方向发展。

(2) 数学活动内容的效率价值

数学活动内容的效率价值主要是指对提高数学教学活动效率所具有的意义和效用。在限定的时间内,数学活动的主体不可能以所有的数学素材作为数学活动的内容,必然要有重点的选择一定的数学教学内容开展数学活动,所以必须有一个共同的相对效率标准作为前提,给数学活动主体以较大的自由选择空间,这就有必要建立相应的数学活动的内容效率价值评估体系。从教材内容上讲,那些内容相对陈旧,知识范围过于狭窄、偏、深、难,超越学生实际认知发展水平范围的内容效率价值不高。数学教材内容要具有效率价值,首先要考虑学生认知发展的限度和潜力,推陈纳新应是一种必然选择,如数学教材中可增加一些算法的内容及计算机技术的内容。其次,数学教材内容的选择应突破单一的体系结构的束缚,教材的内容只要符合课程标准理念的要求,形式上应多样化。在这方面,我国已成功实现了转变,现行的义务教育数学教材已出现了多版本教材使用的现状,内容上更强调学生知识面的拓广及各种应用技能和现代数学思想方法的初步渗透。最后要充分考虑效率提高的可能性与现实性,在适度尊重传统的基础上,逐步实现数学活动内容效率价值的提高。如对于平面几何,作为一种直观、形象化的数学模型,在培养学生思维能力方面就具有重要的效率价值。

(3) 数学活动环境的优化

除了上述的两个方面内容外,数学活动环境状况对数学教学活动效率也具有重要的影响,提高数学教学活动效率要求主体自觉地优化数学活动环境。比如,建立课内、课外、校内、校外相结合的教学环境体系,将课内知识与课外见识相结合,使抽象知识具体化、实践化。另外,运用形式多样的教学方法手段,加大主体之间信息交流的力度,创设恰当的教学情境,使主体的教学活动在一个轻松、和谐、平等、自主的条件下完成。

(4) 数学活动共同体的发挥

把数学活动置于广阔的社会文化背景之下,应当充分地认识到数学活动共同体的集体思维力量,使数学教学活动的效率以师生双方的整体效率体现出来,数学教学活动中的主体通过反思和批判性思维,实现主体间的数学思想并存、互补、交流、重建、再创造,进而促进 数学教学活动的质量和水平。数学教学活动的效率提高应是"个体性"效率提高与"社会性"效率提高的统一,也是数学活动主体"反映"效率提高与"建构"效率提高的统一。当然,数学活动共同体须具有优化的成员组成,并通过自律机制、激励机制、竞争机制的建立,提高其集体思维的效力。

2. 评价方法

2.1 定性分析法

这是传统的评价方法。通过领导、专家、同行的集体听课和评课,分析教学的优缺点,并对教师的课堂教学作出整体性评价。定性分析法的优点是能充分发挥专家和富有教学经验的教师的作用,有利于分析课堂教学中各种复杂因素的变化及其关系,有一定的客观性,因此是数学课堂教学评价中广泛应用的方法。但这种评价方法易受评价者的主观经验的影响,往往会产生片面性。

2.2 分项评分法

这是一种量化方法。这种方法是列出各项指标的具体要求,并给出各项指标的分数和权重,由评价组对评价对象评分,然后汇总出评价总分。分项评分法在课堂教学评价中应用很广,是一种十分重要的评价模式。下面给出分项评分的一些内容以供参考。

(1)课前准备指标

根据课程标准总体目标,制定明确的教学目的,从实际出发,精心设计教学过程,写出适合的教案,作好教具准备。

(2)教学内容与组织指标

教学内容符合科学性要求;教学有教育性与思想性;课堂教学容量适当,深浅适度;突出重点,突破难点;内容布局、层次、衔接及节奏合理。

(3)教学方法指标

正确处理主导和主体的关系;重视启发,学生思维活跃;从课堂实际出发选择与调节教法;语言准确,生动、板书合理;合理使用教具及先进的教学手段;有良好的教学效果。

(4)加强双基指标

从学生的实际出发,运用科学的方法形成概念和命题;通过训练使学生掌握数学技能;灵活运用概念和命题,举一反三;适时复习巩固,把新知识纳入知识体系。

(5)培养能力指标

把数学三大能力的培养纳入课堂教学过程;体现对数学一般能力的培养;注意

创造性能的培养。

（6）非智力因素的激发与培养指标

创设情境，激发兴趣；师生情感交流，课堂气氛和谐；注意情绪、意志、气质、性格等非智力因素的培养。

对上述各指标因素给予适当的分值分布，共计 100 分，如果评价组对某教师各因素评定的平均分为 $\overline{x_i}$，则汇总求和可得评定的总成绩。

$$S = \sum_{i=1}^{n} \overline{x_i}$$

如果设计各指标权重为 A_i，则用加权求和法可得评定总成绩为

$$S = \sum_{i=1}^{n} A_i \overline{x_i}$$

如果规定 80 分以上为优，70—80 分为良，60—69 为一般，60 分以下为差，则可评定出等级。

2.3 模糊综合评判

这是应用模糊数学的研究模式判断评价结果（或合成评价结果）的方法，适用于定性评价结果的处理。这种方法在课堂教学评价、学习评价中应用比较广泛。下面举例说明数学课堂教学的模糊综合评判的方法和步骤。

（1）确定因素集与评价集。假设与课堂教学目标有关的因素如下。

x_1：教学目的；x_2：教材处理；x_3：教学方法；x_4：教学基本功；x_5：教学效果。则 $x = \{x_1, x_2, x_3, x_4, x_5\}$ 就是因素集。评价集确定的等级为 $y = \{$很好，较好，一般，较差，很差$\}$。

（2）建立评价矩阵。首先，用问卷法请每位评价者对某教师课堂教学每一因素进行评价。假定评委有 30 人，对因素 x_1 评"很好"的有 21 人，则"很好"这一因素的百分数为 70%（或 0.7），假定统计结果如表 8-1 所示。

表 8-1　数学课堂教学评价表

评价因素	很好	较好	一般	较差	很差
教学目的	0.5	0.27	0.20	0.03	0
教材处理	0.48	0.30	0.18	0.03	0.01
教学方法	0.35	0.37	0.15	0.10	0.03
教学基本功	0.70	0.27	0.02	0.01	0
教学效果	0	0.41	0.52	0.05	0.02

根据上表统计结果,建立评价矩阵:

$$\boldsymbol{R}=\begin{pmatrix} 0.50 & 0.27 & 0.20 & 0.03 & 0 \\ 0.48 & 0.30 & 0.18 & 0.03 & 0.01 \\ 0.35 & 0.37 & 0.15 & 0.10 & 0.03 \\ 0.70 & 0.27 & 0.02 & 0.01 & 0 \\ 0 & 0.41 & 0.52 & 0.05 & 0.02 \end{pmatrix}$$

(3) 建立权重矩阵。确定权重是评价中十分重要的一环,它实际上是确定了各项具体的评价在整个指标体系中所处的地位,确定权重的方法很多,最常用的方法是专家咨询法。假定用专家咨询法确定的各因素 x_i 的权重分别为 0.10,0.32,0.20,0.25,0.18,则权重矩阵 $\boldsymbol{A}=(0.10 \quad 0.32 \quad 0.20 \quad 0.25 \quad 0.18)$。

(4) 进行综合评价。根据模糊集合的运算 $a \wedge b = \min(a,b)$;$a \vee b = \max(a,b)$ 作矩阵 $\boldsymbol{A}$ 与 $\boldsymbol{R}$ 的合成运算得

$$\boldsymbol{B}=(0.10 \quad 0.32 \quad 0.20 \quad 0.25 \quad 0.18) \cdot \begin{pmatrix} 0.50 & 0.27 & 0.20 & 0.03 & 0 \\ 0.48 & 0.30 & 0.18 & 0.30 & 0.01 \\ 0.35 & 0.37 & 0.15 & 0.10 & 0.03 \\ 0.70 & 0.27 & 0.02 & 0.01 & 0 \\ 0 & 0.41 & 0.52 & 0.05 & 0.02 \end{pmatrix}$$

$$=(0.32 \quad 0.30 \quad 0.18 \quad 0.10 \quad 0.03)$$

因为 $0.32+0.30+0.08+0.01+0.03 \neq 1$,归一化处理后得到 $\boldsymbol{B}'=(0.34 \quad 0.32 \quad 0.20 \quad 0.11 \quad 0.03)$。

(5) 为等级赋值求总分。例如,"很好"这一级取[90,100]的组中值,赋 95 分,"较好"赋 85 分,"一般"赋 75 分,"较差"赋 65 分,"很差"赋 55 分,则得等级赋值矩阵

$$\boldsymbol{V}=\begin{pmatrix} 95 \\ 85 \\ 75 \\ 65 \\ 55 \end{pmatrix}$$

总分按矩阵乘法计算:

$$M=(0.34\quad 0.32\quad 0.20\quad 0.11\quad 0.03)\cdot\begin{pmatrix}95\\85\\75\\65\\55\end{pmatrix}=77.55(分)$$

该课堂得分为 77.55 分,如果将满分为 100 分,$77.55\in[70,79]$ 属"一般"这一等级。

(6)给出综合评价结论。如果只有一个评价组,那么上述等级值 M 已能给出最后的评价结论。如果评价者有多个评价组,则需要进一步给出综合评价意见。设有三个评价组,例如领导组、教师组和学生组,则可分别得到三个评价等级值 M_1,M_2,M_3,设定三个组的权重分别为 P_1,P_2,P_3,则评价结果为 $Q=P_1M_1+P_2M_2+P_3M_3$,由此得到该教师课堂教学的评价总分。从以上的方法和步骤可以看出,模糊评价是利用模糊数学的方法,将分项定性评价结果通过量化、合成等统计处理,而作出评价结论的方法,这是一种定性、定量相结合的综合性评价方法。

第三节　对学生学习的评价

学生的数学学习评价,包括对学生学习行为、学习过程及结果的评价,对学习结果的评价分为常模参照评价和目标参照评价,这主要依据布卢姆的关于学习的目标体系理论。布卢姆把学习结果的整体目标分为认知、情感、动作技能三个领域,其中认知领域的评价目标是为了特定的目的对材料和方法的价值作出判断。情感领域的价值评价包括:价值的接受、对某一价值的偏好、信奉等。我国的数学学习评价以布卢姆的目标分类体系为基础,并对其进行发展和完善。

《普通高中数学课程标准》和《全日制义务教育数学课程标准》均强调对数学学习的评价要关注学生的学习结果,更要关注他们学习的过程;要关注学生数学学习的水平,更要关注他们在数学活动中所表现出来的情感与态度。因此,学生学习过程的评价是数学课程改革的重要内容之一。

数学学习过程评价又称"过程性评价",指对学生数学学习各个环节历程的学习行为及其成效的评估。通过一切有效的手段和方法收集学生数学学习过程中各种有用的信息,对所收集的信息进行分析,评估数学学习过程本身的效果,调整学生在数学学习活动中的发展变化，促进学生的发展。

传统的数学学习评价只注重在课程实施之后对课程计划和学习情况进行考察的总结性的评价，具体形式就是考试（书面或口头），并用分数进行量化。其优点是简便易行，也较为客观，易于服人。但对于学生的数学学习过程视而不见，即使学生的数学学习过程中表现出了公认的水平和能力，这种评价也无能为力，因而不利于全面客观评价学生的学习情况和学习效果，存在较明显的局限性，不能很好地发挥评价的反馈与调节、激励与促进的功能。

事实上，影响学生数学发展的很多因素都是在数学学习过程中形成的，如数学知识与技能、数学思维能力、数学思想方法、发现问题、提出问题、解决问题的能力、情感态度与价值观等等。所以把评价纳入学习活动过程中，将评价作为主动学习的一部分，以评价促进学生的数学学习和全面发展是必要的，也是科学的和公平的。传统式的评价是为了检查验收，以一次性的量化结果代替长期的学习历程的评价，忽略了学习过程中的发展变化及很多必然因素的作用，加大了偶然性因素的作用。对数学学习的评价应将"过程取向的评价"与"主体取向的评价"相结合，充分体现以人为本的思想，综合应用量化评价与质性评价的手段，使学生自己能够了解自身的数学学习历程，体验到自己的成长与进步，充分认识自我。数学学习过程性评价的结果是以评分、评语、座谈交流、学习情况反馈单、成长记录袋等的一个综合反映。

1. 评价内容

1.1　数学学习过程评价

（1）学生参与数学活动程度的评价

该评价内容可包括参与活动积极性、主动性、有效性等方面，如课堂举手发言、回答问题、完成作业与练习、与他人合作交流等的次数或效果或态度，可采用活动纪录、调查报告、总结等形式。

（2）合作交流的意识与能力评价

该评价内容可包括是否愿意与他人交流自己的思想，交流时所表达的语言、观点及思想方法是否清楚、流畅、准确、简明，条理是否分明，逻辑是否严密，可以采用课堂观察、记录、交流讨论的形式。

（3）数学思考与发展水平的评价

该评价内容可包括数学思维过程及其思维品质、能力、策略与方法，如思维品质的深刻性、灵活性、独立性、敏捷性、批判性，数学观察能力、猜想能力、推理能力、

归纳类比能力、独立思考的习惯等。可采用课堂观察记录、课堂提问、交流讨论、作业分析、考试测验、数学日记、调查报告等方式进行。

（4）发现问题、提出问题、解决问题过程的评价

发现问题、提出问题、解决问题是学生数学学习的主要过程。该评价内容包括结合具体的情景发现和提出数学问题，从不同的角度分析与提出问题，从数学的内部与外部的情景中发现并提出数学问题；清楚地用文字、字母、符号、图表等提出问题及所提问题的深度；恰当地应用各种策略和方法解决问题，独立地探究解决问题的思路与方法。用数学语言表达解决问题的过程，证实和解释问题结果的合理性，反思解决问题的过程，获得解决问题的经验，将问题作进一步的推广与发展等。可采用课堂讨论、调查报告、数学小论文、探究性活动、书面或口头测试等形式。

我国传统的数学学习评价存在的主要问题有以下两个方面。一是评价范围狭窄，以知识技能为主，缺少对学生发展的全面评价。对于数学学习的评价，更关心认知目标或学业成绩，注重对学习结果的评价。对学习者获得知识的过程，表征与结构的变化缺乏评价标准，尤其是对数学内容反映出来的数学思想方法以及学习能力、情感目标评价不够。尽管不少教师在教学设计中把诸如"思维能力"、"创新精神"、"学习数学的兴趣"、"数学思考"等学习目标提到很重要的层次，但在实际教学和测试评价时往往体现的是较低层次的目标要求，这在一定程度上导致数学能力，数学态度等培养目标难以落到实处。二是评价手段单一，以考试评价为主要形式，以学校和教师评价为主，缺少学生的自我评价。仅用考试的分数衡量学生的学习效果，这就是应试教育体制的结果。教学中教师不是把精力放在发展学生的学习能力上，而是以题海战术获取高分，于是高分低能的学生不断出现。正如 *Cockcroft Report* 所批评的：给学生介绍尽可能多的考试大纲内容的做法，会导致数学基础东西太多，学生难以发展理解能力，结果是很多学生既没有应用数学的信心，也没有掌握有能力掌握的内容。考试评价方式强调的是评价的分等级功能，突出鉴别与选择，考试的结果是将学生彼此分开，给学生的心理及情绪带来负面影响，对于改进教学、提高教学效率，尤其是关注人的全面发展的作用不大。义务教育数学课程改革强调，评价不仅要关注学生的学习成绩，而且要通过评价发现和发展学生多方面的潜能，了解学生发展中的需求，帮助学生认识自我，建立自信心，充分发挥评价的教育功能，促进学生在已有水平上的发展。

数学学习的评价应选择多种多样的方式,仅限于学生在规定的时间内用笔试的形式所获得的关于数学学习的信息,很难评价学生的创造性,而这又是数学学习非常重要的方面,同时对于学生应用数学知识解决实际问题的能力也难以得到评价,而这恰恰是数学学习的培养目标之一,也就是说,传统的数学学习评价方式已经偏离了数学学习培养目标的基本方向。因此,对于学生数学学习的评价,既要考虑学业成绩的显性量化指标,又要重视考虑学生学习兴趣,自主发现探索,数学实际运用能力等隐性指标,将结果性评价与过程性评价、表现性评价综合起来。实际上,国外的一些评价方式可以给我们一些启示,如美国的课堂评价,英国受到区别对待的考卷、理解性考卷和大型作业评价,丹麦的考试和大型书面报告等。当然在我国数学课程改革实践中,有些教师采用的数学小论文、数学日记、数学讨论、合作交流、课外实践等学习形式的考核已对数学学习评价提出了一种发展趋势。

我国传统的数学学习评价方式所表现出来的利与弊已在国际教育测试中表现出来,比如自我国参加国际数学奥林匹克以来,团体总分几乎一直名列国际前茅;再如第二次国际教育成绩评价会议于 1989 年 2 月在美国纽约召开,我国派代表参加了这次会议,并成为 IAEP 课题研究成员。这次评价对象学生分 9 岁组和 13 岁组两个年龄组,我国参加了 13 岁组在校学生的数学与科学成绩的测试,实验学生对象为北京、天津、河北、辽宁等 8 所学校的 480 名学生,测试结果表明,我国数学测试的平均正确率为 80%,居 21 个总体之首。这次测试结果的详情如下:中国80;中国台湾 73;韩国 73;瑞士 71;俄罗斯 70;匈牙利 68;法国 64 意大利 64;以色列 63;加拿大 62;英格兰 61;苏格兰 61;爱尔兰 61;斯洛文尼亚 57;西班牙 55;美国55;葡萄牙 48;约旦 40;巴西 37;莫桑比克 28。但我国学生在动手实践能力、数学知识运用于解决实际问题的能力相对低下也是事实。

1.2 数学学习表现性评价

美国国会技术评价办公室(OTA,1992)将表现性评价(Performance Assessment)描述为通过学生自己给出的问题答案和展示作品来判断学生所获得的知识和技能。表现性评价也叫替代性评价、真实性评价或 3P 评价(Performance,Portfolios,Products),替代性评价是与传统笔纸测验相对而言的,真实性评价强调真实情境中完成真正的任务,3P 评价特指它包含的表现性、档案性及产品性评价。

数学表现性评价就是将表现性评价应用于评价学生的数学学习,通过向学生提供一个围绕数学学习评价的目标且具有一定任务性的具体问题情境,在学生完成这一任务的过程中,考查学生各方面的表现。表现性评价具有很强的任务感和真实性,充分体现知识与技能的综合运用,考查学生多方面的表现,鼓励学生找出多种答案,有效反映学生发展上的差异。

数学表现性任务的形式包括开放性任务、数学成长记录、数学日记、调查报告和数学实验等;从更深层次上看,无论数学表现性评价方法使用何种表现性任务,它都是透过现象(完成数学表现性任务过程中的表现)看本质(数学学习),以此达到促进学生的学和老师的教的目的。

数学学习表现性评价的具体表现。

(1) 从"做"中评价数学知识与技能

数学学习中量化和质化的学习结果同时存在,包括知识的记忆和理解,或者应用算法解决一些程式化的问题;也包括应用,从不同角度来看待问题等。在新课程理念下,无论评价数学知识还是数学技能,很重要的一点是评价学生是否真正理解这些知识或技能背后所隐含的数学意义——即质的学习结果。数学表现性评价提供了一个很好的评价质化学习结果的工具。

[例1] 某班英语和数学老师决定比较一下这个班级学生在这两门学科上的表现,给每个学生进行了一个满分为 10 分的测试。如图 8 - 1 所示,A 在数学和英语上都表现很突出;B 在数学表现比较好,而英语成绩较差,在图上表示出 B 可能的位置;用一句话说明 C 在测试中的表现。

上例不仅评价了学生对横、纵坐标的辨别及点的表示,更重要的是评价他们是否真正理解坐标平面上一个点所牵涉的两个变量的关系,是否能从图出发去讨论这种关系以及是否能将概念与现实联系起来。

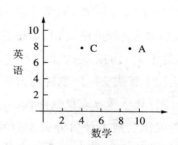

图 8 - 1 某班学生英语、数学学科的表现情况

[例2] 传统评价问题:一个教室长 8 m,宽 6 m,高 3.5 m,用石灰粉刷四周的墙壁,扣除门窗的面积 20 m²。问粉刷部分面积是多少平方米?

表现性评价问题:某班的教室墙壁需要粉刷,要求用两种涂料粉刷两层。为了准备与一个公司谈合同,需要计算出粉刷教室所要花费的资金,完成这样的问题需要计算涂料的桶数和所需要的费用。请解决以下问题:

测量并计算出教室墙壁的面积;计算出一桶涂料能粉刷多大的面积;计算出涂两层涂料所需要的桶数。

以上数学表现性评价创设具体情境,从"做"中评价数学知识与技能。它注重学生会做什么,做了什么,而不是如传统试题那样测量学生知道什么,知道如何做。数学概念学习的评价也一样,简单地陈述概念的定义或辨别其正反例证都不足以有效地评价学生对概念的理解。评价大多数学生概念学习的最好途径是动手操作、画图或应用。因为概念的形成要经历一段时间,它需要学生将这一概念与其他概念、事实和原理相联系,形成一个复杂的、彼此相连的命题网络。数学表现性评价往往设计得足够精细以考虑并反映出学生的这一发展过程。按规则执行的技能的掌握情况可能很容易被传统考试题目测试出,但与之相联系的质的学习结果却需要使用开放性任务,只有在真实情境下"做"的过程中才能得到评价。

(2) 分层评价发现问题并解决问题的能力

发现问题、解决问题的过程即是数学化的过程。它可分为水平数学化和垂直数学化。水平数学化让学生从生活世界走进符号世界,垂直数学化让符号语言得以在数学范畴中塑造、被塑造以及被操作。数学化过程是渐进的,它有四个层次。第一层次从情境层次开始,它针对某一专题范畴,促使脉络化知识及策略能够在情境中运用。第二层次涉及利用具体数学模型去代表特定的数学对象(称为"Model of 层次")。第三层次是普遍层次,这是一种过渡性层次,主要是使用普遍性的数学模型去分析蕴含的关系(称为"Model for 层次")。第四个层次是最高的形式层次,它容许学习者进行纯粹思维、反思及欣赏活动。

数学化思想从数学表现性评价对发现问题、解决问题能力的评价过程中凸显出来。数学表现性评价不仅评价从现实问题到数学问题的水平数学化,而且也评价运用系统的数学方法的垂直数学化。尤为突出的是,它是对学生经历真实问题情境的整个数学化过程的分层评价。

[例3]一家餐馆有能坐4人的方桌。对于多于4个人的,餐馆老板就把桌子摆成一条线拼在一起,两张桌子拼在一起能坐6人。(如图8-2所示)

问题1 3张桌子拼成一行能坐多少人? 10张桌子呢? 如果已知桌子数,你能快速算出一共能坐多少人吗? 用语句和图表达你的方法以便他人能理解,用数学符号表达这个关系。

问题2 当你被告知订餐的人要坐在一起,怎样算出要多少张桌子(当有人

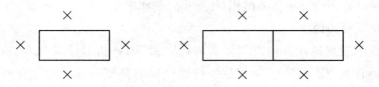

图 8－2　餐馆方桌的摆放

订餐时这种情况经常发生)？用语句和图解释你的方法,用数学符号表达这个关系。

以上问题的解答能够分层评价学生的学习情况及解决问题的能力。

2. 评价方法

2.1　书面考试

这应是对学生数学学习过程评价的一种重要的、有效的方法,也是传统的评价方式,在很大程度上可以衡量学生学习过程的质量效果。书面考试的形式可采用闭卷或开卷或两者结合的形式,题型应包括开放性的、探究性的、阐述性的、实际应用性的、阅读理解性的、交流性的、知识技能性的、富有挑战性的、数学论文式的、调查统计式的、实验设计式的、图表符号式的等多种题型。

2.2　口试

口试是对学生学习过程的当面测试方式,是学习者通过口头语言表达的方式对学习过程及学习所得进行阐述,这种形式能够较真实地反映学习者的知识结构水平和认知能力,尤其是对学生的思维能力和思维过程可以较真实地把握。我国目前对学生的考核逐步重视这一方式,如重点大学对本科生、研究生的录取等。

2.3　课堂观察

课堂观察主要是教师对学生课堂学习的一种评价,既包括学生数学学习过程也包括数学学习结果的观察评价,课堂观察可以在学生对于知识技能的理解方面,学生发现问题、提出问题、解决问题方面,学生学习的情感态度方面,学生的学习能力方面作较综合的评价反映。以下介绍一种课堂观察检测表。

表 8-2 课堂观察检测表

学生姓名： 年级： 观察时间： 年 月

项目	因　素	a	b	c	说　明
情感与态度	1. 举手发言				a—积极；b——一般；c—不积极
	2. 参与活动				
	3. 认真情况(做作业、讨论、思考)				a—认真；b——一般；c—不认真
	4. 对数学学习的好奇心与求知欲				a—强；b——一般；c—没有
	5. 克服困难的意志与自信心				a—能；b—很少；c—不能
	6. 对数学的价值与人类生活联系的认识、感悟				a—较深；b——一般；c—没有
知识与技能	7. 描述知识特征、说明由来，阐述此对象与有关对象的区别与联系				a—能；b——一般；c—不能
	8. 在理解的基础上用所学知识于新情境中				
	9. 综合应用知识，灵活、合理选择恰当的方法解决有关实际问题和数学问题				
思维与方法	10. 思维的创造性(独立思考，从不同的角度提出问题，用不同方法解决问题)				a—能(好)；b——一般；c—不能(不好)
	11. 思维的条理性(表述清楚，做事有计划)				
	12. 解决问题的策略、方法				
交流与合作	13. 认真听取别人意见并询问				a—能；b——一般；c—不能
	14. 积极表达自己意见				
	15. 完成小组分配的任务				
总评					

使用说明：

（1）课堂上，教师要注意观察各个学生行为特质的程度，选择学生最突出的一两个方面在课堂观察检测表中用 a，b，c 各种不同的水平记录下来。

（2）此评价表可作为卡片的形式使用，每节课记录 2—3 名学生的情况，一学期对每个学生进行 3—4 次评价记录，最后根据几次的检测情况，综合得出学生一学期的整体课堂学习过程的评价。

（3）课堂检测评价并不只是进行检测记录，而应在检测纪录的过程中，对学生及时地进行反馈、鼓励,发挥评价激励与调节的功能。

2.4 成长记录袋评价

成长记录袋(或档案袋)评价,指通过建立学生成长记录袋的方式,以反映学生一个阶段的数学学习历程,比较客观的、以发展的观点评价学生的学习过程。学生通过建立自己的成长记录袋记录自己学习过程中所遇到的困难、点滴经验、思想状况等学习情况,能经常性地、较清楚地了解自己的学习过程,有利于自我反思、增强自信、找到差距、产生兴趣。成长记录袋的突出优点在于能及时地记录、反映学生当时的学习活动过程及学习成果,并使之得以保持以对今后的学习活动过程提供借鉴,也有利于教师对学生的评价保持延续性,加强师生之间情感交流,促进学生积极、主动地学习数学。

2.5 数学日记

数学日记如一般日记一样,学生自己写出数学学习过程中的情感、态度、困难、兴趣、教训、经验等,通过记录学习中成功的喜悦和失败的教训来反映自己的数学学习历程,它可以成为学生评价自己的能力或反思自己的问题的一种策略手段。

对学生数学学习的评价应注意以下方面。

(1) 注重对学生数学学习过程的评价

对学生数学学习过程的评价,包括参与数学活动的程度、自信心、合作交流的意识,独立思考的习惯,数学思考的发展水平等方面。如是否积极主动地参与学习活动;是否有学好数学的自信心,能够不回避遇到的困难;是否乐于与他人合作,愿意与同伴交流各自的想法;是否能够通过独立思考获得解决问题的思路;是否能够使用数学语言有条理地表达自己的思考过程;是否理解别人的思路,并在与同伴交流中获益;是否有反思自己思考过程的意识等等。

学生可以通过建立自己的成长记录,开展自我评价,反思自己的数学学习情况和成长历程。成长记录袋中可以收录下列资料:在日常生活中发现的数学问题,收集的相关资料,解决问题的方案和过程,活动报告或数学小论文,解决问题的反思,最满意的作业,印象最深的学习体验,探索性活动的记录等。

(2) 恰当评价学生的基础知识与基本技能

对基础知识与基本技能的评价应结合实际背景和解决问题的过程,更多的关注对知识本身意义的理解和在理解的基础上的应用,要将书面考试与其他评价方式有机结合,避免偏题、怪题和死记硬背,要设计结合观察情景的问题,一定的探索题与开放题,允许学生有比较充裕的回答问题的时间。

（3）重视对学生发现问题、解决问题能力的评价

对学生发现问题、解决问题能力的评价主要包括能否结合具体情景发现并提出数学问题,提出问题的积极性及深度与广度;能否从不同角度分析与解决问题;能否清楚有条理地与他人进行合作交流,共同解决问题;能否用文字、符号、图表并尝试用不同的方法表达解决问题的过程;能否解释结果的合理性,并获得解决问题的经验。

（4）评价主体和方式要多样化

将自我评价、学生互评、教师评价、家长评价和社会评价结合起来,采用书面考试、口试、作业分析、课堂观察、课后访谈、建立成长记录袋、书面小论文、活动报告等多种方式。

（5）评价结果要采用定性与定量相结合的方式呈现

定性评价指对数学教育应评价的内容,通过观察法、调查法等收集的数学教育的信息,筛选出集中趋势的判断,舍弃非本质的、离散的现象,应用描述的语言,对事物本质进行决策性断定,这种评价适合于多因素复杂系统。

定量评价指对数学教育应评价的内容,通过教育测量、统计等方法与手段,收集数据资料,进行定量分析处理,找到集中趋势的量化指标和离散度,用数字形式表示它的变化趋势和发展动态,给出综合性定量描述与判断。

定量评价结果可采用百分制或等级制的方式,避免通过分数排名次,否则不利于全体学生的发展;定性评价可采用评语的形式,尽量使用鼓励性的语言,客观,全面地描述学生的学习状况,尤其是在掌握了哪些方面的知识技能,获得了哪些进步,具有了什么能力,存在哪些潜能,需努力的方向等要进行合理评价。

【思考题】

1. 谈谈你对数学教育改革与数学教育评价的关系。

2. 如何评价一堂好的数学课?

第九章 中学数学教师的职业发展

【导语】 教师享有"参加进修或者其他方式的培训"的权利,教师成为研究者已是国际教育改革的趋势化要求,也是教师专业化的重要内涵。师范教育改革的核心是教师专业化问题。提高师资力量的主要措施是加强教师教育,教师是履行教育教学职责的专业人员。社会应充分肯定教师职业的专业性和不可替代性。数学教师的数学专业化结构包括数学学科知识不断学习积累的过程,数学技能逐渐形成的过程,数学能力不断提高的过程,数学素养不断丰富的过程。师资培养是基础教育领域经常性的重要工作,是教育界永恒的话题。随着教育的自身发展,随着教育改革的不断涌现,数学教师继续教育工作应常抓不懈。

第一节 关于数学教师专业化

1. 数学教师专业化的发展历程

教育的发展离不开教师,提高师资力量的主要措施是加强教师教育,教师教育的核心是提高教师的专业化水平。

作为一种专业数学教师专业化有五个标准。

（1）提供重要的社会服务。

（2）具有该专业的理论知识。

（3）个体在本领域的实践活动中具有高度的自主权。

（4）进入该领域需要经过组织化和程序化的过程。

（5）对从事该项活动有典型的伦理规范。

20 世纪 80 年代,美国霍姆斯小组的报告《明天的教师》中提出,教师的专业教育至少应包括五个方面。

（1）把教学和学校教育作为一个完整的学科研究。

（2）学科教育学的知识,即把"个人知识"转化为"人际知识"的教学能力。

（3）课堂教学中应有的知识和技能。

（4）教学专业独有的素质、价值观和道德责任感。

（5）对教学实践的指导。

NCTM 在 1991 年发表了《数学教师专业发展标准》，其中给出了数学教师专业发展的六个标准。

（1）感受好的数学教学。

（2）精于数学和学校数学。

（3）深知作为数学学习者的学生。

（4）精于数学教学法。

（5）以数学教师的标准不断提高自己。

（6）专业发展中教师的职责。

国际新教师专业特性论之一——弹性专业特性论（Flexible Professionalism）的研究者塔尔伯特（Taltert. J. E）研究认为教学实践的专业标准是在学校教育的日常环境中被社会议定的，因此，教师的专业特性在很大程度上取决于局部性教师共同体（Local Teacher Community）的强度和性质。一个学校、一个地区都可以形成教师共同体，通常学校所设的教研组，就可视为一个教师共同体，共同体所形成的具有地方性、特色性的标准会直接影响数学教师的专业化成长。

教师成为研究者已是国际教育改革的趋势化要求，也是教师专业化的重要内涵。因而组织数学教师进行数学教育的科学研究是数学教师专业化成分的重要途径之一。尽管研究表明，教师教学能力的重要来源是自身的教学经验和反思，但随着教育改革的深入，数学教师"单打独斗"的教学工作或研究工作均已不能适应教育发展的要求。有效地合作才是上述工作得以提高的良好方式。调查已证实，多数教师乐于同事之间的交流与相互帮助。研究表明，在新教师的专业化成长中，得到同事的认可是教师专业化成长中关注的核心问题之一。

1966 年，联合国教科文组织在《关于教师地位的建议》中明确指出：应把教育工作视为专门的职业。这种职业要求教师经过严格的、持续的学习获得并保持专门的知识和特别的技术。20 世纪 70 年代中期美国提出了教师专业化的口号。1986 年发表的卡内基委员会的报告《以 21 世纪的教师装备起来的国家》中指出：公共教育质量只有当学校教学发展成为一门成熟的专业时才能得以改善。1994 年我国《教师法》中明确规定：教师是履行教育教学职责的专业人员。这些都充分肯定了教师职业的专业性和不可替代性。

1998 年在北京召开的"面向 21 世纪师范教育国际研讨会"提出:当前师范教育改革的核心是教师专业化问题。

教师职业具有一定的特殊性,因为一个社会,一个民族,一个国家,如果没有教师辛勤而有效的劳动,那么其文化传统就难以维持,文明就会中断,人类的发展将停止前进的脚步;另一方面,竞争是未来社会显著的特征,国与国之间存在综合实力的竞争,实际上是人才的竞争,实质上是教育的竞争。因为今天的教育,就是明天的人才,就是后天的生产力(国力),这已成为共识。上述一切,都离不开教师的作用,需要他们爱岗敬业、默默奉献、热爱学生、教书育人、精通业务、勇于创新、团结协作、互尊互学、遵纪守法、以身作则、为人师表等等,这就是教师专业化的表层含义。

2. 数学教师专业化发展的意义

2.1 数学教师专业化是现代数学教育发展的需要

教师职业的专业属性当然不像医生、律师等职业那样高的专业化程度,但从教师的社会功能来看,教师职业确实具有其他职业无法代替的作用,可从专业现状看,教师还只能称为一个半专业性职业。随着我国经济的快速发展、国民实力不断增强、社会对教育的需求越来越高,教师的素质、教师的专业化水平程度必然随着提高,教师的人才市场竞争也会越来越激烈,所以只有完全按照教师专业化职业标准,才能保证教师人才适应社会发展需要的质量。

2.2 数学教师专业化是双专业性的要求

数学教育既包括了学科专业性,又包括了教育专业性,是一个双专业人才培养体系,因此数学教师教育要求数学学科水平和教育理论学科水平都达到一定要求和高度。在我国数学教师现状中,达到双专业性要求的教师很少,大多数只停留在本专业水平。尤其是我国教师专业化要求还很不完善,无论师范院校还是其他非师范院校的大学毕业生都可以当老师,所以有些老师具有重点大学的学历或学位,拥有较扎实的数学基础功底,然而对于教学实践中"如何教"的问题还存在困惑,对教育理论课程缺乏系统的学习;还存在一些教师积累了较丰富的教学经验,但随着教育改革的深入,对数学专业知识的要求越来越高,比如高中新课程中设置的选修课课程中,包括信息安全与密码、球面几何、对称与群、数列与差分等内容,比改革前的课程内容更难了,这就要求教师的数学学科专业水平较高。严格上讲,上述两类老师都不符合数学教师专业化的要求了,他们需要继续教育、在职进行培训,才能符合专业化标准要求。

2.3　数学教师专业化是新课程改革的必然结果

新课程改革提出了很多全新的理念,很多理念可以说是对传统观念的彻底否定,从而必然给现在的教师以很大的压力和强烈的不适应。教师的角色需要转变,科研型教师的呼声越来越高,研究性学习被引起重视,问题解决被列入教学目标,数学建模对老师的专业水平提出了挑战。然而,面对课程改革,又必须要实施这些改变。因此,我国的数学教育改革能否成功,与数学教师专业化要求紧密相关。

3. 数学教师专业化的内容

3.1　数学教师教育专业化结构的基本内涵

教师专业既包括学科专业性又包括教育专业性。数学教师的专业化就是指按照专业化的标准,教师数学教育的专业理念、专业知识素养、专业技能、专业精神、专业情意等不断增强和完善的过程。教师职业的双专业性是教师职业区别于其他职业的一个特点,也导致了我国师范教育长期存在着"学术性"与"师范性"的讨论。正确认识教师职业的双专业性,是解决教师专业化问题的关键因素之一。

数学教师的专业化也可表述为:数学教师在整个数学教育教学职业生涯中,通过终身数学教育专业的训练,获得数学教育专业的数学知识、数学技能和数学素养,实施专业自主,表现专业道德,并逐步提高自身从教素养,成为一名良好的数学教育教学工作者的专业成长过程,也就是从一个"普通人"变成"数学教师"的专业发展过程。

1994年8月在上海召开了中国数学教育会议(ICMI),会上国际数学教育委员会秘书长,丹麦罗斯基特大学的M·琼斯教授作了《论数学教师的培养》的大会报告,认为理想的数学教师应涵盖4个基本范畴:数学教师专业知识基础的构建,数学教师专业技能的娴熟,数学教师专业数学素养的形成与发展,数学教师专业情意的健全。

数学教师数学专业化结构包括数学学科知识不断学习积累的过程,数学技能逐渐形成的过程,数学能力不断提高的过程,数学素养不断丰富的过程。数学教师在职前教育中要保证学到足够的数学学科知识,要足以满足数学学科教学与研究的需要,足以满足学生的数学知识需求,这就要求现行高校数学专业课程的设置要全面合理。

数学教师教育专业化结构基本内涵:数学教师的专业劳动不仅是一种创造性活动,而且是一种综合性艺术,缺乏教育学科知识的人很难成为一名合格的数学教师,因为数学教师需要将数学知识的学术形态转化为数学教育形态。数学教师需要学习教育学、心理学、数学教育学、数学教学信息技术、数学教育实习等理论和实践课程,这些课程知识均构成数学教师专业化的内涵。

数学教师的专业情意结构可以从下述方面理解:心情活泼开朗,为他人所信任并乐意帮助他人,愿意和乐意担任数学教师,热爱数学,热爱并尊重学生,同时为学生所热爱和尊重,激发学生对数学学习的兴趣。数学教学是一个丰富的、复杂的、交互动态的过程,参与者不仅在认知活动中,而且在情感活动、人际活动中实现着自己的多种需要。每一堂数学课的教学都凝聚着数学教师高度的使命感和责任感,都是数学教师专业化发展过程的直接体现。每一堂数学课的教学质量,都会影响到学生、家长、社会对数学教师及数学教师职业的态度。数学教师专业情感在数学教学中对激发学生的学习兴趣,营造数学学习环境,提高教学质量,完善学生人格个性,优化情感品质,提高数学认知等方面均有重要作用。

数学教育既非数学又非教育,而是数学教师专业化固有的本质特征,有数学就有数学教育的说法是不科学的。在数学教育中,数学肯定是为主的,将专业化的数学教师归纳为数学教育人,并用下列公式表述:数学教育人=数学人+教育人+数学教育综合特征。这一表述为数学教师专业化指明了一种可能的途径。要实施好的数学教育,数学思想、数学思维、数学方法、数学文化、数学史、数学哲学等都是必需的素材,这些素材都依赖于数学,所以高等师范院校数学系必须要开足数学课程,让学生尽可能通晓数学的发展历史和前沿状况;另一方面,又要给予他们机会到中学一线去实践、锻炼、见识、观摩、尝试和参与教学实践、教学研究和教改活动。

因此数学教师专业化的最佳途径= 学习 +教学+科研。

3.2 数学教师专业化要特别强调科研意识和科研能力

关于教学与科研之间的关系,也是颇有争议的话题,传统数学教学重教学轻科研,致使对教师专业化的要求大为降低。然而教学是一个软指标,谁不能教学? 在我国现有的教师中,有研究生学历的,有本科学历的,有中专学历的,有高中学历的,甚至连高中学历都没有的(民办教师),都仍站在教学的讲台上,我国还很少发现因为教学水平低而下岗或开除的老师,或者这样说,如果没有较高的专业化标准要求,教学(当老师)是很容易的事情。

鉴于此,教师专业化必须重视科研意识和科研能力。我们学习波利亚,就是要学习他发现数学的经历,数学教师必须以再创造的方式,面对数学教材。也许一个人发表的成果,看的人并不多,甚至对他人、对数学的发展也没有多大作用,但是必须认同以下事实:只有经历过科研和发现过程的人,所讲的东西才包含有真情实感,讲自己的跟讲别人的是完全不一样的效果。同时,科研效果必然表现在教学效果上,这好像在情理之外,其实在情理之中,数学教学需要情感的注入,只有被感动过的人,讲出来的东西才会感动人。

第二节 中学数学教师的职业素质

1. 品德素质

数学教师肩负着教书育人的重任,既要教书,更要育人,教师的师德言行、敬业精神,必将潜移默化地影响到学生。数学教师不仅要把教学看成一种职业,还要把它看成是为之奋斗、献身的一种高尚追求。教师人格的感召力在教学中体现得更为明显,无论是从知识的掌握和能力的培养上,还是态度的形成和兴趣的培养上来说,都起着极为重要的作用。具体而言,数学教师要有过硬的政治思想素质和高尚的职业道德。数学是一门抽象而又枯燥的学科,数学教师要耐得住寂寞,有无私奉献的精神;数学不是一门大众化的学科,教师首先要热爱自己的职业,当一个教师把自己的生命和激情倾注到其职业中时,便会在其举手投足之间充满着深厚真诚的"师爱"。这样的教师就会让学生对其产生超乎寻常的向心力和信赖感,就会让学生在其灵魂深处产生一种高度自觉的内驱力和自策力,就会赢得学生的心理认同和由衷敬佩。教师面临新课程改革所带来的种种不适,应充分尊重学生的人格,关注个体差异,满足不同学生的学习需要,创设能引导学生主动参与的教育环境,激发学生的学习积极性,培养学生掌握和运用知识的态度和能力,使每个学生都能得到充分的发展。

俗话说:"修身修德始修文章"。教师没有高尚的品德修养,就不可能培养出德才兼备的下一代。忠于职守是从事任何行业最起码的职业道德。在一个人的求学经历中,随着岁月的流逝,令他终生难忘的老师,不仅仅是传授给他丰富知识的,更是通过言传身教影响他如何做人的老师。数学教师的育人当然要充分利用数学学科的特点,从正确的数学观中,丰富的数学思想方法中,辩证的数学思考,自主探索、合作交流的数学活动中,让学生得到身心协调的发展。

2. 文化素质

数学文化素质主要表现在于数学素养,数学素养涵盖创新意识、数学思维、数学意识、用数学的意识、理解和欣赏数学的美学价值等五个要素。

教师作为专门从事教育教学工作的人员,是我国《教师法》确认了的,也日益得到人们的认可。一般认为,作为专业人员,教师至少应当具备三个方面的专业素养,即专业知识、专业技能、专业情意。

数学是一门逻辑性很强、专业性突出的学科,数学教师需要具有深厚的专业知识和广博的知识背景。只有具有深厚的专业知识,数学教师才能在特殊的数学领域带领学生进行深入浅出、触类旁通的学习;只有具有深厚的专业知识,才能缜密地运用数字、符号、图形等解决数学问题;只有具有深厚的专业知识,才能带领学生创造性地开展探究性学习,才能培养出具有创新精神和实践能力的合格人才。由此可见,数学教师需要空间的、计算的和数的、归纳演绎的和推理的等专业能力。数学教师不仅应关注学生的学业,更要关注学生的全面发展,特别是态度、情感、价值观以及学生的个人尊严。能否建立起与学生积极互动、共同发展的和谐的师生关系,将直接关系到数学教师教育的现实绩效。新课程改革要求教师在教学实践中改变旧的教育观念,建立起专业自信。如果数学教师不仅专业知识不精、专业技能不强,而且专业情意贫乏,那他不仅不能胜任数学方面的教学,而且会在受教育者中降低威信。

3. 能力素质

数学能力素质包括逻辑思维能力,数学推理能力、运算能力、作图能力、空间想象能力,数学建模能力等。数学能力主要指学习数学的能力和创造数学的能力,一般而言,数学思维能力构成数学能力的结构中心,包括数学抽象概括能力、数学逻辑思维能力、数学创造性思维能力、直觉思维能力等。同时在各种数学能力的综合应用中,又强调问题解决能力。

教学能力素质包括传授知识能力、导学能力、应用和制作教具能力、运用现代教育技术和手段能力、使用和制作计算机课件能力、课堂组织能力、语言表达能力、板书能力、育人能力等。

教研能力及其他包括解决实际问题能力、知识更新能力、创新能力、获取和反馈信息能力、评价能力、学科学术研究和教育研究能力、课题选择及设计能力、过程操作及调控能力、数据获取及处理能力、论文撰写能力、总结获取经验能力、艺术欣赏能力、组织管理能力等。

关于教学能力素质,这里特别强调良好的教学思维。教学思维是从教学的角度出发思考和处理问题的意识和能力。常常会看到,不同的教师教同一个题材,会得到不同的效果,同样的课程,有的教师让学生觉得生动有趣,有的让学生感到枯燥乏味。教育领域中太多的现象表明:教学平庸的数学家与优秀的数学教师之间确实存在一种与教学思维有关的意识和能力,数学家并非都能教好数学。深厚的数学功底是优秀数学教师的基础,良好的教学思维才是优秀数学教师的核心。

教师的教学思维首先体现在教学设计的过程,即教师从教学的角度对数学知识进行反思,使知识的学术形态转换为教育形态的过程。这至少包括两方面的工作,一是在教育基础上的数学再创造,从而形成教学的具体内容。二是根据所形成的内容,进行教学方法的加工与处理。

教师教学思维的另一方面是教学意识,教学意识决定着教师的信念、观点,指导教师的具体态度和行为。优秀的数学教师必须具备良好的教学意识。教学意识包括强化意识、导向意识、转化意识、激励意识、发散意识、创新意识、评估意识等。

另外数学能力素质还应包括创新与合作。

"创新是一个民族进步的灵魂,是国家兴旺发达的不竭动力",教师在教育创新中承担着重要使命。教师只有富有创新精神,才能培养出创新人才。

最后还要提及教师的信息化意识素质。

《全日制义务教育数学课程标准》明确提出:"信息技术的发展对数学教育价值、目标、内容以及学与教的方式产生了重大的影响。数学课程的设计与实施应重视运用现代信息技术,特别要考虑计算机对数学学习内容和方式的影响,大力开发并向学生提供更为丰富的学习资源,把现代信息技术作为学生学习数学和解决问题的强有力工具,致力于改变学生的学习方式,使学生乐意并有更多的精力投入到现实的、探索性的数学活动中去。"为此,数学教师一方面要加强信息技术的学习和应用,重视信息技术与学科知识的有效整合,发挥现代教学手段在处理数学问题方面的积极作用,有效地利用电子课件、电子讲稿、几何画板等先进的教学手段帮助学生理解掌握抽象的数学理论,积极探索和构建在现代信息技术环境下的数学教师和管理新模式。

另一方面数学教师更要重视信息技术在课程资源开发和探索方面的作用。目前,现代信息技术在教学中的应用已经成为一个热点问题。在可以预见的未来,现代信息技术将获得进一步的发展,学校的教学条件将得到不断的改善,计算机等现代信息技术设备将成为学生学习和探索知识的有力工具。因此,数学教师要在教学的内容中积极渗透信息技术的思想,使学生能够借助信息技术的手段,勤于探索、乐于思考,不断地独立地提出问题、解决问题,使探究性学习成为可能。数学教师要通过积极利用现代信息技术,大力推动教育信息化,促进教育现代化。

4. 身心素质

（1）事业心

首先，数学教师要在心中把数学教育当做一项事业，以此为起点，他才会去逐步体会感受所从事的工作的重要与崇高，才会对数学教学产生浓厚的兴趣和深厚的感情，有了这种感情才可能对数学产生眷恋，表达亲近，进而将这种感受传达给他的学生。这种感染力是特别有效和有力的。没有事业心的数学教师是不可能产生这种感情的。

（2）责任心

数学教师自己要能很好地理解数学，认识数学，形成正确的数学观。事业心是从整体上对数学教师的工作的一种愿望，而责任心则是从具体工作中对数学教师的一种要求。从认知心理的角度，教师要熟悉学生认识数学的心理规律，熟悉学生掌握数学的认知特点，熟悉学生数学能力的发展过程及数学思维结构，最终的目的是教学生不仅学会数学，还要会学数学，这需要强烈的责任心作保证。

（3）自信心

数学教师对自己的工作要有信心，对数学的认识与理解要有信心，对所教的学生要有信心。有这样一位老师，他与学生第一次见面的课堂上是这样开场的："同学们，恭喜你们有幸由我上你们的数学课，我教的学生人人都会喜欢数学。"这充分体现了这位教师的自信心和对学生的自信心。教学实践表明，信心对于人的学习与发展非常重要，充满信心的老师的事业会不断进步，同时，获得自信的学生即使现在不怎么出众，未来可能非常成功，像伽罗华这样的数学天才在少年时也曾被认为是傻瓜，早期被发现的数学"神童"也有在未来表现平庸的，但不能否认自信对心理的影响。

（4）意志力

数学很抽象，甚至枯燥深奥，认识数学的道路上可谓艰难曲折，困难重重，要想有所收获，克服困难，披荆斩棘，勇往直前，永不退缩才能达到目的，这需要强大的意志力。数学教师需要这种意志力心理素质，要承受得住。也只有教师具备了这种心理素质，他的学生才可能具备。常言道，名师出高徒，也包含了教师的意志品质内涵。

第三节　中学数学教师的培训

师资培养是基础教育领域经常性的重要工作，是教育界永恒的话题。随着教育的自身发展，教育改革的不断涌现，数学教师继续教育工作总会常抓常新。各省市均有师资培训机构和培训基地,各师范院校均承接当地的师资培训工作。

《教师法》中明确规定,教师享有"参加进修或者其他方式的培训"的权利,并要求各级人民政府教育行政部门、学校主管部门以及学校,应对教师进行多种形式的思想政治、业务培训。为此,各省市都制定了相应的实施办法和规定。如上海市政府发布的《中小学教师进修规定》中,就提出了初、中级教师进修时间每五年累计应不少于240学时,高级教师,每五年应有540学时的进修时间。

1. 培训的意义

1.1 全面实施素质教育及全面提高教育质量的需要

我国已制定《面向21世纪中小学教师继续教育工程》,这是对中小学教师实施全员培训的工程。它从"三个面向"的战略高度,从21世纪对人才的要求出发,通过有针对性的培训,使全体教师的素质都能在原有基础上有一个明显的提高,以适应全面实施素质教育及全面提高教育质量的需要,为中国教育的腾飞奠定基础,迎接知识经济的挑战。它提出了教师继续教育总目标:经过一段时间的努力,力争在全国构建起适应社会发展需要的、能够为基础教育服务的、面向全体教师的中小学教师继续教育体系,进而建立和完善具有中国特色的中小学教师继续教育制度。这包括制订中小学教师继续教育的政策和法规,使中小学教师继续教育走上法制化轨道;建立健全开放的中小学教师继续教育网络,充分运用现代信息技术,有效利用各种教育资源,增强中小学教师继续教育机构的培训能力;建设具有中国特色和时代特征的中小学教师继续教育课程与教材体系,为开展中小学教师继续教育奠定坚实的基础;建立和完善中小学教师继续教育监测与评价体系,确保培训后质量和效益;在今后3至5年内以不同的方式对全体中小学教师进行培训(含中小学校长),通过接受继续教育,使其都能够在原有的基础上有一个明显的提高。

具体措施包括中小学教师职务胜任培训计划;中小学骨干教师培训计划;加速青年教师成长计划;贫困地区教师援助计划;中小学教师计算机全员培训计划;教师资格培训计划;中小学校长培训计划;培训者发展计划。

1.2 教师提高专业技能的需要

我国中小学数学教师继续教育已制度化,规范化,并获得了较成熟的经验,为保证我国中小学数学教师质量作出了重要的贡献。

在《中小学教师职务胜任培训计划》中特别指出了当前的背景与现状:改革开放20年来,广大中小学教师为我国基础教育的长足发展,做出了重要贡献。

实施科教兴国战略,对中小学教师提出了新的更高的要求,但这支队伍还存在着诸多的不适应,这主要表现在:教师队伍整体素质亟待提高,地区差异较大;教师队伍的职称结构不合理,高级教师比例偏低、年龄偏大;教师教育观念陈旧,普遍缺乏现代教育思想和创新意识;相当一部分教师知识老化、能力结构不合理;大多数中小学教师教育方法单一,未能掌握现代教育技术等。为了尽快改变这种状况,建设一支跨世纪的高素质的中小学教师队伍,以适应中小学实施素质教育、提高教育质量的需要,我国制定了中小学教师职务胜任培训计划。此计划制定了培训教师对象与目标:2003 年之前,对全国 1026 万中小学教师(含 88 万幼儿教师)普遍进行一次培训,通过培训,使中小学教师树立正确的教育观念,具有良好的职业道德、合理的知识结构、适应本职级业务要求的教育教学水平和基本的科研能力。

美国教育协会在《谁是一位好教师》一书中指出:教师服务成绩评定的总趋势是曲折前进的,在教学的头几年随着教学经验的增加,教学效果显著上升。教了五六年以后,教师习惯于已有的教学程序,进步速度不像前一段那样快,有逐渐下降的现象。如不进修即使再教 20 年,也不会有很大进步,只能平平常常地应付教学,到最后阶段会出现衰退的现象。有鉴于此,世界各国均极为重视教师的继续教育。

1.3 教师适应新形势下数学教育改革的需要

据统计,我国国民生产总值居世纪第 7 位,从事科学与企业的研究与开发的科技工作者的人数居世界第 4 位,但我国科研能力和专利的国际竞争力分别排在 32 位和 21 位。面对挑战,要将 12 亿的人口"负担"变成人才资源优势,只有全面提高劳动者素质。全面推进素质教育,提高民族素质,培养具有创新精神和创造能力的高素质人才,提高教师素质是关键。"知识爆炸"是当代的一大特征,新知识相继进入课堂,教师必须不断进修才能适应这一变化。随着教育改革的深入,教育观念也不断更新,教学目的的变化也向教师提出了学习新的教育理论、更新教育方法的要求。教师的继续学习是教育系统经常不断变革的先决条件,是影响教育改革成败的因素之一。

2. 培训的形式与内容

2.1 培训的形式

根据《中小学教师职务胜任培训》要求,培训的形式要以业余、自学、短训为主。实行教师培训机构与教研、科研、电教部门、中小学相结合,自学与集中培训相结合,理论知识学习和教育教学实践专题研究相结合,要充分发挥远距离教学等现代化教学手段在培训中的作用。

2.2　培训的内容

《中小学教师职务胜任培训》的内容主要包括:思想政治教育和职业道德修养;现代教育理论;教育教学技能训练;知识更新与扩展;现代教育技术;教育教学实践研究等。

数学教师进修的内容要根据自身的情况加以选择。非数学专业毕业的或学历不达标的教师,首先要进行学历达标学习。非师范学校毕业的教师要进行教育理论补课。师范学校或教育学院数学教育专业毕业的教师要有计划地学习国家新一轮基础教育课程改革、数学课程标准、数学史、数学教育学、教育测量与评价、计算机辅助教学、现代教育技术、数学教育研究及方法等学科,不断提高自身的业务水平。

培训课程设置:

课程设置是中学数学教师继续教育的核心问题,课程要满足继续教育的需求,确保课程的时效性和有用性。按照教育部有关中小学教师继续教育培训时间及学时的要求,课程设置分为三类:教育科学类(约 80 学时),学科专业类(专业知识课程与教研活动课程各约 100 学时),普通文化类(约 80 学时);教育课程有四个模块:教育科学课程,教研活动课程,专业知识课程,普通文化课程。

专业知识课程包括学科知识的新进展,学科新课程标准解读,新课程教材教法与教学设计,学科论文撰写,计算机信息技术与学科知识的整合,学科课外活动指导等,可将其归为三部分,即数学科学课程,数学教育课程,数学教育技术课程。结合我国新课程标准,提供以下继续教育课程以供参考选择。

数学科学类:数学建模,应用数学选讲,金融数学,高等数学与中等数学,线性代数,集合论,函数论,图论,数论,分形几何等。

数学教育类:课程标准研究,数学学科教材教法研究,数学学科教学模式研究,数学教学比较研究,中学数学课程改革研究,中学数学教学理论与教改实践,当代数学教学理论选讲,数学教育研究方法与论文写作,数学教学设计,数学解题方法,中学数学思维模式研究,中学数学竞赛与课外辅导,数学思想方法,数学方法论,初等数学专题研究,数学考试研究,数学史,数学文化,中学数学英语等。

数学教育技术类:多媒体辅助教学,数学教学软件的使用,数学课件的制作等。

课程开设建议:

(1) 各类课程比例要合理

高中数学课程标准在选修课内容中增加了很多相对以前课程而言新而难的课

程,如数学建模、信息安全与密码、统筹学与图论、球面上的几何、对称与群等。对这些内容,不少中学数学老师感到陌生,尽管大学学过一些,但因长期未应用已基本遗忘,对于有些学历未达标的老师来说,这些内容就属于新内容,这些课程在继续教育中应予以加入。课程设置应与时俱进,动态变化。特别是要贴近中学数学教学实际,做到学以致用,同时兼顾数学素养的提高。

课程设置还需处理好短期效益与长期发展的关系,保持好数学教育类课程,数学教育技术类课程和数学科学类课程之间的合理比例,建议以 2∶1∶1 为宜。

（2）提倡课程类型和教学方式的灵活多样

对于继续教育中的数学教育类课程,提倡教学模式的多样化。除采用集中面授的形式之外,还应辅以远程网络教育,实现在线学习与交流。教学方式应灵活多样,可以外出参观考察观摩形式学习;可以针对某一热点问题进行讨论;可以利用数学教育理论进行案例分析;可以通过课程研究式学习等等。对于教育技术类课程,可以以操作演示和学员亲自实践为主学习;对于数学学科类课程,除了集中授课制以外,对于中学数学课程中的选修内容,可以针对性地采用专题讲座的形式。

（3）教学目标以局部渗透性方式实现为宜

数学教师继续教育的目标计划,一般很难全部完成,这与培训时间、培训师资、培训学员的在职情况有很大关系。一般的目标包括:观念转变的目标,知识更新与提高的目标,教学方法与手段改变的目标,信息技术辅助教学的目标等。在高标准目标要求下,各培训单位就会倾力准备,力求面面俱到,比如 1998 年国家教育部《中小学教师继续教育课程开发指南》就推荐中学数学教师培训课程 40 多项,这在现实实际中是很难办到的。

目前教师培训的实际是,各培训点的背景和条件还不足以达到高标准要求;其次,继续教育与普通教育是完全两种不同的教育模式,教学目标计划的完成应有较大的弹性空间;再次,培训学员均是在职教师,他们有自己的教学经验,形成了已有的习惯思维,不可能在短期内真正接受大量新观念,也很难在短期时间内实现行为的根本性变化。基于此,继续教育只能采取局部渗透的方式,重点实现某一方面的目标,分阶段、有步骤地实施。所以,培训内容不宜过多,培训项目不宜太广,应选择近期可行的、眼前迫切的内容项目。

（4）实践教学方式为主,直入式理论灌输为辅

数学在职教师是成熟的经验主体,从方法论角度来看,数学教学,经验优于理

论。如果培训中不注意理论与实际相结合,可能是费心费力而收效甚微的结果。这里的个中道理就像修水管,水管有问题,肯定是请修水管的师傅,而不是请懂得水管相关知识却没有修理经验的人。尽管前者可能不能告诉你要做什么以及为什么这样做,但效果是明显的。理论研究者有丰富的理论知识,但没有一线实际的教学经验,对于课堂教学实际问题,他不能取代有经验的老师。接受继续教育的教师学员,头脑中并非像一张白纸等待从指导者那里得到理论,而是已经具有固定的直观判断,他们不希望也不可能通过"教适当的理论"就能达到接受理论并改进教学,最好的选择是把他们看做是理论内容的实践者。

实践活动的另一方面是指导者应充分发挥其教学示范作用。数学教师接受再教育的最终目的应是改进和提高自身教学水平。美国的研究给出了教师再教育的线性模式和有机模式,比较符合教师再教育的规律,培训的目的就是要实现有机模式的效果。

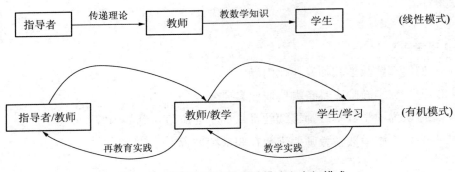

图 9-1 教师再教育的线性模式和有机模式

一位高水平的指导者只需用自己鲜活的教学实践作为范例就足够了,他的教学表现就是对教育理论和教育方法的最佳诠释,可以起到抛砖引玉的作用,产生潜移默化的影响。

下面举一个如何克服概率概念错误的例子。

[例] 用三等分转盘和一枚硬币来解决下列问题。做一场游戏,游戏的背景有 3 扇门,其中一扇后面是大奖品,另两扇后面是小礼物,要求指定一扇门,然后打开其余两扇门中的一扇,显示门后是件小礼物,请作出决策:为获得大奖品,坚持原指定还是改变原指定?

策略 1:坚持原指定。

策略 2:用抛硬币来决定坚持与改变。

策略 3:改变原指定。

学员们可用所给工具来模拟执行 3 个策略,在真实的活动过程中体会克服错误概率概念的意义,充分体现将学习者主体经验的获得放在重要的位置的教学理念,教育者既不从理论讲起,也不给出一般规律或一般方法,而是开展一些活动,散发一些素材,使学习者在认知冲突的基础上悟出一些道理。

数学教师的职业需要是广泛而多样的,他们需要增加纯数学以及应用数学的知识,高等数学和初等数学的知识,也需要学习数学教学论,数学教育心理学和数学教育技术等方面的知识。

不同的数学教师具有不同的专业背景、不同的愿望和不同的需求,他们需要获得继续教育的机会和职业发展的空间,他们的需要是动态可变的。数学教师职业教育应该随着数学课程的变化而发展,继续教育与教育改革紧密相关,继续教育是保证改革成功与否的关键,因为适应改革发展的师资必须靠继续教育培训获得。

【思考题】

1. 如何理解数学教师专业化内涵?
2. 中学数学教师应具备哪些职业素质?
3. 你认为中学数学教师继续教育培训主要应争对哪些内容?
4. 为什么中学数学教师要进行在职继续教育?

附录　中学数学的逻辑基础

【导语】 中学数学的逻辑基础主要指形式逻辑。形式逻辑是一门关于思维形式及其规律的科学。掌握一定的形式逻辑知识,对于教好、学好中学数学都是必要的。从数学学科教学论自身的内容体系及教学目标考虑,本教材将中学数学的逻辑基础以附录的形式呈现。在本附录中,将着重介绍数学概念、数学命题、数学推理与证明的基础知识。

第一节　数学概念

1. 数学概念的意义

概念是反映事物本质属性的思维形式。所谓"本质属性",就是指它构成某种事物的基本特征,是一种事物区别于另一种事物的根本依据。

数学概念是反映思考对象空间形式和数量关系本质属性的思维形式。例如平行四边形这个数学概念,它具有方位、周长、面积、大小、形状等许多属性,但只要抓住"四条边"这条属性,就可把它与其他多边形相区分;只要抓住"两组对边分别平行"这条属性,就可把它与一般四边形相区分。"四条边"、"两组对边分别平行"就是平行四边形这个概念的本质属性。

2. 概念的内涵和外延

概念的内涵与外延是概念的基本特征,是准确把握概念的基础。概念的内涵是概念所反映的事物的本质属性的总和,概念的外延是概念所反映的事物的总和(或范围)。概念的内涵与外延分别是对事物的质和量的规定。例如"平行四边形"这个概念的内涵是"两组对边分别平行"这个性质,其外延是所有平行四边形的全体。

概念的内涵与外延是相互联系、相互制约的。概念的内涵扩大,概念的外延就缩小;概念的内涵缩小,概念的外延就扩大。这种关系称为概念的内涵与外延之间的反变关系。

3. 概念间的关系

概念间的关系是指两个概念的外延之间的关系。我们只研究可比较概念间的关系。所谓可比较概念,是指在外延上具有某种可比较关系的概念。例如,"正数"和"整数"就是可比较的概念,而"正数"和"多边形"就是不可比较的概念。在可比较概念间,有相容关系和不相容关系。

3.1 相容关系

外延有公共部分的两个概念之间的关系称为相容关系,这两个概念称为相容概念。在相容关系里,又分为同一关系、交叉关系和从属关系。

（1）同一关系

外延完全重合的两个概念 A 和 B 之间的关系称为同一关系。它们的外延完全重合,指的是同一个对象。例如,"等腰三角形底边上的中线"与"等腰三角形底边上的高","等边的矩形"与"直角的菱形",在同一个圆中的"直径"与"最大的弦"等,它们之间的关系都是同一关系。在同一个思维过程中,具有同一关系的两个概念可以相互代替使用。

（2）交叉关系

外延只有一部分重合的两个概念 A 和 B 之间的关系称为交叉关系,这两个概念称为交叉概念,即 $A-B \neq \varnothing$,$B-A \neq \varnothing$,$A \cap B \neq \varnothing$。例如,"等腰三角形"与"直角三角形"、"负数"与"整数"、"菱形"与"矩形"等概念之间的关系都是交叉关系。

（3）从属关系（包含关系）

如果 A 概念的外延包含 B 概念的外延,那么这两个概念间的关系称为从属关系,即 $A \supseteq B$ 但 $A \neq B$。其中 A 概念叫做 B 概念的种概念(或上位概念),B 概念叫做 A 概念的类概念(或下位概念)。例如,"复数"、"实数"、"有理数"、"整数"之间的关系是从属关系。"复数"、"实数"、"有理数"都是"整数"的种概念。"整数"的三个种概念中其内涵与整数概念之差最小的是"有理数",称有理数为整数的最邻近的种概念。种类概念之间具有相对性。如对整数来说有理数是整数的种概念,对实数来说有理数是实数的类概念。

3.2 不相容关系

外延互相排斥(没有公共部分)的两个概念之间的关系称为不相容关系,这两个概念称为不相容概念。不相容关系分为对立、矛盾关系两种。

（1）对立关系（反对关系）

如果某一概念 C 的两个类概念 A 和 B，其外延是互相排斥的，且这两个类概念外延之和小于它们最邻近的种概念的外延，那么这两个类概念 A 和 B 之间的关系称为对立关系，这两个类概念称为对立概念，即 $A \subseteq C, B \subseteq C, A \cup B \neq C, A \cap B = \varnothing$。例如，"正实数"与"负实数"是对立关系的两个概念，因为它们的外延互相排斥，其外延之和小于它们最邻近的种概念"实数"的外延。又如"大于"与"小于"、"锐角三角形"与"钝角三角形"、"质数"与"合数"、"等腰梯形"与"直角梯形"等概念的关系都是对立关系。

（2）矛盾关系

如果某一概念 C 的两个类概念 A 和 B，其外延是相互排斥的，且这两个类概念外延之和等于它们最邻近的种概念的外延，那么这两个类概念 A 和 B 之间的关系称为矛盾关系，这两个概念称为矛盾概念，即 $A \subseteq C, B \subseteq C, A \cup B = C, A \cap B = \varnothing$。例如，"负数"与"非负数"、"实数"与"虚数"、"有理数"与"无理数"、"直角三角形"与"非直角三角形"、"相等"与"不相等"等概念之间的关系都是矛盾关系。

综上，概念间的关系可概括为

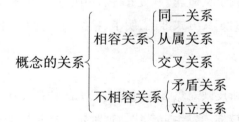

4. 概念的定义

4.1　定义的意义

定义是建立概念的逻辑方法。给概念下定义就是要明确概念的内涵与外延。

一个正确的定义，一般由三个要素组成，即被定义的概念、下定义的概念和联系词。被定义的概念是其内涵被揭示的概念，而下定义的概念是用以揭示被定义概念内涵的概念，联系词一般使用"是"、"叫做"，表示被定义概念和下定义概念之间的内在联系，其作用是把被定义概念和下定义概念联系或组织起来。例如，"邻边相等的矩形是正方形"是正方形的一种定义，在这个定义中，"正方形"是被定义概念，"邻边相等的矩形"是下定义的概念，"是"是联系词。

4.2 定义的方式

（1）种加类差定义法

给数学概念下定义常用种加类差的方式。其公式为

被定义的概念（类）＝最邻近的种概念（种）＋类差

"最邻近的种概念"是指被定义概念的最邻近的种概念；"类差"就是被定义概念在它的最邻近的种概念里区别于其他类概念的那些本质属性。例如，以"平行四边形"为最邻近的种概念的类概念有"矩形""菱形"，"菱形"的"邻边相等"是区别于"矩形"的本质属性，"邻边相等"就是"菱形"的类差。用种加类差的方式给概念下定义，首先要找出被定义概念的最邻近的种概念，然后把被定义概念所反映的对象同种概念中的其他类概念所反映的对象进行比较，找出"类差"，最后把类差加最邻近的种概念组成下定义概念而给出定义。例如：

有一个角是直角的 　平行四边形　 是 　　矩形
　　（类差）　　　　最邻近种概念（种）　被定义概念（类）

种加类差定义法在形式逻辑中也称为实质定义，属于演绎型定义，其顺序是从一般到特殊。这种定义，既揭示了概念所反映对象的特殊性，又指出了一般性，是行之有效的定义方法。

用种加类差的方式定义概念，好处在于能用已知的种概念的内涵来揭示被定义概念的内涵。这样的定义方式准确、明了、精练，它有助于建立对象间的联系，使概念系统化。

（2）发生定义法

通过被定义概念所反映对象发生过程或形成的特征描述来揭示被定义概念的本质属性的定义方法被称为发生定义法。这种定义法是种加类差定义的一种特殊形式。定义中的类差是描述被定义概念的发生过程或形成的特征，而不是揭示被定义概念的特有的本质属性。例如：

平面内到定点的距离等于定长的点的集合叫做 圆
　　（类差）　　　　　　　　　　　（种）　（类）

这种方法刻画概念的形成过程，直观生动。

（3）列举定义法

用列举概念的外延给概念下定义的方法称为列举定义法。用公式表示为：被定义概念（种）＝类概念 A_1＋类概念 A_2＋类概念 A_3＋…例如，有理数和无理数统称为实数。列举定义法属于归纳型定义，其顺序是由特殊到一般，是几个类的并。

(4) 约定式定义法

有些被定义概念,不易揭示它的内涵,以客观实践为基础,直接指出概念的外延,把它规定下来,这样的定义法称为约定式定义法。例如,零指数和负指数的定义,规定:$a^0 = 1(a \neq 0)$,$a^{-m} = \dfrac{1}{a^m}(a \neq 0)$

(5) 递归定义法

递归定义法是一种归纳定义法,一般适应于与自然数的性质有直接关系的对象。其形式是:设 $\{A_1, A_2, A_3, A_4, \cdots, A_n, \cdots\}$ 是一组待定义的对象(n 为自然数),假定 $A_1, A_2, A_3, \cdots, A_n$ 已经定义,再定义 A_{n+1}。例如,a^n 的定义,首先定义 $a^1 = a$,规定 $a^{k+1} = a^k \cdot a(k$ 为自然数)。又如,n 个实数和 $\sum\limits_{i=1}^{n} a_i = a_1 + a_2 + \cdots + a_n$ 的定义。设 $\sum\limits_{i=1}^{n} a_i = f(n)$,这里 $f: \mathbf{N} \to \mathbf{R}$(自然数与实数的对应关系),且满足:

$A: f(1) = a_1$。

$B: f(k) = \sum\limits_{i=1}^{k} a_i$。

$C: f(k+1) = f(k) + a_{k+1}$。

4.3 原始概念

在一个科学系统中每给一个概念下定义,都要用一些已知的概念来定义新概念,这样就构成一个概念的序列。可是概念的个数是有限的,所以在这个概念的序列中总有一些概念是不能引用别的概念来定义它的,这样的概念叫做在这个科学系统中的原始概念。例如,数学中的数、量、点、直线、平面、集合、对应等都是原始概念。原始概念是不予定义的,它们的本质属性通过公理加以规定。

4.4 定义的规则

定义要下得正确,就必须遵守以下四条规则。

(1) 定义应当是相称的

所谓定义相称就是下定义概念的外延与被定义概念的外延必须相等,不能扩大,也不能缩小,也就是通常说的不能过宽也不能过窄。

定义过宽,就是下定义概念的外延大于被定义概念的外延。例如:

① 无理数是无限小数。

② 直径是弦。

此两例都犯了定义过宽的逻辑错误。①中的下定义概念"无限小数"的外延大于被定义概念"无理数"的外延。因为无限小数包含无限循环小数和无限不循环小数，而无限循环小数就不是无理数。②中的下定义概念"弦"的外延大于被定义概念"直径"的外延。

定义过窄，就是下定义概念的外延小于被定义概念的外延。例如：

① 无理数是有理数的不尽方根。

② 各角为直角的菱形是矩形。

此两例都犯了定义过窄的错误。①中的下定义概念"有理数的不尽方根"的外延小于被定义概念"无理数"的外延。因为 π, e 等都是无理数，它们都不是有理数的不尽方根。②中的下定义概念"各角为直角的菱形"的外延小于被定义概念"矩形"的外延。因为各角为直角的菱形是正方形，正方形一定是矩形，但矩形不一定是正方形。

（2）定义不能循环

在定义中，下定义概念必须能直接地揭示被定义概念的内涵，而不能直接或间接地依赖于被定义概念。下定义的目的就是要揭示被定义概念的内涵。如果下定义概念直接或间接地包含了被定义概念，那么就达不到明确概念内涵的目的。违犯了这条规则，就会犯循环定义的逻辑错误。

（3）定义必须清楚确切

在定义中不能应用比喻或含混不清的概念，不应列举非本质属性，不应含有多余词语，也不能漏掉必须的词语。例如，"无穷小是很小很小的数"，这样定义无穷小是错误的。从外表看，颇似定义，但它用了比喻词。又如，"正方形是一种有规则四边形"，"有规则"是一个不可捉摸的含混概念，这样定义不能揭示出"正方形"的内涵。

（4）定义一般不用否定形式

定义应当从正面对被定义概念的本质属性用肯定形式给予揭示，一般不用否定形式。例如，"不是有理数的数叫做无理数"。这样定义无理数，它既不能揭示无理数的内涵，又不能确定无理数的外延。但是，有些概念的特有属性就是它缺少的某个属性，对这样的概念下定义可用否定形式。例如，"同一平面内不相交的两条直线叫做平行线"就是用的否定形式。

5. 概念的划分

概念的划分（或分类）是从概念的外延方面明确概念的逻辑方法。概念的划分就是把被划分的概念作为种概念，并根据一定的属性把它的外延分成若干个全异的类概念。通过对概念正确的划分，可以更深刻地理解概念，更系统地掌握概念。

5.1 划分的三个要素

一个正确的划分,通常由三个要素构成,即母项、子项和划分的依据。母项是划分的种概念,子项就是划分所得的类概念,划分的依据就是划分时所依据的标准。依据的标准不同,划分的结果也会不同。

例如:根据边的相等关系三角形划分为

$$三角形\begin{cases}等腰三角形\\三边均不等的三角形\end{cases}$$

根据角的相等关系划分为

$$三角形\begin{cases}锐角三角形\\直角三角形\\钝角三角形\end{cases}$$

5.2 划分的类别

划分有一次划分、连续划分和二分法等基本形式。

(1)一次划分

一次划分包括母项和子项两个层次的划分称为一次划分。例如,根据奇偶性,整数划分为

$$整数\begin{cases}奇数\\偶数\end{cases}$$

在划分一次以后已达到划分的目的,不需要再继续划分,这时就用一次划分。

(2)连续划分

连续划分是包括母项和子项三个层次以上的划分,即把一次划分得出的子项作为母项,继续划分子项,直到满足需要为止。例如:

$$有理数\begin{cases}整数\begin{cases}正整数\\零\\负整数\end{cases}\\分数\begin{cases}正分数\\负分数\end{cases}\end{cases}$$

(3)二分法

二分法是每次划分后所得的子项总是两个相互矛盾概念的划分法。它把一个概念的外延中具有某个属性的对象作为一类,把恰好缺乏这个属性的对象作为另一类。例如,用二分法对复数划分。

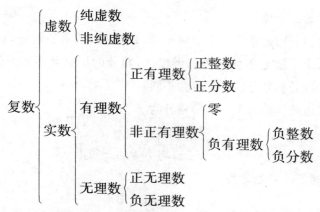

二分法常用于以下两种场合：一是不需要了解被划分概念的全部外延性质时；二是被划分的概念的外延尚未完全弄清时。二分法是一种简便易行、不易发生错误的划分方法，这又是它的优点；但是，由于这种划分方法总有一部分外延不能明确地显示出来，这是它的缺点。二分法在数学中有重要应用，如对方程组的解的讨论可依据二分法进行，二分法在实数完备性证明中也是主要思想方法。

5.3 划分的规则

（1）划分应是相称的

这就是要求划分后所得的类概念外延的总和等于被划分种概念的外延。违反这一规则，就会犯"多出子项"或"不完全划分"的逻辑错误。例如：

① 自然数划分为质数与合数。

② 梯形划分为等腰梯形、不等腰梯形和平行四边形。

以上两例的划分都是不相称的。①中划分后的质数与合数的外延之和小于自然数的外延，因为自然数还包括"1"，而"1"既不是质数也不是合数。犯了"不完全划分"的逻辑错误。②中划分后各个概念的外延之和大于被划分的概念的外延。因为平行四边形不是梯形，犯了"多出子项"的逻辑错误。

（2）每一次划分只能用一个根据

每次划分不能交叉地使用几个不同的根据，只能用同一个根据划分，否则划分的结果就会混乱不清，达不到划分的目的。例如，把三角形划分为等边三角形、等腰三角形、钝角三角形，这个划分是不正确的，因为这个划分中用了边、角大小的两个不同的根据。这就犯了"标准不同一"的逻辑错误。

（3）划分的子项必须互相排斥

划分后所得的子项的外延不允许交叉、重叠，否则就会对概念的认识更加模糊。上例中,把三角形按边、角的大小划分为三类,就犯了"子项相容"的逻辑错误。又如,"平行四边形可划分为正方形、菱形、邻边不等的矩形"。因为正方形是菱形,这个划分也犯了"子项相容"的错误,而且还漏掉了"邻边不相等的平行四边形"。

(4)划分不能越级

在每次划分中,被划分的概念与划分出来的概念必须具有最邻近的种类关系,不能越级或跳跃式的划分。划分应当按照被划分概念所反映的对象具有的内在层次逐一地进行。例如"把实数划分为整数、分数、无理数"就犯了"越级划分"的逻辑错误。因为整数和分数与实数不是最邻近的各类关系。

第二节　数学命题

1. 数学命题的基本知识

判断是对客观事物的一种认识,是对客观事物有所肯定或否定的思维形式。数学判断是对空间形式和数量关系有所肯定或否定的思维形式。判断有真有假。一个判断能如实地反映客观事物,就是真判断,否则就是假判断。

判断是一种思维形式,离不开语句。表达数学判断的语句称为数学命题。数学命题也有真假之分。例如,"三角形的两边之和大于第三边"是真命题。"三角形的两边之和小于第三边"是假命题。

数学命题分为简单命题和复合命题。

简单命题又可分为性质命题和关系命题两种。

(1)性质命题

断定某对象具有或不具有某种属性的命题叫性质命题。它由主项、谓项、量项和联项四部分组成。主项表示判断的对象。谓项表示主项具有或不具有的性质。量项表示主项的数量,反映判断对象的量的差别。表示对象全体的量叫做全称量项,常用"一切"、"所有"、"任意"、"任何"、"每一个"等全称量词来表示。表示对象的一部分的量项叫做特称量项,常用"一些"、"有些"、"有的"、"至多"、"至少"、"存在"等存在量词来表示。联项表示主项和谓项之间的关系,反映对象的质的差别。常用"不是"、"是"、"有"、"没有"等表示肯定或否定。

例如,"分数都不是无理数",主项是"分数",谓项是"无理数",量项"所有"省略,"不是"是它的联项。

（2）关系命题

断定对象与对象之间的关系的命题叫关系命题。它由主项、谓项和量项三部分组成。主项又称关系项，是指存在某种关系的对象。谓项又称为关系，就是指各个对象之间的某种关系。量项表示主项的数量。同性质命题一样，关系命题的量项也有全称、特称和单称三种。每一个关系项，都是有量项的。

例如，"直线 a 平行于直线 b"，它的主项是"直线 a"和"直线 b"，谓项是"平行"，量项是单称量。

复合命题是本身还含有命题的命题，它是由两个或两个以上的其他命题被逻辑连接词结合起来而构成的命题。

中学课本中常见的命题有公理、定理等。人们经过长期实践证实了的不加逻辑证明而作为推证根据的原始命题称为公理。如"两点确定一条直线"、"不共线的三点确定一个平面"等都是数学公理。用逻辑推理的方法证明是正确的命题叫做定理。定理由条件和结论两部分组成。用记号表为：

$$条件（题设或已知）\Rightarrow 结论（题断或求证）$$

2. 数学命题运算

在逻辑里通常用 p,q,r 等表示命题，称为命题变量或命题变项。命题变量只能取"真"、"假"二值。常用"1"表示"真"，用"0"表示"假"。若命题 q 是一个真命题，则说 q 的真值等于1，记作 $q=1$；若命题 p 是一个假命题，则说 p 的真值等于0，记作 $p=0$。

常用的逻辑连接词有否定、合取、析取、蕴涵、当且仅当五种，它们各表示一种运算。

2.1　否定（非，"$\neg$"）

给定一个命题 p，它与连接词"$\neg$"构成复合命题"非 p"，记作 $\neg p$。若 p 为真，则 $\neg p$ 为假。若 p 为假，则 $\neg p$ 为真，$\neg p$ 的真值表如附表1所示。

附表1　$\neg p$ 的真值

p	$\neg p$
1	0
0	1

$\neg p$ 称为 p 的否定式，也称为负命题。例如，"$2>0$"是一个真命题，它的否定式为"$2\leqslant 0$"是一个假命题。

2.2　合取（与、并且，"$\wedge$"）

两个命题 p,q 用"$\wedge$"连接起来，构成复合命题"p 与 q"，记作 $p\wedge q$。若 p,q 均

为真,则 $p \wedge q$ 为真;若 p,q 中至少有一个为假,则 $p \wedge q$ 为假。$p \wedge q$ 的真值表如附表 2 所示。

附表 2　$p \wedge q$ 的真值表

p	q	$p \wedge q$
1	1	1
1	0	0
0	1	0
0	0	0

$p \wedge q$ 称为 p,q 的合取式,p,q 称为合取项。命题 $p \wedge q$ 也称为联言命题。例如,命题"$5 > 0$","$5 > 1$"是两个真命题,其合取为"$5 > 0$ 并且 $5 > 1$",是真命题。

2.3　析取(或,"$\vee$")

给定两个命题 p,q,用"$\vee$"连接起来,构成复合命题"p 或 q",记作 $p \vee q$。若 p,q 中至少有一个为真,则 $p \vee q$ 为真;若 p,q 均为假,则 $p \vee q$ 为假。$p \vee q$ 的真值表如附表 3 所示。

附表 3　$p \vee q$ 的真值表

p	q	$p \vee q$
1	1	1
1	0	1
0	1	1
0	0	0

$p \vee q$ 称为 p,q 的析取式,p,q 称为析取项。$p \vee q$ 也称为选言命题。

2.4　蕴涵(若……则……,"$\Rightarrow$")

给定两个命题 p,q,用"$\Rightarrow$"联结起来,构成复合命题"若 p 则 q",记作 $p \Rightarrow q$。若 p 真 q 假,则 $p \Rightarrow q$ 为假;在 p,q 的其余情况下,$p \Rightarrow q$ 均为真。$p \Rightarrow q$ 的真值表如附表 4 所示。

附表 4　$p \Rightarrow q$ 的真值表

p	q	$p \Rightarrow q$
1	1	1
1	0	0
0	1	1
0	0	1

$p \Rightarrow q$ 称为命题 p, q 的蕴涵式，p 称为条件（或前件），q 称为结论（或后件）。命题 $p \Rightarrow q$ 也称为假言命题。例如，命题"$5 > 6$"、"$6 > 7$"是两个假命题，其蕴涵式为"若 $5 > 6$，则 $6 > 7$"是个真命题。

2.5　等价（当且仅当，"$\Leftrightarrow$"）

给定两个命题 p, q，用"$\Leftrightarrow$"连接起来，构成复合命题"p 当且仅当 q"，记作 $p \Leftrightarrow q$。若 p, q 同真或同假，则 $p \Leftrightarrow q$ 为真；否则，$p \Leftrightarrow q$ 为假，$p \Leftrightarrow q$ 的真值表如附表 5 所示。

附表 5　$p \Leftrightarrow q$ 的真值表

p	q	$p \Leftrightarrow q$
1	1	1
1	0	0
0	1	0
0	0	1

$p \Leftrightarrow q$ 称为 p, q 的等值式，也称为充要条件假言命题。例如，命题"$4 > 3$"是一个真命题，命题"$5 < 2$"是一个假命题，其等值式为"$4 > 3 \Leftrightarrow 5 < 2$"是一个假命题。

等值式与逻辑等价是不同的。逻辑等价是真值表完全相同的两个命题之间的关系。如果两个复合命题 m, s 的真值完全相同，那么称 m, s 逻辑等价（或称 m, s 为等价命题），记作 $m \equiv s$。逻辑等价的两个命题，在推理论证中可以互相代替。

在命题逻辑中，常用的等价式有以下 10 条。

（1）幂等律：$p \wedge p \equiv p$；$p \vee p \equiv p$。

（2）交换律：$p \vee q \equiv q \vee p$；$p \wedge q \equiv q \wedge p$。

（3）结合律：$(p \vee q) \vee r \equiv p \vee (q \vee r)$；$(p \wedge q) \wedge r \equiv p \wedge (q \wedge r)$。

（4）分配律：$p \vee (q \wedge r) \equiv (p \vee q) \wedge (p \vee r)$；$p \wedge (q \vee r) \equiv (p \wedge q) \vee (p \wedge r)$。

（5）吸收律：$p \vee (p \wedge q) \equiv p$；$p \wedge (p \vee q) \equiv p$。

（6）德·摩根律：$\neg (p \vee q) \equiv \neg p \wedge \neg q$；$\neg (p \wedge q) \equiv \neg p \vee \neg q$。

（7）双重否定律：$\neg (\neg p) \equiv p$。

（8）幺元律：$p \vee 0 \equiv p$；$p \wedge 1 \equiv p$。

（9）极元律：$p \vee 1 \equiv 1$；$p \wedge 0 \equiv 0$。

（10）互补律：$p \vee \neg p \equiv 1$；$p \wedge \neg p \equiv 0$。

上述 10 条都可以按真值表证明。

否定式、合取式、析取式、蕴涵式、等值式是复合命题中最简单、最基本的形式，由这些基本形式，经过各种组合，可以得到更为复杂的复合命题。

3. 命题运算在形式逻辑中的应用举例

数学命题通常用蕴涵式"$p \Rightarrow q$"给出。对于同一对象，可以做出四种形式的命题。

原命题：$p \Rightarrow q$。

逆命题：$q \Rightarrow p$。

否命题：$\neg p \Rightarrow \neg q$。

逆否命题：$\neg q \Rightarrow \neg p$。

例如，以命题"对顶角相等"为原命题，把原命题的条件和结论交换，就得到原命题的逆命题"相等的角为对顶角"；否定原命题的条件和结论，就得到原命题的否命题"非对顶角不相等"；否定原命题的条件和结论并交换位置，就得原命题的逆否命题"不相等的角非对顶角"。

从四种命题的表达形式，可以看出原命题和逆命题是互逆的，否命题和逆否命题也是互逆的；原命题和否命题是互否的，逆命题和逆否命题是互否的；原命题和逆否命题是互为逆否的，逆命题和否命题也是互为逆否的。

四种命题的真假，有着一定的逻辑联系。

$p \Rightarrow q \equiv \neg p \vee q \equiv q \vee \neg p \equiv \neg(\neg q) \vee \neg p \equiv \neg q \Rightarrow \neg p$。

所以互为逆否的两个命题的真假性是一致的，同真或同假。互为逆否的两个命题的同真同假的性质通常为逆否律（或叫做逆否命题的等效原理）。

互逆或互否的两个命题的真假性并非一致，可以同真，可以同假，也可以一真一假。根据逆否律，对于互为逆否的两个命题，在判定其真假时，只要判定其中一个就可以了。当直接证明原命题不易时，可以改证它的逆否命题，若逆否命题得证，也就间接地证明了原命题。从欲证原命题，改证逆否命题这一逻辑思维方面来说，逆否律是间接证法的理论依据之一。

［例 1］ 试证 $p \Leftrightarrow q \equiv (p \Rightarrow q) \wedge (q \Rightarrow p)$。

证明：依当且仅当、蕴涵、合取的定义，有附表 6。

附表 6　真值表

p	q	$p\Leftrightarrow q$	$p\Rightarrow q$	$q\Rightarrow p$	$(p\Rightarrow q)\wedge(q\Rightarrow p)$
1	1	1	1	1	1
1	0	0	0	1	0
0	1	0	1	0	0
0	0	1	1	1	1

所以 $p\Leftrightarrow q\equiv(p\Rightarrow q)\wedge(q\Rightarrow p)$。

可见利用等价式可以将结构复杂的命题化简，也可以推证两个命题的等价关系。例如，"平行四边形两组对边分别平行"和"两组对边分别平行的四边形是平行四边形"可以合并为"四边形是平行四边形当且仅当它的两组对边分别平行"。

[例2]　设有如下三个命题。

p：a 是奇数。

q：b 是奇数。

r：$a+b$ 是奇数。

其中 a,b 是正整数。请制作如下命题的逆否命题：

若 $a+b$ 是奇数，则 a,b 中一个是奇数，一个是偶数。

解：$\neg p$：a 是偶数。

$\neg q$：b 是偶数。

$\neg r$：$a+b$ 是偶数。

于是上述命题是：$r\Rightarrow(p\wedge\neg q)\vee(\neg p\wedge q)$。

它的逆否命题：

$\neg(p\wedge\neg q)\vee(\neg p\wedge q)\Rightarrow\neg r$

$\equiv[\neg(p\wedge\neg q)\wedge\neg(\neg p\wedge q)]\Rightarrow\neg r$

$\equiv[(\neg p\vee q)\wedge(p\wedge\neg q)]\Rightarrow\neg r$

$\equiv[(\neg p\wedge p)\vee(\neg p\wedge\neg q)\vee(q\wedge p)\vee(q\wedge\neg q)]\Rightarrow\neg r$

$\equiv[(\neg p\wedge\neg q)\vee(q\wedge p)]\Rightarrow\neg r$。

即若 a,b 都是奇数或都是偶数，则 $a+b$ 是偶数。

第三节　数学推理

1. 逻辑规律

公元前 4 世纪,古希腊的大哲学家亚里士多德发现了正确思维必须遵守的三个规律:同一律、矛盾律和排中律。17 世纪末,德国的哲学家和数学家莱布尼茨又发现了充足理由律。这四个规律是客观事物的现象之间相对稳定性在思维中的反映,是逻辑思维的基本规律,它们是保证人们正确认识客观世界和正确表达思维的必要条件。在数学的推理和证明中,如果违背了逻辑思维的规律,就会产生逻辑错误。因此,数学中的推理和论证都必须遵守逻辑思维的这四条基本规律。

1.1　同一律

同一律是指在同一个思维(论证)过程中,每一思想的自身都具有同一性,即所用的概念和判断必须保持同一性,亦即确定性。用公式表示:A 是 A,A 表示概念或判断。

从表面形式上看,"A 是 A" 好像是枯燥无味的简单的同语反复。其实不然。同一律有两点具体的要求:一是思维对象要保持同一,所考察的对象必须确定,要始终如一,中途不能变更;二是表示同一对象的概念要保持同一,要以同一概念表示同一思维对象,不能用不同的概念表示同一对象,也不能把不同的对象用同一个概念来表示。从逻辑的真假值来看,它表示若 A 是真的,则它是真的;若 A 是假的,则它是假的,即真假值相同。

如果违背了同一律的要求,那就会破坏思维的一贯性,造成思维混乱。在同一个推理、证明的过程中,就会犯"偷换概念"、"偷换论题"等逻辑错误。

还需要指出的是同一律所要求的"同一"是相对的,有条件的,是在一定条件下的"同一"。条件变了,认识也相应地有所发展。

1.2　矛盾律

矛盾律是指在同一思维(论证)过程中,对同一对象所作的两个互相对立或矛盾的判断不能同真,至少必有一假。也就是说,对于同一个思维对象不能既肯定它是 A,又否定它不是 A,用公式表示为:A 不是非 A。

例如,如果我们对实数 $\sqrt{3}$ 作出相互矛盾的两个判断:"$\sqrt{3} > 0$"、"$\sqrt{3} \leqslant 0$"。那么根据矛盾律,它们不能同真,必有一假。矛盾律是用否定的形式来表达同一律的思想内容的,它是同一律的引申,同一律说 A 是 A,矛盾律要求思维首尾一贯,不能自相矛盾,实际上也是思维确定性的一种表现。因此,矛盾律是从否定方面肯定同一律的。

矛盾律并不把辩证矛盾排除在一切思维之外,更不否认世界固有的、普遍的矛盾。

1.3 排中律

排中律是指在同一思维(论证)过程中,对同一个对象所作的两个互相矛盾的判断,不能同假,必有一真。用公式表示为:或 A 或非 A。

例如,"$\triangle ABC$ 是直角三角形" 和 "$\triangle ABC$ 不是直角三角形" 是对 $\triangle ABC$ 作出的两个互相矛盾的判断,二者之中不能同假,必有一真。"排中" 就是排除第三者,或 A 或 $\bar{A}$,二者必居其一,排中律要求人们的思维要有明确性,不能含糊不清,不能模棱两可。

排中律是反证法的逻辑基础。当直接证明某一判断的正确性有困难时,根据排中律,只要证明这一判断的矛盾判断是假的就可以了。例如,要证明 "$a > 0$" 有困难时,只要证明 "$a \leqslant 0$" 为假就可以了。

和矛盾律一样,排中律只是抽象思维中的逻辑规律,不是客观存在的基本规律。排中律只是排除思维中的逻辑矛盾,并不否定客观事物自身的矛盾。

同一律、矛盾律、排中律三者之间的联系是三者是从不同的角度去陈述思维的确定性的,排中律是同一律和矛盾律的补充和深入,排中律和矛盾律都不允许有逻辑矛盾,违背了排中律就必然违背矛盾律。

同一律、矛盾律、排中律三者之间的区别是:同一律要求思维保持确定、同一,而没有揭示思维的相互对立或矛盾的问题,矛盾律是同一律的引申和发展,它指明了正确的思维不仅要求确定,而且不能互相矛盾或对立,即指出对于同一个思维对象所作的两个互相矛盾或对立的判断,只要承认不能同真,至少必有一假即可,并不要求作出肯定或否定的表示。排中律又比矛盾律更深入一层,明确指出正确的思维不仅要求确定、不互相矛盾,而且应该明确地表示出肯定或否定,指出对于同一个思维对象所作的两个"肯定判断"和"否定判断",不能同假,必有一真,要么"肯定判断"真,要么"否定判断"真,二者必居其一。

1.4 充足理由律

充足理由律是指在思维(论证)过程中,对于任何一个真实的判断,都必须有充足的根据（理由）。也就是说，正确的判断必须有充足的理由。可表示为：因为有 A，所以有 B，即由 A 一定能推出 B，其中 A 和 B 都表示一个或几个判断，A 称为 B 的理由，B 称为 A 的结论（推断）。充足的理由必须具备真实性、完备性、相关性，否则就不是充足理由。充足理由律要求理由和结论之间必须具有本质的联系，理由是结论的充分条件，结论是理由的必要条件，相关性就是指理由与结论间必须具有本质的内在联系。有时，一些错误的结论，表面上虽然具有"因为 …… 所以 ……"的形式，但实质上"理由"和"结论"之间却是毫不相关的。

例如，"因为方程 $x^2 - (\sqrt{2}+2)x + \sqrt{2} = 0$ 有两个不相等的实数根，所以 $\sqrt{2}$ 是无理数。"

理由"方程 $x^2 - (\sqrt{2}+2)x + \sqrt{2} = 0$ 有两个不相等的实数根"和"结论 $\sqrt{2}$ 是无理数"毫不相关，因而违背了充足理由律。在推理论证中如果违背了充足理由律，那么往往要犯"虚构理由"、"无中生有"、"武断"等逻辑错误。

充足理由律和同一律、矛盾律、排中律也有着密切的联系。同一律、矛盾律、排中律是保证概念或判断在同一论证过程中的确定性，无矛盾性和明确性，充足理由律是保证判断之间的内在联系的合理性。因此，在同一思维（论证）过程中，如果违背了同一律、矛盾律、排中律，那么必然导致违背充足理由律。

2. 数学推理

推理是从一个或几个已知的判断得出一个新判断的思维形式。任何推理都是由前提和结论两部分组成。前提是在推理过程中所依据的已有判断，它告诉人们已知的知识是什么。推理的前提可以是一个，也可以是几个。结论是根据前提所作出的判断，它告诉人们推出的知识是什么。

由于划分的标准不同，推理可以分成许多种类。按思维进程的方向性，可分为演绎推理、归纳推理、类比推理。按推理的复杂程度分为简单推理和复合推理。这里主要介绍演绎推理、归纳推理、类比推理。

2.1 归纳推理

归纳推理是由特殊到一般、由部分到整体的推理。根据研究的对象所涉及的范围，归纳推理可分为完全归纳推理和不完全归纳推理。

（1）完全归纳

完全归纳是通过对某类事物中每一个对象情况或每一个子类的情况的研究，而概括出关于该类事物的一般性结论的推理。完全归纳推理有两种相似的推理形式。

① a_1 具有性质 F；

a_2 具有性质 F；

…………

a_n 具有性质 F；

$$\frac{(\{a_1,a_2,\cdots,a_n\}=A)}{A \text{类事物具有性质} F}。$$

② A_1 具有性质 F；

A_2 具有性质 F；

…………

A_n 具有性质 F；

$$\frac{(A_1\bigcup A_2\bigcup\cdots\bigcup A_n=A)}{A\text{类事物具有性质} F}。$$

完全归纳推理考查了某类事物的每一个对象或每一个子类的情况,因而由正确的前提必然能得到正确的结论。所以完全归纳推理可以作为数学中严格证明的工具,在数学解题中有着广泛的应用。用完全归纳推理时要注意前提的范围不要重复,也不要遗漏,即前提范围的总和等于结论范围的总和。

(2) 不完全归纳

不完全归纳是通过对某类事物中的一部分对象或一部分子类的考查,而概括出该类事物的一般性结论的推理,不完全归纳推理也有两种推理形式。

① a_1 具有性质 F；

a_2 具有性质 F；

…………

a_n 具有性质 F；

$$\frac{(\{a_1,a_2,\cdots,a_n\}\subseteq A)}{A\text{类事物具有性质} F}。$$

② A_1 具有性质 F；

A_2 具有性质 F；

A_n 具有性质 F；

…………

$$\frac{(A_1\bigcup A_2\bigcup\cdots A_n\subseteq A)}{A\text{类事物具有性质} F}。$$

不完全归纳推理仅对某类事物中的一部分对象进行考查,因此,前提和结论之间未必有必然的联系。由不完全归纳推理得到的结论,具有或然的性质,结论不一定正确。结论的正确与否,还需要经过严格的逻辑论证和实践的检验。例如,代数式 n^2+n+14,当 $n=1,2,3,\cdots,39$ 时,代数式的值都是质数。如果用不完全归纳推理,得出结论"当 n 为任意自然数时,代数式 n^2+n+41 的值都是质数"。那么这个结论就不正确。事实上,当 $n=40$ 时, $n^2+n+41=40^2+40+41=1681=41^2$ 是一个合数。

虽然不完全归纳推理的可靠性是有疑问的,但在科学研究和数学教学中,其积极作用还是很大的。通过不完全的归纳推理得到的猜想,可以启发人们更深入的思考,提供研究问题的线索,帮助人们发现问题和提出问题。

2.2 演绎推理

演绎推理又叫演绎法,它是由一般到特殊的推理。演绎推理的前提和结论之间有着必然的联系,只要前提是真的,推理合乎逻辑,得到的结论就一定正确。因此,演绎推理可以作为数学中严格证明的工具。

演绎推理的形式多种多样,数学中运用最普遍的有三段论推理,还有联言推理、选言推理和关系推理。这里仅介绍三段论。

三段论推理是由两个包含一个共同项的性质判断(大前提、小前提)推出一个新的性质判断(结论)的推理。任何一个三段论都包含三个项:小项、大项和中项。结论中的主项叫小项,结论中的谓项叫大项,两个前提所共有的、结论中消失的项叫中项,含有大项的前提叫大前提,含小项的叫小前提。

例如:因为所有无限不循环小数都是无理数(大前提),

数 π 是无限不循环小数(小前提),

所以数 π 是无理数(结论)。

"无理数"是大项,"π"是小项,"无限不循环小数"是中项。

三段论的理论根据是如下公理:

如果某一集合 M 中的所有元素 x 都具有性质 F,而 x_0 是集合 M 的一个元素,那么 x_0 也具有性质 F。

归纳推理和演绎推理既有区别又有联系。第一,演绎以归纳为基础,归纳为演绎的准备条件。从演绎的前提看,最初的前提是数学公理,这些公理是人们经过长期反复实践归纳得来的,从演绎所得到的结论看,这些结论都还需要经过实践检验,并且在实践中又归纳出新的结论加以补充和发展。第二,归纳以演绎为指导,演绎给归纳提供理论根据。归纳和演绎是互相渗透、互相联系、互相补充的,是辩证的统一。在实践中,通常总是把两种推理结合使用,由归纳获得猜想假定,通过鉴别猜想假定的真伪,去掉其不正确部分,保留有研究价值的部分,直接获得确定结果后,再给予演绎证明。

2.3 类比推理

类比是根据两个或两类事物在某些属性上的相同或类似,从而推出它们在其他属性上也相同或类似的一种由特殊到特殊的推理。

类比推理又称类比法,它的推理形式比较简单,在数学中有着广泛的应用。例如立体几何中有许多命题,可以用类比推理从平面几何中的相应命题来引出。应当注意的是,类比推理所引出的结论并不一定真实。

用类比推理得到的结论,虽然不一定真实,但在人们的认识活动中仍有它的积极意义。科学上有些重要的假说,是通过类比推理得出来的;数学中有不少重大的发现是由类比推理先提供线索的;生产科技中的许多发明创造,也是通过类比推理而受到启发的。因此,类比推理是创新的重要途径,加快了人类对自然的认识。

第四节 数学证明

1. 意义与规则

证明是中学数学教学的重要内容,它对学生思维能力的培养起关键作用。

数学证明是根据一些真实的命题来确定某一命题真实性的思维形式。从逻辑结构方面来分析,任何证明都由论题、论据、论证三部分组成。论题,是指需要确定其真实性的那个命题。任何论题都包含条件和结论两个方面,论题告诉人们已知什么,要证明什么。论据,是指用来证明论题真实性所引用的命题,论题中的条件以及数学中的公理、定理、定义、性质等,都可作为证明的论据。论据告诉人们是用什么来证明的。论证,是由论据出发进行一系列推理来确定论题真实性的过程。论证告诉人们是怎样证明的,论据和论题是怎样联系的。中学数学证明经常采用已知(论据)、求证(论题)、证明(论证)三个组成部分的叙述形式。

逻辑思维对证明的基本要求是:证明要有说服力,就是证明要有真实理由,并且真实理由和所要证明的命题之间具有逻辑上的必然联系,这就要求证明必须遵守一定的规则。

1.1 论题要明确

论题是真实性需要加以确立的一个判断，是证明的目标。如果论题中的一些内容含糊不清，那么已知什么，要证明什么就搞不清楚，证明也就无法进行。

1.2 论题应始终如一

根据同一律的要求，在同一个证明过程，论题应当始终同一，中途不能变更。违反这条规则的常见错误是"偷换论题"。

1.3 论据要真实

论据是确立论题真实性的理由，如果论据是假的，那么就不能确定论题的真实性。违犯这条规则的错误叫虚假论据（也叫根基错误）。

1.4 论据不能靠论题来证明

论题的真实性是靠论据来证明的。如果论据的真实性又要论题来证明，那么结果什么也没有证明。违犯这条规则的错误叫做循环论证。

1.5 必须能推出论题

违反了这条规则的错误，叫做不能推出。最常见的错误是论据不充分。例如，由四边形的两条对角线互相平分且相等推不出这个四边形是正方形。

在归纳论证中，论据不充分的错误通常表现为只看到一部分情况，而没有看到另一部分情况；只注意到正面的例子，没有注意到反面的例子，论证不全面。

1.6 严谨

证明过程要严谨，思考要缜密，做到无懈可击、无可置疑。

2. 证明方法与逻辑基础

2.1 演绎证法与归纳证法

按照推理的形式来分，证明分为演绎证法与归纳证法。

（1）演绎证法

演绎证法是用演绎推理证明论题的方法，也就是从包含在论据中的一般原理推出包含在论题中的特殊事实的方法。

（2）归纳证法

归纳证法是用归纳推理来证明论题的方法，也就是从包含在论据中的个别、特殊事实推出包含在论题中的一般原理的方法，由于不完全归纳法不能作为严格证明的工具，因此，归纳证法只能使用完全归纳法。

例如，证明正弦定理时分为锐角三角形、直角三角形、钝角三角形三种情况来证明的，使用的是完全归纳法（证明过程略）。

2.2　直接证法与间接证法

要证明某一个命题成立,可以从原命题入手,也可以从它的等价命题入手,据此,证明方法可分为直接证法和间接证法。

（1）直接证法

从命题的条件出发,根据已知条件以及已知公理、定义、定理、性质等,直接推断结论的真实性的方法,叫做直接证法。

（2）间接证法

有些命题用直接证法比较困难或难以证出,这时可间接地证明原命题的等价命题,这种证明方法叫做间接证法,间接证法又分为反证法和同一法。

所谓反证法就是:把否定的结论纳入到原条件中,使二者共同作为条件,在正确的逻辑推理下,导致逻辑矛盾,根据矛盾律知道否定结论的错误性,再根据排中律知道原结论的正确性。反证法可简要地概括成:否定—推理—否定。

用反证法证明命题"若 p 则 q"其一般步骤是:

（1）反设

将结论的反面作为假设,即作出与命题结论"q"相矛盾的假设"$\neg q$"。

（2）归谬

将"反设"和"原设"作为条件,即从"p"和"$\neg q$"出发,应用正确的推理方法,推出矛盾的结果。

（3）结论

说明"反设"不成立,从而肯定原结论是正确的,这就间接地证明了命题"$p \Rightarrow q$"为真。

第（2）步所说的矛盾结果,一般指的是推出的结果与已知条件矛盾,与已知定义矛盾、与已知公理矛盾,与已知定理矛盾、与临时假定矛盾以及自相矛盾等各种情况。

根据反设的情况不同,反证法又可分为"归谬法"和"穷举法"两种,反设只有一种情况的反证法叫做"归谬法",反设有多种情况的反证法叫做"穷举法"。

反证法与直接证法相比较,就会发现反证法具有如下的特点。

第一,从推理论证的前提看反证法增加了"反设"这个新的条件,根据这一特点当反证法新增加的条件是结论的反面,且它比结论本身更具体、更明确时,宜采用反证法。如"否定式命题",结论被表成"至多……"或"至少……"形式的命题,"唯一性"命题,要证的结论是"无限的"等命题,都宜采用反证法。

第二，从推理论证的目标看反证法无须专门去证某一特定的结论，只要设法合理地推出一个逻辑矛盾就可以了。正是由于"目标不明"这一特点，使反证法不易掌握，这也可说是反证法的"劣势"；另一方面，也是由于"目标不明"，只要设法合理地推出一个逻辑矛盾即可，据此，在某些情况下采用反证法比直接证法宜于奏效，这也可以说是反证法的"优势"。

第三，从推理论证的方法看如同直接证法一样，反证法也属演绎推理，反证法具有分析法的特点，它们都是从命题的结论入手，所不同的是：分析法是从结论开始，反证法是从结论的反面开始；分析法是得到正确的结果而结束，反证法是以得到不成立的结果而结束，从这个角度去看，反证法也可称为否定式的分析法。

同一法根据的是同一原理，对于符合同一原理的命题，当不易直接证明时，可以证明与它等价的逆命题，只要证明其逆命题正确，这个原命题就正确。这种间接证法叫做同一法。

同一法常用于证明符合同一原理的几何命题，其步骤如下。

（1）作出符合命题的图形。

（2）证明所作图形符合已知条件。

（3）根据唯一性，确定所作的图形与已知图形重合。

（4）断定原命题的真实性。

比较反证法与同一法容易看出，同一法和反证法的适用范围是不同的。同一法的局限性较大，通常只适用于符合同一原理的命题；反证法则适用普遍，对于能够用同一法证明的命题，一般都能够用反证法证明，如果我们把同一法的步骤作适当的改造，即在同一法的第①步前加一步："作出与命题结论相矛盾的假设"，把同一法的第③④步改作"根据同一性而出现两个不同图形这是矛盾的，由此原理得证"，那么原来的同一法就变成了反证法。

2.3 分析法与综合法

按思考的推理顺序来区分，证明可分为分析法和综合法。

（1）综合法从命题的条件出发，利用已知的公理、定理、定义、公式、性质经过逐步的逻辑推理，推出结论真实性的证明方法叫做综合法。

如果证明命题"若 A 则 D"，那么综合法的思路可表示为

$$A \Rightarrow B \Rightarrow C \Rightarrow D$$

$$条件 \xrightarrow{\text{由因导果}} 结论$$

证明该命题的逻辑基础是 $A \Rightarrow B$，$B \Rightarrow C$，$C \Rightarrow D$，每个蕴涵都为真，依据若"$p \Rightarrow q$"为真，"p"真，则"q"真，这样由 A 出发，依次就可推出 D。

（2）分析法从命题的结论出发一步一步地探索其能成立的条件，最后探索到命题的已知条件或已知事实为止，这种证明方法叫做分析法。简单地说，分析法就是"从未知看需知，推已知"的方法。分析法的逻辑基础和综合法一样，只是顺序相反。

如果证明命题"若 A 则 D"，那么分析法的思路可表示为

$$D \Leftarrow C \Leftarrow B \Leftarrow A$$

$$\text{结论} \xrightarrow{\text{执果索因}} \text{条件}$$

分析和综合有着密切的联系。在解答数学题时，一般总是先进行分析，寻找解题途径，再用综合法写出解答过程，当论题较为复杂时，常常联合运用分析法与综合法找解题途径，分别从题设和结论出发，经过"顺推"和"逆索"推演到一个结果上去，找到解题途径，而后加以整理并用综合法写出。这种方法称为"两头挤压法"。

参 考 文 献

[1] 曹才翰,章建跃. 中学数学教学概论[M]. 北京:北京师范大学出版社,2008.

[2] 十三院校协编组. 中学数学教材教法总论(第二版)[M]. 北京:高等教育出版社,2003.

[3] 张奠宙,等. 数学教育学导论[M]. 北京:高等教育出版社,2003.

[4] 李求来,昌国良. 中学数学教学论[M]. 长沙:湖南师范大学出版社,2006.

[5] 凯洛夫. 教育学:上册[M]. 北京:人民教育出版社,1986:60—61.

[6] 巴班斯基,李子卓,等. 教育学[M]. 北京:人民教育出版社,1986:146.

[7] 斯卡特金. 中学教学论[M]. 北京:人民教育出版社,1985:156—157.

[8] 李秉德. 教学论[M]. 北京:人民教育出版社,1991:24.

[9] 加涅,唐晓杰. 学与教的新观点:上册[M]. 北京:人民教育出版社,1988:568.

[10] 曹才翰,蔡金法. 数学教育学概论[M]. 南京:江苏教育出版社,1989:226.

[11] 张奠宙,宋乃庆. 数学教育概论[M]. 北京:高等教育出版社,2004.

[12] G. 波利亚,涂泓,冯承天. 怎样解题[M]. 上海:上海科技教育出版社,2002.

[13] 陆书环,傅海伦. 数学教学论[M]. 北京:科学出版社,2004.

[14] 胡炯涛. 数学教学论[M]. 南宁:广西教育出版社,1998.

[15] 朱永根,王延文. 中学数学教学导论[M]. 北京:教育科学出版社,1998.

[16] 王子兴. 数学教学论[M]. 桂林:广西师范大学出版社,1996.

[17] 王林全. 现代数学教育研究概论[M]. 广州:广东高等教育出版社,2005.

[18] 新课程教师课堂技能指导编委会. 新课程教师课堂技能指导[M]. 北京:中国轻工业出版社,2006.

[19] 勒尔克雷格,黄远振.策略性思维[M].沈阳:辽宁教育出版社,2002.

[20] 徐斌艳.新课程与"数学教学内容"[M].南宁:广西教育出版社,2004.

[21] 叶立军,方均斌,林永伟.现代数学教学论[M].杭州:浙江大学出版社,2006.

[22] 田万海.数学教育学[M].杭州:浙江教育出版社,1999.

[23] 赵雄辉.数学教育改革论[M].长沙:湖南大学出版社,2003.

[24] 刘显国.语言艺术[M].北京:中国林业出版社,2001.

[25] 任樟辉.数学思维理论[M].南宁:广西教育出版社,2003.

[26] 桂建生.教育科研论文撰写指导[M].长沙:中南大学出版社,2006.

[27] 罗小伟.中学数学教学论[M].南宁:广西民族出版社,2000.

[28] 张国杰.数学学习论导引[M].重庆:西南师范大学出版社,1995.

[29] 喻平.数学教育心理学[M].南宁:广西教育出版社,2004.

[30] 国家教育委员会基础教育司.全日制普通高级中学数学教学大纲(供实验用)学习指导[M].北京:人民教育出版社,1996.

[31] 曹才翰,章建跃.数学教育心理学[M].北京:北京师范大学出版社,2006.

[32] 李玉琪.中学数学教学与实践研究[M].北京:高等教育出版社,2001.

[33] 赵振威,章士藻.中学数学教材教法:第1分册:总论[M].上海:华东师范大学出版社,2000.

[34] 熊梅.启发式教学原理研究[M].北京:高等教育出版社,1998.

[35] 章建跃,朱文芳.中学数学教学心理学[M].北京:北京教育出版社,2001.

[36] 章建跃.数学学习论与学习指导[M].北京:人民教育出版社,2001.

[37] 顾泠沅.教学改革的行动与诠释[M].北京:人民教育出版社.2003.

[38] 林崇德.教育与发展[M].北京:北京师范大学出版社,2002.

[39] 全美数学教师理事会.美国学校数学教育的原则和标准[M].北京:人民教育出版社,2004.

[40] 涂荣豹.数学教学认识论[M].南京:南京师范大学出版社,2003.

[41] 王光明.数学教学效率论[M].天津:新蕾出版社,2006.

[42] 黄翔.数学教育的价值[M].北京:高等教育出版社,2004.

[43] 马云鹏,等.数学教育评价[M].北京:高等教育出版社,2003.

［44］骆洪才.数学教育论［M］.长沙：湖南师范大学出版社,2008.

［45］曲阜师范大学精品课程网站

［46］胡林瑞.国外数学题的一次测试所见［J］.数学教学,1990(3).

［47］范良火.关于数学教育目的问题的若干理论探讨［J］.江苏教育,1990(3).

［48］严士健.数学教育应面向 21 世纪而努力［J］.数学通报,1994(11).

［49］房元霞,宋宝和.高中数学简易逻辑中几个概念的辨析及教学建议［J］.数学教育学报,2006,15(4):86—88.

［50］陈晓力.教师专业化:提升教师职业品位的分水岭［J］.教育理论与实践,2003(2).

［51］曾峥.对数学教师专业化问题的几点思考［J］.数学教育学报,2003(1).

［52］张贵新.国际新教师专业特性论介评［J］.外国教育研究,2002(1).

［53］王富英.新课程理念下中学数学学习过程评价的探究［J］.数学教育学报,2003(4).

［54］谢圣英.透视数学表现性评价［J］.数学教育学报,2006(1).

［55］叶立军.数学教师专业化与高等师范本科数学教育专业课程改革［J］.数学教育学报,2002(4).

［56］刘银萍,王宪昌.高等数学创造性思维教学的策略优化［J］.大学数学,2002(6).

［57］周宇剑.谈大学生数学语言能力的培养［J］.长沙大学学报,2008(2):107—109.

［58］周宇剑.数学解题教学与学生创新思维的培养［J］.科技信息,2007(15):1—4.

［59］唐为民.数学教学中如何开展研究性学习［J］.三明教研,2009(1).

图书在版编目（CIP）数据

数学新课程教学论 / 聂东明主编. —南京：南京
大学出版社，2011.3（2022.12重印）
（新课程背景下课程教学论丛书 / 许金生主编）
ISBN 978 - 7 - 305 - 08142 - 2

Ⅰ. ①数…　Ⅱ. ①聂…　Ⅲ. ①数学课—教学研究—师
范大学—教材②数学课—教学研究—中小学　Ⅳ.
①G633.602

中国版本图书馆 CIP 数据核字（2011）第 023860 号

出版发行　南京大学出版社
社　　址　南京市汉口路 22 号　　邮　编　210093
出 版 人　金鑫荣
丛 书 名　新课程背景下课程教学论丛书
书　　名　数学新课程教学论
主　　编　聂东明
责任编辑　倪　琦　　　　　　编辑热线　（025）83685720
照　　排　南京紫藤制版印务中心
印　　刷　南京新洲印刷有限公司
开　　本　787×960　1/16　印张 19.5　字数 339 千
版　　次　2011 年 3 月第 1 版　2022 年 12 月第 5 次印刷
ISBN 978 - 7 - 305 - 08142 - 2
定　　价　39.00 元

网　　址　http://www.njupco.com
官方微博　http://weibo.com/njupco
官方微信　njupress
咨询热线　（025）83594756